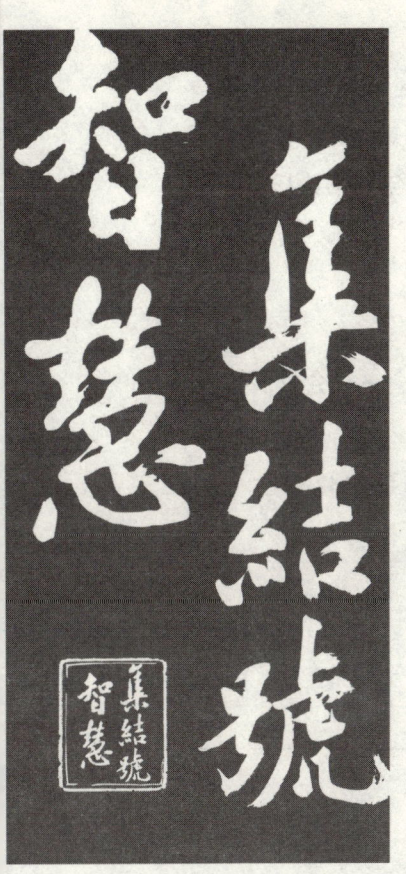

国家发展改革委青年读书论坛2012年度读本

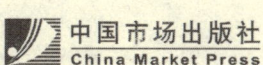

中国市场出版社
China Market Press

图书在版编目（CIP）数据

智慧集结号：国家发展改革委青年读书论坛 2012 年度读本 /《智慧集结号：国家发展改革委青年读书论坛 2012 年度读本》编委会编 . —北京：中国市场出版社，2013.1

ISBN 978-7-5092-1006-2

Ⅰ. ①智… Ⅱ. ①智… Ⅲ. ①中国社会-社会发展-文集 Ⅳ. ①F124-53

中国版本图书馆 CIP 数据核字（2013）第 002147 号

书　　名：	智慧集结号
编　　者：	本书编委会
责任编辑：	郭爱东
出版发行：	中国市场出版社
地　　址：	北京市西城区月坛北小街 2 号院 3 号楼（100837）
电　　话：	编辑部（010）68034190　　读者服务部（010）68022950
	发行部（010）68021338　68020340　68053489
	68024335　68033577　68033539
经　　销：	新华书店
印　　刷：	高碑店市鑫宏源印刷包装有限责任公司
规　　格：	720×1020 毫米　1/16　18.25 印张　260 千字
版　　本：	2013 年 1 月第 1 版
印　　次：	2013 年 1 月第 1 次印刷
书　　号：	ISBN 978-7-5092-1006-2
定　　价：	49.00 元

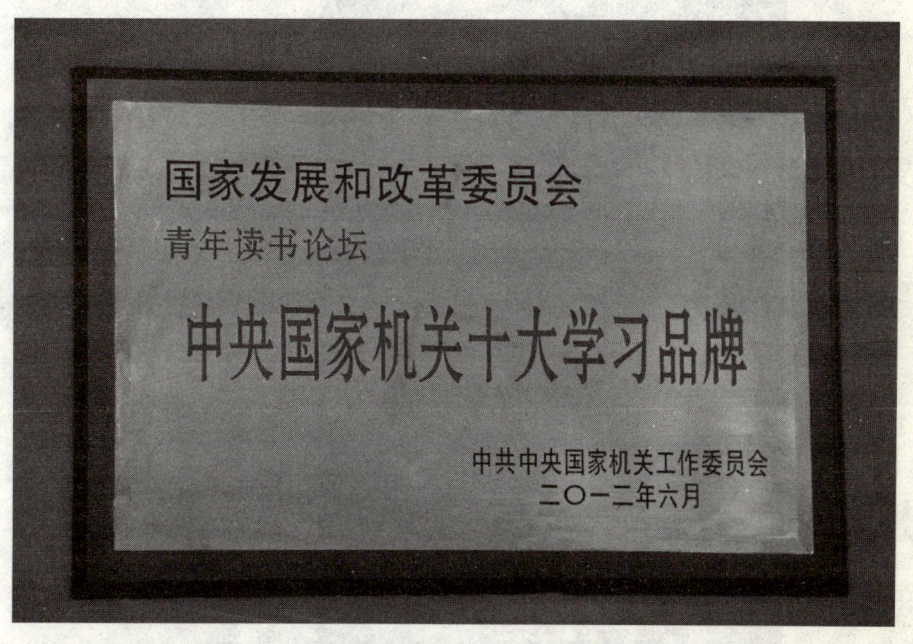

国家发展改革委青年读书论坛被中共中央国家机关工作委员会评为"中央国家机关十大学习品牌"。

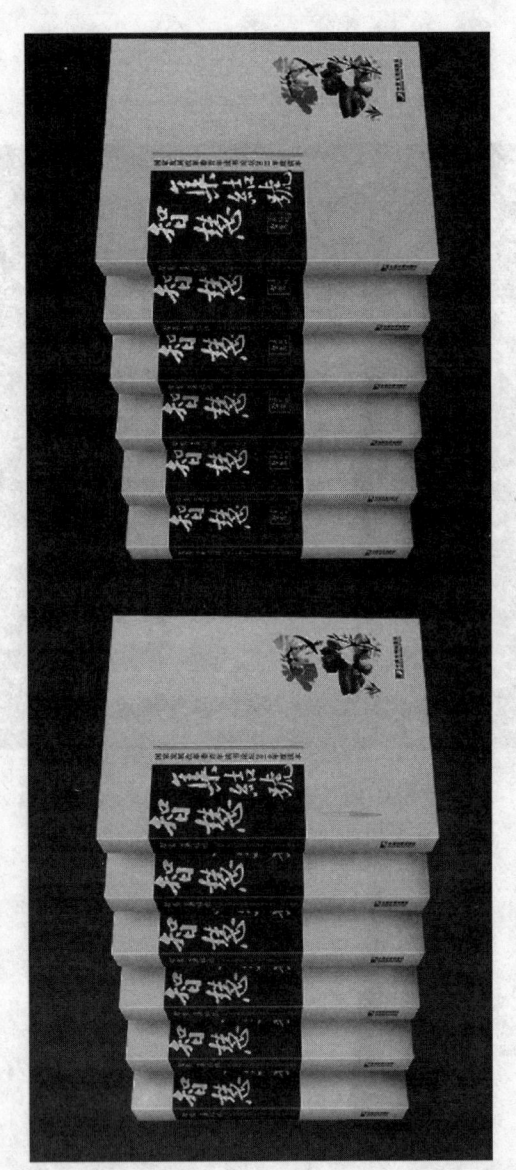

《智慧集结号——国家发展改革青年委青年读书论坛2010年度读本》、《智慧集结号——国家发展改革青年委青年读书论坛2011年度读本》被中组部评选为"党员干部教育培训创新教材奖"。

前　言

　　2012年，是国家发展改革委青年读书论坛备受关心和厚爱的一年。一年来，我们努力按照喜迎党的十八大、深入学习宣传贯彻十八大精神的要求，精心确定论坛选题，并按照十八大提出的建设学习型、服务型、创新型马克思主义执政党的要求，不断探索和改进论坛的举办方式，准确把握论坛的发展方向。张平主任，解振华、朱之鑫、刘铁男、连维良、胡祖才副主任，李扬副秘书长等委领导分别通过莅临现场、会见嘉宾或全程参与等不同形式，对论坛给予关心和重视，并提出指导意见。机关司局或委属单位多位主要负责同志分别主持论坛或多次全程参加论坛，各级领导对论坛的关心和厚爱是论坛不断发展壮大的动力源泉。

　　2012年，是国家发展改革委青年读书论坛取得丰硕成果的一年。上半年，青年读书论坛以优异成绩入选中央国家机关"十大学习品牌"，并在8月份举行的授牌表彰大会上作了典型发言，时任中央国家机关工委常务副书记汪永清在总结讲话中两次点名表扬。此后，人民日报、光明日报、经济日报等媒体都专文报道我委青年读书论坛，中央电视台《焦点访谈》用一期节目报道中央国家机关五个学习品牌，我委青年读书论坛位列其中。12月，我们汇编的青年读书论坛年度读本《智慧集结号》被中组部评为"党员干部教育培训创新教材奖"。

　　2012年，是国家发展改革委青年读书论坛不断开拓创新的一年。我们着力打造两个平台，共同构成论坛的"一体两翼"：一是以"览群书、拜名师、强素质"为宗旨的读有字之书的平台，共举办了9期，邀请名家大师作专题讲座；二是以"谈业务、畅交流、做通才"

为宗旨的读无字之书的平台，共举办了4期，每期邀请一位年轻处长介绍自己工作领域情况，与青年干部交流和分享工作心得。我们希望每月利用5小时的时间，帮助青年干部把自己打造成视野开阔、思路开阔、胸怀开阔、通才型的发展改革人。

论坛受到大家的喜爱是主办者最开心的事。但由于种种原因，每期总会有不少同志未能如愿参加，留下不少遗憾。又逢岁末年初，我们按惯例整理了《智慧集结号——国家发展改革委青年读书论坛2012年度读本》，为的是弥补遗憾，让更多的人在阅读中体会快乐。

作为论坛的主办者国家发展改革委直属机关党委、国家发展改革委青年读书研究会，以及协办者国家发展改革委国际合作中心，谨向多年来关心、爱护、支持论坛的委内外及社会各界人士表示衷心感谢。

目 录

国家发展改革委青年读书论坛(第十七期)
关于中国改革的几点思考
主讲人:白岩松 ………………………………… 1

国家发展改革委青年读书论坛(第十八期)
南渡北归:中国知识分子与爱国主义
主讲人:岳　南 ………………………………… 35

国家发展改革委青年读书论坛(第十九期)
故宫的价值与意义
主讲人:郑欣淼 ………………………………… 71

国家发展改革委青年读书论坛(第二十期)
辛亥革命的历史启示
主讲人:王树增 ………………………………… 95

国家发展改革委青年读书论坛(第二十一期)
小说与国民性
主讲人:刘震云 ………………………………… 127

国家发展改革委青年读书论坛(第二十二期)
知青岁月：追忆与启示
　　主讲人：邹静之　赵大陆 …………………… 159

国家发展改革委青年读书论坛(第二十三期)
精神与生命同在
　　主讲人：邓亚萍 …………………………………… 191

国家发展改革委青年读书论坛(第二十四期)
体验书画艺术魅力
　　主讲人：杨　珺 …………………………………… 213

国家发展改革委青年读书论坛(第二十五期)
感悟中国智慧
　　主讲人：于　丹 …………………………………… 247

后　记 ……………………………………………… 283

国家发展改革委青年读书论坛（第十七期）

关于中国改革的几点思考

（现场录音整理，未经本人审阅）

2012 年 1 月 18 日

主 讲 人：白岩松（中央电视台著名主持人、制片人）
主 持 人：赵　艾（国家发展改革委机关党委常务副书记）
推荐书目：《幸福了吗》

智慧集结号

白岩松

1968年出生于内蒙古海拉尔市，1985年考入北京广播学院新闻系，1989年分配至中央人民广播电台中国广播报，1993年初进入中央电视台《东方时空》栏目后正式任中央电视台新闻评论部主持人至今。先后参加了香港回归、98抗洪救灾、国庆50周年庆典、澳门回归、北京申奥、中国加入WTO等重大活动的报道。

赵艾：

马上要过春节了，这两天委内委外过节的气氛越来越浓。在这种浓浓的节日氛围中，我们举办第十七期也是2012年的第一期青年读书论坛。作为论坛主办单位，这段时间我们一直在琢磨，在龙年新春佳节将要到来之际，给一直以来关心、爱护、参与、支持论坛的同志们怎么表达表达心意呢？送礼品呢还是请吃顿饭？现在好了，礼和饭都有了。准备送给大家一份大礼，这份大礼不是别的，就是白岩松。今天，我们有幸邀请到了中央电视台著名节目主持人白岩松同志来做本期论坛的主讲嘉宾。这顿饭呢，也不是别的，就是今天和岩松一块享用他即将通过演讲送给大家的丰盛的精神大餐。

在岩松开讲之前，想问大家一个问题：您幸福吗？如果回答幸福，是不是因为在您的故事背后，有一个"中国梦"？如果回答说还没感到幸福，那您可能现在正痛并快乐着。闲言少叙，我们现在就请2008年在耶鲁大学以"我的故事及其背后的中国梦"为主题的演讲者，以及畅销书《幸福了吗》、《痛并快乐着》的作者白岩松同志以改革为题作演讲。岩松不仅是中央电视台著名节目主持人，还是中国十大杰出青年、党的十六大代表，还有等等等等N多头衔。大家掌声欢迎。

白岩松：

小到一个事的细节，大到一个国家的发展方向，定位问题是非常重要的，否则就会迷路。作为一个干新闻的人，在开口谈改革之前非常重要的一件事就是明确此时此刻的中国在哪儿，找到横轴和纵轴的坐标。我对目前中国的定位不妨用4个年份、4个数字，或者说4个跨度去定，即百年中国、九十年中国、十年中国和2012年的中国。

图1 第十七期青年读书论坛主讲嘉宾白岩松(左四)
与主持人赵艾(右四)、国家发展改革委部分同志
及应邀参加论坛的中央国家机关青联委员合影。

一、百年中国

4个跨度第一个就是100年这个跨度。大家都知道2011年是一个注定要跟历史结缘的年份,2011年本身可能没什么,但是因为它跟无数的重大历史实践结缘,所以显得十分重要。在这一年,我们要纪念中国加入世界贸易组织十周年、北京申奥成功十周年,甚至中国足球进入世界杯十周年,还要纪念中国共产党成立90周年。但更大的一个纪念是纪念辛亥革命一百周年。当用100年的跨度去衡量中国的话,恐怕要思考这样的问题:100年里中国发生了什么变化?刚才赵书记谈到了关于"中国梦"的问题,我觉得100年最重要的变化就是自辛亥革命100年以来,一个以国家独立、富强为标志的"中国梦",过渡到以个人梦想得到尊重、得到保障、得到维护、得到推动为主的新"中国梦"。

这第一个历史节点，即此时此刻的中国坐标，正处在"中国梦"的转轨时期。为什么这么说？请问在100年前，在辛亥革命的时候，那个时候中国的忧虑是什么？痛苦是什么？那个时候中国真正的梦想是什么？回头去看，不管是看那个时候一些已经开始办的报纸，或者说杂志的只言片语，那个时候也在收集梦想，在那个时候的梦想当中，大多是家国大梦，个人的梦想相对小得多、少得多，因为在一个四分五裂、哀鸿遍野、被人欺负、被人打的状况和国度里，恐怕你问每一个国民的梦想，也都不是自己的。所以，先要有一个能够遮风避雨的大的家，先要有一个能够富强独立的家，才可以去谈自己的梦想，因此再倒退到100年前乃至从1840年算起，那时的梦想大多与个性无关，与个体无关，与个人无关，而是一个庞大的家国梦。

在这实现庞大的家国梦想的时候，大多数的国民是愿意参与其中的，参与的方式就是抑制住个人的梦想，而融汇到家国大梦的实现之中。我们可以举无数的例子，比如说"三钱"当中的一位钱伟长，他是无锡的钱氏家族的成员。无锡有两大家族，一个是钱家，一个是荣家，就是荣毅仁家族。钱家还出了国学大师钱穆。作为家学传统，钱伟长在20世纪30年代上大学时考的是文科，但是当他入学后，国难当头，突然意识到历史、文学都改变不了这个国家。日本鬼子来了、枪炮来了、坦克来了，钱伟长觉得，我只有造坦克，才能够真正地保卫这个国家，他生生地把那个家学传统的"文"改成了"理工"。请问现如今的"70后"、"80后"、"90后"们，有几个人还愿意放弃自己的爱好和梦想，去为所谓的家国大梦发生如此大的逆转？但是钱伟长就是这么做的。

大家有没有看过台湾齐邦媛的《巨流河》，她老家在辽宁，在巨流河边长大，讲的就是她的家庭所经历的磨难，也同样如此。因此，有很多的人说中国人压抑个性、压抑个体、不尊重个人，我对这些说法都持不同的意见。在一个国家七零八落、弱不禁风、成为"东亚病夫"的情况下，恐怕的确需要太多的国民牺牲掉自己的个人梦想，融汇到家国大梦当中。

　　当时大家也是这样做的，而且相当自愿，多少人就在这个历史长河当中，几乎没有痕迹地消失了。前不久我知道一个故事，在河北一个很小的村子里头的一个农民，20多岁的时候给战士送饭，那场仗打得非常惨烈，有23名战士牺牲。结果他掩埋了这23名战士，看守他们的墓到现在已经64年。他的家就离墓300米，从来没搬过，将来也不打算搬，就为了护墓方便。那是因为他曾经见过这活生生的23个面孔，转眼之间就变成了尸体，心里割舍不下。过去的岁月里这样的故事太多了，因此，不要在弱得如此糟糕的国度里头还要谈太多的人权、民主，等等，我觉得要有一个历史的定位。

　　经过了100年的浴血奋战，经过了100年的奋发图强，经过了100年的曲曲折折，我们走到了今天，走到了世界GDP第二，不能再说自己是个弱国了吧。我们在和世界交往的过程中和平崛起，没有人再说中国是小国，我们早就是联合国五个常任理事国之一。国家发展到这样一个地步，甚至美国人都编造谎言开始忽悠我们，叫"U2"、

图2　第十七期青年读书论坛现场，全委干部职工400多人参加了论坛。

"共治",美国跟中国共治。我说甭玩儿这个,如果"U2"还好一点儿,那是个乐队,可以听一听,说美国和中国是"U2",是共治国家,这属于忽悠,但是不管怎么着,我们已经绝对地实现了百年前的家国之梦了。

那么在这个时候,作为已经实现了家国之梦的国家该如何思考呢?要完成梦想的过渡,要告别以家国梦想为主的"中国梦"了,我们正式开始进入到去尊重每一个个体,使每一个个体梦想的实现有通道,这里需要讲究公平和公正,尊重每一个人,在这方面不能再延续历史的遗留。我们必须承认历史是遗留的,岁数小些的同志可能不知道崔健有一首歌叫《红旗下的蛋》。我们"60后"的一批人当然是"红旗下的蛋"了,可能"80后"、"90后"稍微模糊一点儿。我们每个人都留着历史遗留的尾巴,指望一夜之间发生完全改变很难。我们都背负着一个长长的历史的影子,那就是家国梦覆盖一切。我觉得现在的中国在制止这一点,现在国家的政策调整也都与此有关,开始提倡以人为本,过去提富国,现在提强民,叫"要让公众分享改革的成果",等等。那意味着要把尊严和幸福写进政府工作报告,这一切都意味着国家富了之后要考虑接下来做什么。包括在未来的发展道路上,今后5年,或者10年、20年后,我们还会有这么大的财税收入向中央集中吗?我们会不会向地方倾斜?向落后地区倾斜?现在已经在悄悄这样做,但是比例一定会发生变化。

当你去完成一个历史定位之后,就像可以从空中去看事物,可以更容易清晰地看到方向,不是吗?因此,100年是一个重要的转折,这意味着为国家可以牺牲个人的时代结束了。大家不要误读我的话,因为过去太强势了,所有的都是要以追求国的梦想为主,个体一定要牺牲自己,现在要开始以个体为主,国家要更多地照顾个体,但是并不是一点不考虑国,没有一个强大的国,怎么能有一个美满的家呢?

总之,从100年这个角度来算,现在已经开始发生了巨大的转变,今后的梦想追求要以个体的保障、以个体的尊严与幸福为更大的

福祉和追求,这是第一个定位。

二、九十年中国

第二个历史定位就是90年。我说的90年,不是共产党成立的90年,而是从1949年算起的90年。到2009年的时候,我们完成了共产党执政的新中国的第一个60年,我在做国庆60周年直播的时候感慨万千,因为60年对于中国来说永远是一个大数字,一个甲子,我们的一个又一个中国人的轮回是以60年来算的,小一点的话12年,大一点的话是按一个甲子60年来算的,我们完成了这样一个甲子。新中国成立以来的60年可以拆成两个30年,再加上以2009年为起点到建国90周年的未来30年,这3个30年各自代表什么?

第一个30年不用说得太多了,主要是完成了独立、自强,但是很折腾,期间有很多的失误,包括很多的探索、教训。我觉得可以用句玩笑话来形容,头30年有一个重大的收获,就是告诉了所有的中国人,这么走走不通的。这也是一种收获,但是有的时候不能这么简单地去评估这30年,这30年我们完成了从农业到工业的转变,完成了真正的一种独立,包括国家的腰杆挺起来了、重新恢复联合国席位等,一个国家的自主、独立,在头30年里取得的成绩还是很大的。

但是如果从民生、从经济社会发展的角度来说,第一个30年有很多的教训。而从1979年,正好是第二个30年,开始实施改革开放。吹响改革的真正号角是从1978年《光明日报》的"实践为检验真理的唯一标准"和"凤阳小岗的摁手印",但是重要的发令号是十一届三中全会,而十一届三中全会的这个重要发令号核心的东西,我见过真迹,那是邓小平用铅笔写的一些字,包括"解放思想、实事求是"等几个非常简单的字。真正的改革大幕的拉开是从1979年开始的,那么从1979年到2009年这30年完成了什么?这30年追求的是以一切可以物化衡量的目标为标志的发展阶段。温饱、小康、翻两番,甚至万元户等,全都是物化的目标。这30年,中国物质的快速增长创造了世界奇迹，我们的 GDP 以年均 10% 左右的速度直线上升，迅速地由全世界十名左右到了第二位，而且不只翻两番，财税的增长速度更是远远超过 GDP 的增长。这 30 年，我们在物质方面突飞猛进，但是也积累了相当多的问题。从 2009 年共和国成立 60 周年以来，我发现这个国家悄悄地在发生着变化，开始确立一些完全没法用数字衡量的目标，新的改革时代开始了。

请问你拿什么数据去衡量尊严？请问你拿什么数据去衡量幸福？请问你拿什么数据去衡量以人为本？请问你拿什么数据去衡量和谐社会？所有新的目标都无法用数据来衡量了，而过去 30 年，我们所有的目标几乎都可以用数字来衡量。

这个时候，什么叫改革进入深水区，深在哪儿？深不可测是什么意思？"不可测"就是你没法用数字来衡量了，对吗？可测的话你告诉我 5 米深，好，我知道 5 米的水该怎么办。深不可测，意味着我不知道怎么做。马里亚纳海沟，最深之处 1 万多米，那是世界上最深的，我知道数字。那么我们进入深水区，请问中国这个数字拿什么衡量？

变化在悄悄地发生着。从国家政策层面上去看，前些年就开始强调快，中国要快，最早这个"快"诞生于"大跃进"的时候，有一个"多快好省"，但是那个"快"不靠谱。真正的快是伴随着改革，诞生于十一届三中全会之前邓小平去日本访问的时候，我看过当时的实况录像。坐在新干线上，旁边的朋友向邓小平介绍，新干线每小时时速是多少公里，等等，他就跟没有听到一样，一直就没有一种交流感，突然间在那儿开始说话，"中国走都不行，要跑，我们要快"。所以这一个"快"字的基调，成了中国这 30 年的一个最重要的因素。前几年，新一代领导集体开始把"快"变成"又快又好"，"快"还在前头；但是又过了几年，出现了"又好又快"，第一次是锦涛总书记在"两会"期间跟江苏团聊天的时候，后来变成了文件，尤其在当年年底的经济工作会议上被明确，变成了"又好又快"，顺序发生了

逆转。

可是现在中国还不能丢掉"快",在我看来有一个重要的界限,中国的GDP增长不能低于7%,7%是一个非常重要的界限,如果低于7%,社会问题会显性化。我一直是这样举例子的:中国是一辆自行车,骑着就稳,停下就倒,这个骑跟停的一个重要标志和分界线就是7%。但是任何一个东西你不能固化和僵化地去理解,是不是6.8%就不行了?那不至于;是不是7.2%就行?那不一定。但我们从历史角度来看,7%是一个非常重要的分界线,自行车是骑着就稳,只要停下就倒。慢了,就业等各方面的问题都会显现出来。因此,我们不能丢了"快",但是我们显然在一个减速的过程当中,减了速让给什么?减速不是目的,如果仅仅减速,又没让好,那是严重的失误。如果速度降下来了,但是效益没上来,环境没得到相当的保护,那么速度降下来就是罪过。如果速度适当地降下来了,但是在环境保护等方面有了很大提升的话,这是对的。

我不知道大家有没有仔细地研究过十七大报告,十七大报告用我的话来说关键字是"民",前半本是民生,后半本是民主。十七大报告用两个章节去探讨民主的问题,尤其在党建里头有很多非常棒的举措,非常棒的文字。比如说在我们党章修改里面,"上级任命"这四个字没有了。请各位去思考,取消"上级任命"这四个字意味着什么?在十七大报告的第一章党建的部分有这样一句话:将来我们的领导干部是由党委推荐和群众推荐相结合,施行票决制。什么意思?这都是未来我们民主的某种模式粗框架的确立,包括时间表,在十七大报告里面,我们的民主有了明确的时间表,叫公民的有序参与,就是民主一定要搞,但是模式是有序参与,而且先党内后党外,这些都可以在十七大报告里看得很清楚。我觉得媒体在十七大报告的传播过程中是失职的,只传递了民生,没多少人传递民主;那么在民生的过程中,过于强调民生,而忽略了路径。在前半部分里有两大主题,第一大主题是强调一定要继续改革,因为在十七大召开之前,以一种民生的忽悠，以保护弱势群体为借口的反改革力量在升腾。另外一个主题也非常重要——统筹兼顾。什么叫统筹兼顾？统筹兼顾在十七大报告里列了十条，说白了就是走平衡木，也就意味着中国的改革从2007年到未来的5年，甚至更长的时间，进入到了一个走平衡木的历史阶段。什么叫走平衡木的历史阶段？快了不行，慢了也不行；牺牲公平不行，牺牲效益也不行；不发展不行，发展太快不保护环境也不行；光讲究效率不照顾民生也不行；光考虑国内不考虑国际也不行，等等。这十部分强调的就是寻找中间路线，平衡。大家回头去看，过去这五年，这一届班子工作的重点不就是平衡吗？因此，好像各方面的人也都觉得不过瘾。从保护环境的人看来，不行，还有破坏环境的地方，不过瘾。可是从一些地方政府来看也不过瘾，你为了保护环境对我们限制太多了。这一届领导人的宿命就在这儿，因为这是一个历史阶段，这个历史阶段走到了一个平衡的阶段，但是它的后果一定是各方都不太满意，但是都得到了一点。

没办法，从历史的角度你不能过于说这届领导人不改革或者怎么样，而是历史时期决定了这是一个统筹兼顾的历史时期。但是请注意，统筹兼顾意味着什么？意味着转折，意味着我们由30年的物化目标，向非物化目标的转折。比如说，改革的一个重要的发动口号是什么？深圳蛇口的一个广告词"时间就是金钱，效率就是生命"。我觉得这个标语已经不符合时代要求了，应该改成"效率就是金钱，公平就是生命"。

为什么？中国的一个显性的转变，就是要从追求效率向公平的方向转变，但是此时的中国还是天平的两端放着效率和公平，偏废哪一边都不行。但是我们改革的难题全都在于此。我们现在不得不牺牲一部分的效益，因为公平的诉求太强烈了，可是你说彻底满足公平、牺牲效益，我们又做不到。我们可以举无数的例子，高铁，慢下来，牺牲效率、牺牲效益，高铁的时速是按照每小时350公里设计的，降到300公里就意味着效率的牺牲和效益的牺牲，能不降吗？不能，动车事故是全社会对生命、对公平的诉求，达到了最高值。你不牺牲效率过不去，要牺牲。降速像一个标志性的事件留在了 2011 年，降的不止是铁路的速，动车事故在我看来非常像中国 2011 年前行当中的一个预言，神秘莫测，它是一个动车事故，具体来说又不是，而是中国改革的这辆列车发生了事故，然后要去思考转折，那么在它的背后就是公平与效率的问题。

再比如，我们的《劳动法》开始实施。前些年，《劳动法》在开始实施的时候，遇到了来自方方面面的阻力。为什么？《劳动法》的实施在将劳动者的权益提升相当大的幅度的时候，社会要付出效率倒退的代价。中国跟国外拼，过去在劳动密集型产业占主导的情况下，一直拼的是劳动者工资的低廉——这是我们最大的优势，以及一星期 7 天、一天 24 个小时不间断地工作，这些全世界都拼不过我们。我在日本横滨的大港，日本的一个公司的头儿指着密密麻麻的汽车告诉我：我们怎么跟你们竞争？周末必须休息，所有的车运不出去，全停在这儿，而我知道此时你们加班加点三班倒，日本人非常了解中国。当时这句话深深地提醒了我，我们的竞争优势变得非常具体。大家说欧洲现在已经没有效率了，周末你在欧洲，像西班牙等地，想买个东西很难，不开门，想要吃东西得去唐人街。中国人倒是保留了优良传统，有一天我在美国纽约采访到晚上 9 点都没有吃饭，连麦当劳都歇业了，我们说怎么办，那司机一点都不着急，去唐人街，唐人街完全是另一个世界，灯火通明，从足浴到按摩什么都有，我们吃得很香。

我们可以认为欧洲出现了很大的问题。举一个例子，2006 年"世界杯"之前我在德国待了一个月，在那里我亲眼见到德国人怎么干活儿。修一条路，要搬一摞没我高的木头，摆成人字形、三字形、T 字形，木头没有我高，也就比我的胳膊略粗一点儿。在中国，不要说农民工兄弟，就我估计半个小时也能扔车上了。你知道德国人怎么干吗？三个人，一个司机、两个工人，一个工人端着咖啡，另一个工人操作吊车，过来夹住一根木头，挪到车上去，由于它不够粗，每次夹都很费劲。我晚上路过的时候发现还剩半摞木头，我知道欧洲完了。我也知道中国的优势在哪里。但回到国内，我也知道我们的劣势在哪里。

因此《劳动法》开始实施的时候，相当多的人担心，可是中国走到了这一步，不能一味地只追求效率，公平的诉求在增长。我觉得此时的中国还是效率略高于公平，但是用不了几年，公平的诉求会超过效率，这是我们这30年所呈现出来的东西。

更麻烦的事情还有很多。老百姓的民主诉求、自由的诉求快速增长，互联网进入中国比进入任何一个国家具有的搅拌能力都强。我一直是互联网的支持者，虽然我在互联网上隔三差五地被自杀了、被辞职了、被挂职了，等等，但我依然是互联网的支持者。为什么？互联网培训着中国人的民主意识，你不同意别人说话的内容，要维护别人说话的权利，你要习惯跟刺耳的声音在一起说话，你要习惯跟很糟糕甚至谎言在一起，真理的真正价值是陪伴在谎言的旁边，而不是独立存在。因此我们要知道，有的时候说互联网上不该有谣言，请注意一定要谨慎，当这个社会消除掉谣言的时候，一般真理也就跟着走了，就像现在有很多人在反思关于化疗的问题一样。我们现在1/3的癌症是被治死的，为什么？大剂量的化疗在杀死癌细胞的同时，把好细胞也给杀死了，有可能一些限制就是化疗，社会的化疗。我觉得要强调的是真理的声音和正确声音的传播能力，而不是一门心思就杀死谣言，你凭什么去分辨哪些东西是谣言？很难，这个不说了，但是《人民日报》2011年有一个评论，我多次援引，"目前的中国是改革和危机抢时间"，我非常认同。从最早的时候出现在不太发达的地区，像贵州的"瓮安事件"，到湖北的"石首事件"，到现在扩散到发达地区的"厦门PX项目事件"、"广东东莞水污染事件"，现在社会充满着很多不稳定，甚至暴戾之气。

我必须承认，我们做媒体的更多的是监督政府权力的运营、法律的运营等，但是我这几年走到哪里都在说这样的一句话：我们每个人

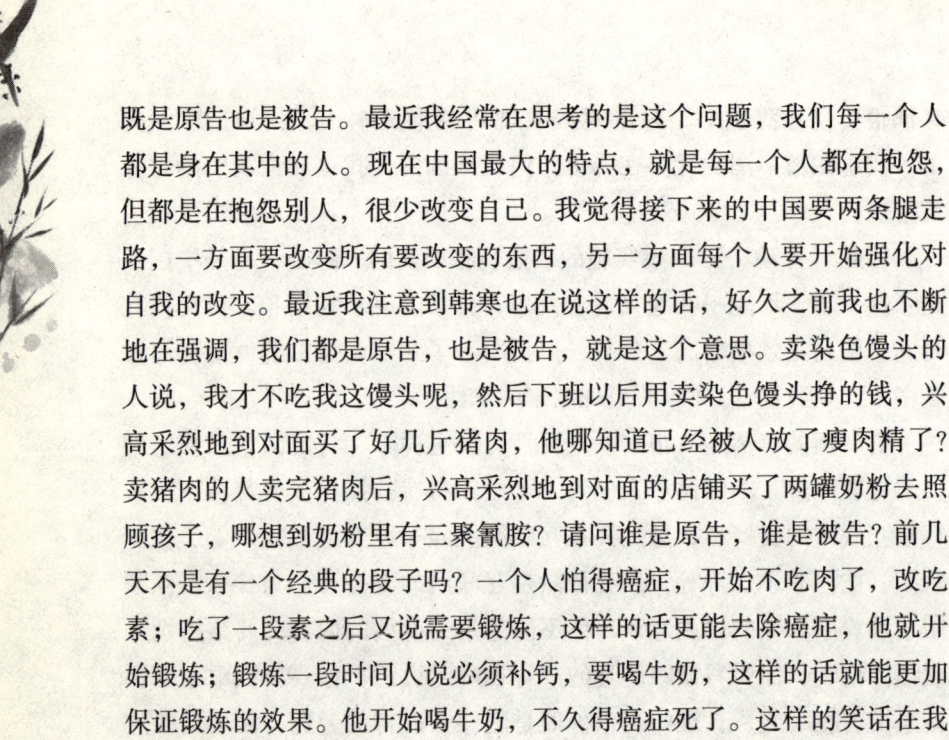

既是原告也是被告。最近我经常在思考的是这个问题，我们每一个人都是身在其中的人。现在中国最大的特点，就是每一个人都在抱怨，但都是在抱怨别人，很少改变自己。我觉得接下来的中国要两条腿走路，一方面要改变所有要改变的东西，另一方面每个人要开始强化对自我的改变。最近我注意到韩寒也在说这样的话，好久之前我也不断地在强调，我们都是原告，也是被告，就是这个意思。卖染色馒头的人说，我才不吃我这馒头呢，然后下班以后用卖染色馒头挣的钱，兴高采烈地到对面买了好几斤猪肉，他哪知道已经被人放了瘦肉精了？卖猪肉的人卖完猪肉后，兴高采烈地到对面的店铺买了两罐奶粉去照顾孩子，哪想到奶粉里有三聚氰胺？请问谁是原告，谁是被告？前几天不是有一个经典的段子吗？一个人怕得癌症，开始不吃肉了，改吃素；吃了一段素之后又说需要锻炼，这样的话更能去除癌症，他就开始锻炼；锻炼一段时间人说必须补钙，要喝牛奶，这样的话就能更加保证锻炼的效果。他开始喝牛奶，不久得癌症死了。这样的笑话在我们生活中很多，的确，现在社会的问题不光是政府和改革的阶段带来的，也有民族性的问题，也有每一个人在这其中该承担的责任。

我们一直在说政府，说法律，可是大街上红绿灯从来没有人遵守，那怨恨谁呢？你开一趟车就知道此时此刻的中国人是什么样的。我有一次差点儿眼泪下来，我在书里写过，一辆逆行的很豪华的车过来，让我们让路。我们不是不想让，确实是让不开，结果他蹭着马路牙子就在那儿过来了。让我惊讶的一幕出现了：车主是一个很漂亮的女子，面容姣好，像受过良好的教育，似乎也还富裕，降下车窗挨个儿骂我们这些不让她的人。

我当时悲从中来，突然意识到我和这样的人生活在一个时代里，而且接下来会发现，我有的时候可能也这样。这是此时此刻的中国，产生的问题不仅仅是政府的问题，不仅仅是法律的问题，但是归根到底要政府、要法律、要各媒体承担责任，因为人性的提升、道德的提升非常缓慢，它需要一代又一代人的洗牌。就像为了孩子，你看到孩子将来会比我们好,但是关键取决于今天我们做什么。

三、十年中国

围绕着100年、90年,我们正式完成了由追求有数字衡量的目标,到追求无数字衡量目标的一个巨大的转场。那接下来的一个时间节点是10年,怎么来看以加入世界贸易组织为标志的10年和接下来的10年?

我从恢复关贸总协定到加入世界贸易组织谈判一直在作跟踪报道,加入世界贸易组织时做的直播。我们很幸运地经历了这些事件。我从1993年开始做《东方时空》,1994年1月接到主任的电话,说你要出国去瑞士,第一趟出国到瑞士报道复关。当时中国正在进行恢复关贸总协定的最后谈判,因为关贸总协定将在1994年年底被新成立的WTO(世界贸易组织)替代,因此中国努力一搏,甚至用了倒逼的一个姿态,不行就不干了,希望能恢复咱们关贸总协定的身份,而不是加入。我去瑞士采访,当时团长是俞晓松,秘书长是龙永图。我在那一年两次去了瑞士,3月去了一趟,年底去了一趟,跟随他们走进中国漫长的复关进程。那次没成,人家不吃你这一套,我们又拉开了加入WTO的序幕。2001年中国加入世界贸易组织正式成功,面对加入世界贸易组织我们曾经有无数的担心、忧虑,但是当以10年为节点回头去看的时候,我们发现大部分的忧虑没有道理。比如汽车行业、农业。现在回头去看,在2011年之前的3年,中国汽车一直以两位数的增长速度在成长,我们超过了美国成为汽车产量最大的国家,10年前谁能想得到?但是我不想说这个成就,更重要的是站在新的历史节点上,结束了中国加入世界贸易组织10年之后,我们该思考的是中国下一步该怎么办,我们是不是到了启动新一轮改革的时候。毫无疑问,到了,一系列的矛盾都卡在这儿。

我举几个例子,1992年邓小平南巡前后,广东家长教育孩子经常是这样说的:你不好好学习就只能去当公务员了。大家都知道现在公

务员热成什么样,公务员在2001年的时候59个报考的只招一个,这里很多腐败的东西也都开始出现。大家应该思考一个意味深长的数字,就在山西长治环保局,这样一个算不得"大衙门"的部门里头,一个家长为了让他的女儿进入环保局,要掏11.7万元行贿。这钱得多长时间才能挣回来?可见经过了邓小平南巡,经过了加入世界贸易组织10年之后,从某些方面看,我们市场经济的改革不是前进了,而是倒退了,我们重新产生吸引力的地方,不是与市场经济紧密挂靠在一起的部门。现在国家公务员考试被简称为"国考",天字第一号考试了,竞争性远远超过了高考,为什么?20年前邓小平南巡之后,纷纷下海,往国际公司、往民营公司跑,往国企跑的少,现在呢?国企是老大,民营依然抬不起头来,连跨国公司都没有过去那么吃香了,包括我们媒体都有这个体会。90年代,大家都在想办法让孩子或者亲属进入媒体或者进入中央电视台,这几年没人了,这几年我们想招点儿一流人才不可能,谁都想去中石油、中石化、中移动,谁还进中央电视台呢?我们已经悄悄地变成了弱势群体,当然没那么弱,只是相比较过去而言。

还有,1997年党的十五大报告中第一次明确了公有制的多种实现形式,也拥有了第一个民营企业的党代表。我们强调了私营的、民营的、集体的、国有的一律平等,15年过去了,我们做到了吗?去年温州的"温跑跑事件",各种"跑跑事件",背后的背景是什么?是中小私营企业资金链断裂,是因为银行不愿意给他们贷款。为什么?因为银行的人是这么琢磨的:我给国企贷也是贷,给民营企业贷也是贷,但是给国企贷了如果出了问题的话,一般不会处理我,大家一起背黑锅,但要给民营贷出了问题,就是我的责任。避险情结决定了我们中小城市里的银行贷款宁放国企不放民营,直接导致资金链断裂。可是在支撑就业方面,民营企业早已超过半壁江山,成为支撑中国就业的最大原动力。从中央的政策来说,很多年前就已经提出了一些原有的垄断行业都可以更大范围地为民营资本放开。但是做不到,总理都去谈这一点，为什么？屁股决定脑袋，地方利益，部门利益。刚才提到的银行部门负责人，他思考的很简单：我给国企，折了就折了，肯定处理不了我，给民企就不行，风险太大。那么要不要改革？

还有关于财政收入的高度集中问题。90年代做的绝对是对的，干大事，进行转移支付，去支持农村等，去支持西部，包括农村，包括我们一些落后的公共事业等，那么发达地区就被抽得更多了。历史有历史的正确。那么今天到了这样一个阶段的时候，要不要为地方回补？现在中央对于房地产的调控不是经济问题，而是政治问题，那天"北京地王"一出来，我们做的一个节目，发明了"总理说的不算，总经理说的算"等话。然后房地产调控愈演愈烈，我不断地在强调，不要有任何侥幸心理，这不是经济问题，这是政治问题。可是各个地方也需要政绩，也需要给老百姓允诺一些事，当地卖光了没钱的时候他怎么办呢？是谁逼着地方搞土地财政的？全中国几乎所有的城市，市政府都搬迁了，对吗？为什么？就是要把老地儿卖个高价，这还不重要，是为了让一块没有价值的土地，随着市政府和市委的搬入，使那块土地升值，然后政府能多一些钱去干事。不要总认为这里是腐败，为什么全中国几乎所有的城市都搬了？就是土地财政倒逼造成的。将来中央跟地方的分税要不要进行改革？

无数个改革的需求已经非常迫在眉睫地摆在我们面前，甚至还有更加敏感的问题：政治体制要不要改革？也许到了要改革的地步，因为上层建筑经济基础等有些关系都要理顺，十八大之后我们当然要思考一个问题，就是共产党执政的合理性的问题，我们的程序如何合理？如果没有想错的话，十八大围绕着党代表，甚至更高层的，包括将来的中央委员和政治局委员方面一定会扩大差额，实行更大范围的民主。我曾经开玩笑，但是也是认真地在思考，共产党的民主模式是什么？接下来，我非常愿意相信，有可能我们的民主模式是党内的竞争，比如说我相信5到10年之内会有这样的试点：我们某一个县委书记或者县长，可能3个是共产党党员的人同时竞争，但是他们要走民主程序，中国的民主投票权一定从党员开始，所以我希望有更多的有理想推动这个国家前行的人成为党员，为什么？民主始于党内，然后向党外扩展，中国庄严民主的票一定会是从党员开始投起。比如说我举这个例子，我们现在在搞公推公选。再隔5到10年会不会有一个县里，或者一个地级市的市长或者市委书记，比如说我是其中的一个候选人，赵主任是其中一个候选人，另外一位是其中的候选人，我们都要跟所有的党员陈述我们的施政纲领，我们打算怎么办，我们的思路是什么，最后由所有的党员投票决定我们三个谁干，同时没当选的还不成为副书记和副市长，我愿意相信这个局面会出现。我认为中国的很多的改革都是。

现在，网通、移动、电信都是国字头企业，但是它们有很激烈的市场竞争。我们很多的模式，在企业经济方面，都是这样一路走过来的，民主有没有可能，非常有可能。有人说我们现在改革有点焦虑。不知大家有没有注意到，建党90周年的时候，总书记讲话里头，有这样一个词——懈怠，我们谈到了几个风险，其中的一个风险是懈怠，这可是内部在讨论的时候，非常看重的一个问题。现在由于改革进行了30多年，大家有些松弛下来了，躺在成功簿上觉得改了这么多年了，够累的了，歇一歇吧，改革的动力不足。因此，建党90周年的讲话是明显有所指的，里头有很多值得玩味的话。其中"懈怠"是第一次提出来，以前没有提出来过，说明看到了懈怠是目前中国的改革停滞病。在建党90周年讲话中，还有一个让我觉得是重大的转变，过去发展是第一要务，现在稳定和发展并列为硬任务，从来没提过，现在它并列成为第一要务，并列成为硬指标。过去可能对地方政府来说发展是一票否决，如果发展不灵的话，现在稳定同样是要一票否决。所以，这些都是在90周年这样的一种细节中去变化的，围绕目前的这种局面，的确会有这样的一种声音：改革一直强调的是摸着石头过河，我们现在是不是只顾着摸石头忘了过河了？

对于发展改革委的朋友来说，光有理想是不够的，如果没有一个正确的方向更糟糕，一个第二次世界大战时候的大将军用"聪明、愚蠢、勤奋、懒惰"四个关键词把人分成4种：最优秀的人是聪明、勤奋；次优秀的人，聪明但是懒惰。为什么呢？他说只要聪明在，懒惰可以通过各种方式激活它，让他能向一类人群靠拢。还不算太差的是愚蠢但是懒惰；最最糟糕的人是愚蠢但是勤奋，这句话影响了我最起码有15年了，我经常用它来提醒我自己，我觉得我们永远可以拿这4种人去衡量人群中的所有的人。一个人如果要是愚蠢，但是懒惰，破坏力很小。可怕的是一个人愚蠢，还勤奋。我们身边有过这事儿啊，我们上学的时候，宿舍里的一个哥们儿特勤奋，天天打扫卫生，后来我们都要跪下求他了：求您了，以后您别再打扫卫生了。各位可能觉得很惊讶，有一个哥们儿愿意打扫卫生还不好？只要他打扫一次卫生，我们一定会有哥们儿这双鞋丢了，或者那个袜子丢了，他永远就是莫名其妙地就把哪个东西给你扔了，这就是愚蠢但是勤奋的人对社会的破坏性。回顾历史的话，你也会看到，有相当多的人都是愚蠢但是勤奋，你说希特勒，愚蠢到了什么地步，但是很勤奋。人家说那是模范干部。我们生活中也有很多，所以有的时候要提醒自己，我一直认为理想和方向是要并举的，仅仅是扛着所谓的理想大旗走在错误的方向上更糟糕，因此朝着一个正确的方向前行，才能更靠谱。

四、2012年的中国

最后可能回到一个最小的年份了，就是今年，2012年。

2012年，是一个我们可以有无数的东西去定位的年份。全世界的大领导都在换。美国要换了，法国要换了，俄罗斯要换了，中国也要换了。这一年对媒体来说挑战很大，大家下意识地就会说"哎哟，这换届之年得小心一点儿"。可是，不管是与一个人相处，还是与一个年份相处，还是与什么相处，有两句话对我影响很大。第一个就是，你如果把对方当成朋友，他最后真的就是你的朋友；如果你要把对方当成敌人，最后他真的就是你的敌人了。你比如说用这个东西去衡量中美关系，如果美军现在的

战略变得非常的显现,包括最近布局等,它的链条都在把中国当成假想敌人的时候,很可能最后中美真的是敌人,因为你把中国当成敌人,中国就不得不做你也是敌人的防范啊。有的时候大的关系就存在这样的一个概念:你把他当成朋友了,最后真的就是朋友;你把他当成敌人了,最后就是敌人。那么对于年份来说也同样如此,如果你把年份当成了依然是一个改革的年份,大家一起去使劲,这个年份就是改革的;如果你把这个年份当成了是停滞的,它最后一定是停滞的,因为你就停下来了嘛。

还有一句话是最后跟各位朋友共勉吧。岁数大一点跟年轻的时候最大的区别是,也许可以靠一点点经验了,谈不上智慧了。年轻的时候,对我们这一代人来说有一首歌影响非常深远,"是我们改变了世界,还是世界改变了我和你"。年轻的时候,当然得是我们改变世界了,如果要被世界改变了那是悲剧啊。20 多年过去了,离开大学校园,当回头去观察所走过的这条道路的时候,还是能够清晰地看到,事实的真相是我们改变了世界,世界也改变了我和你。很多年前,1994 年的春天,在日内瓦湖边吃过早饭之后遛弯儿,龙永图问我:"小白,你说什么是谈判?"我开玩笑说谈判不就是像你们跟美国团拍桌子,讨价还价?龙永图说:"小白,谈判是双方妥协的艺术。任何单方的赢,或者叫战争,或者叫征服,那不是谈判。一个好的谈判,一定是懂得各自有所退却,却因此得到了各自都想得到的,谁想得到全部都不可能,那样的谈判不存在,那是不平等的谈判。"当时我把这句话深深地记住了,却远不如这几年我重新开始玩味它的时候,并且指导我的时候,变得如此的清晰,这才是世界前行的真相。一个个体,不管你是本科还是硕士,当你走出大学校门,说要实现自己的理想,都带着要改变世界、让自己变得优秀、要圆梦这样的一个过程。但是总会有沮丧的时候,后来岁数很大的时候发现,理想渐行渐远!可以沮丧,但是错在哪儿呢?错不在这个时代,错在我们对理想、对我们过去的梦、对我们过去出发时候的那种热情过于完美化了。历史千百年走来,你跟个人的梦想、你跟一个时代的梦想、你跟未来的梦想从来没有过完美的实现,你要懂得双方妥协。

我们都是在进行一场谈判，你在跟你的理想谈判，跟你的人生谈判，跟你的身体、跟你的国家大梦在谈判，要懂得有所妥协。这个世界上从来没有百分之百，金子再好、再贵，无论纯到什么程度，只要有人说百分之百的金子一定是假的。我们有谁可以全面地实现自己的理想呢？退半步吧，但是请注意，40多岁的我说到了人生就是一场妥协的艺术，不是退却，而是进步。我终于读懂了进步的含义。任何一个时代，永远没有终极目标实现的时刻。

我觉得国家发展改革委的朋友也要明白，你殚精竭虑地付出一生的努力，这个时代依然会有它的病状，只不过我们这一代人现在看到这个时代，脑子有问题，心脏有问题，肺子有问题，OK，我们想尽办法去治。等治好了的时候，我们是不是就像童话的结尾一样，王子、公主从此过上了幸福的生活了呢？不可能，那只不过是童话，往后写，"小三"出现了，那是生活。因此，我们不要沮丧，我们这代人的使命就是治疗时代脑袋、心脏、肺，等有一天我们闭眼了，可以含笑而去。下一代人发现，这个时代脑子是没问题了，胃出问题了。人类历史什么时候圆满过？中国的唐朝、宋朝、清朝都曾经强大过。但如果您能穿越，到当时任何一个知识分子云集的酒馆里头去，那些好的知识分子同样也在忧心忡忡。后来我明白了，忧心忡忡才是知识分子的天然使命。而这个时代，有的时候我们的执政党，包括我们的舆论环境，包括我们的社会，都会有一种误解：这时代挺好的怎么还发现出那么多毛病啊？

媒体人和知识分子是啄木鸟，我们天然的使命就是通过凿出一个又一个树干上的虫子来维护大树健康。这不意味着我们认为这棵大树不好，大树很好，但这是我们的使命，所以讲到这一点的时候，我们会不会轻松一点。中国有着悠久的历史传统，儒、士、道的杂糅，我总是觉得，我们可以释怀一些，能把事情想明白一些，不去较劲，较劲往往是错的。比如说有一句话是我独家发明的：缺陷是完美的重要组成部分。就是来提醒我们，不要因为完美中还有缺陷就认为很沮丧。我们有的时候对自己的打击和对自己的自责、不满、愤怒，甚至失望，往往来自于认为世界上存在着一个完美。乔布斯的苹果是有一个缺口的，我们不要忘了这一点。我们每个人也如此。

就像有人夸白岩松说得不错，白岩松是一个好人，等等。不，我和你一样，有好有坏，看什么东西激活我们身体中的什么了。如果一个时代环境激活的是我们的坏，我们的恶就被展现出来了；如果激活的是我们的好，我们的好就展现出来了，取决于时代。过去的2011年，我们有很多道德问题，老人跌倒了没人扶起来，小悦悦没人救，大家都从道德上说中国人怎么了。那我反过来说两点：第一，我很高兴2011年出现这样的争论，说明中国人在吃饱了穿暖了之后开始关心这些问题了；第二，不要站在道德立场上去谈论道德，这不是道德问题，是我们的改革还不到位的问题。如果中国所有的老年人全有养老保险，请问，哪个老人跌倒了之后，被人扶起来会讹你呢？举一个例子，倒退15年、20年，那个时候你经常发现，两个车撞了下来就打，为什么？谁赢了决定输了的那个赔得更多，现在你什么时候见着两个人撞着了还打架的？甚至哥俩有时候还递上颗烟，点完烟之后，把保险号一抄，电话一留，走了。因为都上保险了，不涉及个人利益损失了。老人跌倒了，那些老人绝大多数都是好老人，一辈子任劳任怨的，但当他跌倒的时候，知道自己腿折了，别人一搀他，恶从胆边生，他马上想到的就是"坏了，我这一伤得给我儿子、女儿带来多大的拖累啊，这得多花多少钱啊？"那一瞬间，为了照顾自己的儿子和女儿，只好讹扶他的这个人了。要有医疗保险会吗？这是改革不到位的问题，不是道德问题。如果中国的公民不像现在这么辛劳，并且都能够守法做好14岁以下孩子监护人的职责，小悦悦怎么可能会被轧呢？在美国出现这种事情之后，媒体讨论的绝不会是路过的人不救，一定是监护人的问题，法律很明确啊。在中国，不！这依然是一个法律不落地的问题，也有现实困境的问题，怎么是道德的问题呢？

所以说，中国还有很多很多问题，我们要想赢不怕输地向前走，但是要明白，没有圆满，每个人尽职尽责做好自己能做好的事情，推动着中国这列车向正确的方向去走。最后描述一下，中国这列火车，我们都希望它能朝着正确的方向走，那就需要我们从后面推它，成为一种动力，站在正确方向的列车后面的中国人越多，这辆车向前行驶得越稳、越快、越好。但是别忘了，在车前面，一定还有人在拦着这个车打算往回推呢，还有人在侧面瞎推呢。更可气的是，还有相当多的中国人，坐在车顶上，不管你怎么推，人家在那儿抽烟喝酒看风月。这是一个非常残酷的但你必须接受的现实。OK，我们接受，但是在接受的时候，只要你自己让自己成为推动这列火车的庞大人群当中的一个就好了，谢谢各位。

赵　艾：

我想在场的每一位听众跟我一样，刚才聚精会神地和岩松一块儿分享了他的思想火花和对历史、现实、未来的思考。岩松他是一个优秀的电视节目主持人，这个大家都知道，因为他天天上电视。通过刚才的精彩演讲，大家发现他其实还是个很有思想的学者，既懂哲学又懂历史，像个大学教授。经常听到好多网友吐槽，说岩松什么都好，就是满脸"旧社会"，很难看到笑容。听了岩松刚才的演讲，多少知道他为什么笑不出来了。

因为他所做的，不仅仅是面对电视台的话筒，面对电视台的摄像机、聚光灯侃侃而谈，他是穿过时光的隧道，去思考更深远、更深刻的问题。大家注意到没有，岩松演讲的时候，对年份特别敏感，所以可以看出岩松确实很全面，他从战略的角度、全局的角度、未来的角度来思考现实的问题。既考虑经济也考虑政治，既考虑现在也考虑历史和未来，既考虑发展也考虑改革，既考虑民生也考虑民主，既考虑国内也考虑国外，既考虑政府也考虑老百姓，既考虑"国"也考虑"民"，是从全方位的角度看问题。他实际上也是在用一种哲学的方法，探寻中国发展、人民幸福和个人快活的这么一个平衡点。岩松提

到,有一个漂亮的年轻女子开一辆好车不仅逆行还对提醒她别乱开车的人骂娘,他感到很悲哀,他觉得跟这样的人生活在一个时代,真是百味交集。换个角度看,有这样开好车逆行还骂人,但同时也有在旁边为她感到悲哀的白岩松,我们为今天能够跟白岩松这样的人处在同一时代感到幸福。我们为这个像带缺口的苹果一样的女孩子感到悲哀,也因为这个世界上还有很多完整的苹果,完美的人感到快乐。岩松这样的人,以及我们在座的很多人,都是好苹果,这应该是这个时代的主流,把握着历史前进的主脉。所以岩松刚才讲,真理因为和谎言并存,才显出了真理的价值。同样,因为有了那个带小缺口的苹果,才显出了完美的价值。社会是不完美的,这个地球从月亮上看,实际上不是圆的,有点"歪瓜裂枣"凹凸不平。不圆这是真实,但是并不因为这个真实,就遮盖地球的美丽。所以刚才我边听也边在思考,觉得岩松是用哲理的角度来分析现实、分析改革、分析发展。这就是我们为什么要请岩松来发展改革委谈改革。改革,是当代中国人尤其是青年人中挥之不去的充满希望又十分沉重的情结。改革之所以有如此重的分量,是因为我们每个人的故事背后都有一个梦,我们都有一个共同的梦,那就是"中国梦"。

像岩松刚才演讲中提到的现在网上热议考公务员热。我觉得这没什么不好,这是中国梦的一部分。因为考入公务员的人99.9%不是为了公务员那点权力和公务员所能够支配或者运作的那点资源,更重要的是为了服务国家,在参与公共事务中实现自我,把自我的成长进步和国家的利益命脉有机地融合在一起,是为了推动历史的进步。改革确实到了一个非常关键的阶段。刚才岩松提出了很多的问题,因为时间有限没有展开。下面让我们继续顺着岩松的思路,共同去探讨改革问题和发展问题。岩松今天到发展改革委来,讲的是改革,实际上谈的也都是发展的问题,谈发展的路径,如何发展等等。而这些问题的核心,就是为了我们这个民族的发展、进步和复兴。下面请大家提问。

提问1：

想提一个问题，高铁出事之后，就"7·23事故"曾经有一个说法，说美国利用媒体打压中国的高铁，目的已经达到了。高铁是我们近十年来进口替代最好的产业，可以算得上是顶级的战略产业，它可以拉动中国经济发展20～30年。如果欧亚大陆通过高铁发展起来，路权的作用会上升，海权的作用会消失。前不久英国也提出要建设时速为每小时500公里的高铁。我想请岩松老师谈谈对中国高铁的看法，我的观点是要像托扶婴儿一样托扶中国的高铁。

白岩松：

就长远而言，我和你一样希望中国高铁产业能够顺利发展。我也注意到"7·23事故"后很多的订单都是零。但是，中国发展了这么多年之后，一个根深蒂固的思维要改：我们为了一个好的结果，可以拥有一个不好的过程。这样不对，为了一个好的结果，也必须拥有一个好的过程，这一点是非常重要的，不管是民主还是其他的很多事情。

王永平作为新闻发言人，那天临危受命，他其实是在替整个铁道部"背黑锅"，这种重大事件不该由新闻发言人扛。后来是总理亲自到温州开招待会，媒体搜索量从总理招待会后就开始急剧下降，说明大家开始慢慢接受了。但问题就在于王永平那天去说，我们的高铁技术是先进的。

现在我们火箭发射的成功率是百分之百，但原先也失败过。每一次失败和痛苦，恰恰是成功之前的必由之路。所以对"7·23高铁事故"，我感到万分地痛苦，但是就高铁事业的发展来说，学会从哪儿跌倒从哪儿爬起来可能更好。所以，我难过，但是绝不回避，就这样。

提问2：

我的问题可能更个人一点，岩松你觉得自由吗？你要为你的自由付出多大的代价？如果你觉得不自由，你的不自由是来自现实的约束，还是来自你思想的约束？谢谢。

白岩松：

回答你这个问题同样是可以用谈判是双方妥协的艺术来回答。从来没有绝对的自由，因此从这个角度来说，我没有那么多自由。但是我可以特别欣慰地告诉你，我的心灵是最自由的，我已经抛掉了很多让我不自由的东西了。2003年我辞掉了3个制片人的职务，由于我的辞职导致十几个人的升迁，因为我辞职后要提3个栏目的正制片人，还有更多的人要提副制片人，要提主编，带动了十余人位置的变迁。但是那天下午我交接完工作后，我开车在路上，也不知道方向在哪儿。但是我知道我做对了这件事，后来我才知道那种迷茫是一种自由的开始。

最近我在提倡去做无用的事，上一期《新周刊》用的是我的提议，"做一些无用的事"。因为我提倡两句话，第一，多去关心与你自己无关的事。中国人正在由老百姓向公民方向转变，公民意味着什么？要对外多去关心与你自己无关的事，所有与你无关的事其实都与你有关。中国要走向公民社会，这是一个。第二，多做点无用的事。什么是无用的事？在这个时代下有一个价值判断，但凡与钱有关、与名有关、与权有关的事就有用，剩下就没用。这就难受了。我发现我但凡喝有关的酒的时候，我就难受得不得了，真正好喝的酒是完全无用的一群人聚在一起喝酒。所有人类伟大的发明往往无用。请问各位，霍金研究的那些玩意儿有用吗？现在还有很多人讲3个苹果改变世界：亚当夏娃的苹果、牛顿的苹果、乔布斯的苹果。我一直想，此时此刻的中国人有谁有闲工夫躺到苹果树下去？我去年去了一趟浙江的富阳，浙江富阳就是《富春山居图》的诞生地，当时黄公望年过七十，在富阳的边远山里头开始画这幅画，用了几年的时间。那是一个落寞的文人，远离了城市生活圈，已经无用了，而且有讽刺意味的是，黄公望画完了这个《富春山居图》之后，把这幅画送给了无用师，所以这幅画又叫无用师卷，但是千百年过去了，所有那些当初权倾一时、有用的东西都烟消云散了，而这个城市开始因当初无用的人画的一幅无用的画真的有用起来，而且开始变成真金白银，给这个小城市带来财富。这个时代该思考什么？现在中国正从硬实力向软实力转变，软实力是什么？中国是不是也该去做一些无用的事了？在外交上，我们是否也该在世界范围内推动人类的进步、价值观的建设等，即使这些乍一看是无用的。当初老子在那儿弄《道德经》的时候，他有什么用啊？换不来钱，换不来饭。所以我觉得我正在靠近自由。

我理解你说的自由，自由分两种，我说的是一种看似很小，却是更大的自由，人的自由、人心的自由、人格的自由，我有。但是你说的那一点我有所欠缺，但是那不正是我做这个行当的方向吗？如果今天全中国新闻完全自由了，我一定不干新闻了，因为我在那儿看不到我再要继续追求的东西了。我就明确地告诉你，小伙子，我这一代人一定是铺路石的一代人，我们铺路，但是目标方向是新闻自由，社会更好；等有一天新闻真自由了，如果来得比较早，我一定不干新闻了，因为我明确地告诉你，当新闻自由真的来到中国的时候，最初的日子呈现出来的不是责任感，不是严肃，一定是光怪陆离、八卦满天飞、色情满天飞，然后经历那个阶段慢慢洗牌，过渡到真正新闻自由该带来的东西。所以我为自由而工作，而过每一天，但是等真的新闻自由到来的时候可能不会做了，但是我一生不会改变的是我内心对自由的追求。

提问3：

岩松老师，我不知道你有没有关注过腾讯网的《活着》摄影栏目，他们讲述的都是社会底层人员的生活状况，当然一些也涉及社会的黑暗面。我就想说在媒体曝光了相关的黑暗之后，有没有对它的民

生起到多大的改变，或者说传媒在这方面起到了多大的力量，有没有后续的报道，谢谢白老师。

白岩松：

传媒只是报道问题的，而不是解决问题的。因此有很多人曾经问过这样的问题：报道完了之后他们还没改，接着怎么办？我们就是报道，报道如果没有改，它对社会有价值，我们会接着报道，但是从来不是一种行政权力，也不是一种法律权力，我们没有权力直接去改变。我对目前中国的传媒大量地介入到公益事业当中做慈善感到非常地不安，因为媒体必须保持一种距离，一旦媒体介入到了公益和慈善中，在当代中国可能会被公益和慈善背后的企业和资本绑架，对于中国公益事业制度化的建设没有好处。所以，一旦媒体要搞什么公益，我就躲得远远的，这是我的警觉，非常警觉。我不一定看你说的腾讯的这个栏目，但我每天在接触这些，今天、明天、后天有三期我策划的节目，今天晚上我们做的是两个城市的收容站，明天是两个城市的孤儿院，后天是两个城市的养老院。

走基层在去年给我留下了非常深的印象。当时我去了大兴安岭，做了3期节目。第一期节目是少数民族语言的传承困境，第二期节目是少数民族文化的传承困境，第三期节目是大兴安岭林业改革的，标题叫《后继有林，后继无人》。我一直干到最里头，我看到了一个又一个死去的林场；我看到了年轻人消失了的林场；我看到中学告别了最后一届高三毕业生；我看到了一天挣十块多钱，但是已经没有愤怒、没有悲痛、平静麻木的脸。我像一个信访局一样游荡在那个小镇上，经常有人过来问，你是白岩松吗？我说是。他说我跟你讲个事，说完之后转身走了，不求解决结果。林业改革之后大兴安岭不让砍树了，现在整个大兴安岭职工的平均工资是全国平均工资的42%，这就意味着不会再有年轻人干林业了，所以国家要思考这个问题，改革有时候也总是会隐藏着很多问题。我在大兴安岭做节目，直播之前我跟大兴安岭的人说过这样一句话，这期节目我知道不一定能带来什么改变，我只想抚慰一下大兴安岭的这些人，让他们看完这期节目的时候，还知道有人知道他们的处境。

所以，这半年来我经常在谈的是传媒在目前的中国要增加一个功能，叫抚慰功能。真的，那天我做了一个节目，一点也不求收到什么影响，将来改变什么，等等，第二天网上说昨天哭着看完这期节目的都是林业人。当然也会有一些改变，因为节目刚一播完，内蒙古国资委的主任就打电话到了大兴安岭，国家林业局负责同志第二天也给我打了电话，然后呼伦贝尔市宣布要给他们涨工资，等等。但是这都比不上那天晚上我的感受，我不求这些，那个节目最后的一句话是：林业的兄弟姐妹们，晚安，睡个好觉。

提问 4：

白老师，刚才您的开场从重大历史时间的纪念谈起，今年 3 月 29 日是邓小平南巡谈话 20 周年，一些媒体已经在用《南巡谈话》的题目纪念这一事件。刚才您也谈到了今年会纪念南方谈话，请问您感觉我们会从什么角度纪念南方谈话？谢谢。

白岩松：

我首先同意不叫南巡谈话，叫南方讲话更靠谱。当时从小平同志的职位角度来说，他是一个忧心忡忡的改革设计师，也是一个长者。我有上、中、下三种期待：所谓"上"，是隆重地纪念。就像上一次一样，依然是个改革的号角，意味着我们要发动新一轮的改革，而且大家有一种改革的意识和觉醒。但是我个人认为以改革为出发点的极其隆重的纪念可能性不大，因此上基本上停留在我们的期待当中。所谓"中"，就是把它作为一个事件纪念，但是不必去强化当年如何促进了改革，今年又要继续促进改革，等等。当前正逢两代领导集体交替，在这个时候过于隆重似乎会有一些不稳妥。所谓"下"，几乎跟没这事儿一样，民间纪念一下。但我觉得不容易，尤其在"两会"之中也会有人提到这一点，所以我觉得更大的可能性是中偏下。

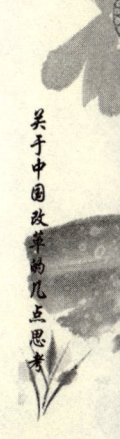

提问 5：

白老师，很荣幸今天能够当面听您讲课。这段时间美国、越南、菲律宾，还有印度、日本，都在我们的南海闹腾。但我想，即使这些国家联合起来闹腾都不足为虑，但是真正威胁我们的，是国家内部的互相残杀，人们经常说堡垒首先是从内部被攻破，我觉得内患才是我们面临的最大威胁。什么时候我们没有"毒牛奶"、"染色馒头"等现象，在公交车上能够主动地给老弱病残孕让座，这些都能做好的话，我们的国家才能够真正地走向强盛，才真正不可战胜。您觉得作为媒体如何在这方面作一些宣传和引导？谢谢。

白岩松：

我觉得对内对外的两个战略都不能荒废。前些年，我们认为要专心致志把国内的事情搞好，所以韬光养晦。我们现在正在吃某些苦果，南海便是其中之一。我们曾经在80年代初之前占有很多的西沙群岛，包括南海上的岛屿，后来从很多的岛屿都撤了。现在的南海已经成为我们非常棘手的问题了，韬光养晦不是永远的，哪个地方该硬，在国家领土主权方面没有谈判余地，因为老百姓都不答应，中国人一直在这方面有极强烈的诉求，这可不是一个外交的问题，同样是内政。现在是考验我们智慧的时候了。在南海问题上怎么办，难道看着一点一点被蚕食？将来各个东盟国家拿着你的地方，一个庞大的大象在这个地方无法施展自己的才华？所以，今天绝不能强调为了国内的事情，就在大的外交方向上继续犯错，大国要有大智慧。

要重视美国，这是一个有大的战略的国家，长远来说中国最大的对手就是美国。在这样的战略下，中国的能力是什么？我同意你的看法，国内面临的棘手东西非常多，前提是洗牌，我们这一代又一代人在素质、在各个方面的洗牌，这有两个重要的东西，一个公民，一个民主，没有其他的路径，因为我们已经富裕了。

我曾经开玩笑说，大家过去认为吃饱了是巨大的梦想，我告诉你吃饱了还是最容易实现的梦想之一，吃饱了之后才麻烦呢。饿的时候不会想其他的，一旦饱了可就坏了，各有各的想法，有人想唱卡拉OK，有人想喝酒，有人想花天酒地，有人想旅游，各种各样的想法。但是在饿的时候就没有那么多想法，就想吃饭。中国结束了就想吃饭的非常单纯的内部统一的阶段，现在开始分权了。因此，进入一个公民社会是对我们自我的要求，民主迎合这个时代的变化，所以我不认为一心放在国内，忘了国外，等有一天国内就能解决好了。没有任何一个事情能够完美地被解决，都需要综合、统筹兼顾地去平衡。

所以，每一个中国人恐怕都该有一点危机感，有一点这种意识，人家怎么可能放轻松让中国一马平川地往前走？再隔个十几年，GDP把美国都超了之后怎么办？当初日本不也挺狂吗？我要买你美国这个，买你那个，美国人一看，玩传统产业我拼不过你，我改游戏规则，日本当时在传统的制造业方面达到了巅峰，很难再超越了，但是美国人突然用数字革命，改变了游戏规则，不玩了，导致日本陷入"失去的20年"。但是大家一定要清楚，日本衰退20年最主要的因素还不在于美国的战略，在于日本已经进入了老龄化的社会。现在的日本，4个人之中有一个65岁以上的老人，中国现在才是13个人当中有一个60岁以上的老人，中国现在的平均年龄才30多岁，我们还有十几年的改革红利，不要因此掉以轻心就好了。

提问6：

您刚才提到了中国GDP超美国的问题，现在很多专家也在预测这个事情，有说30年超的，也有说20年的，但一些组织包括美国南特公司也提出了一个报告，说中国在2020年可能会成为全世界最贫困的国家，它的依据是中国的信仰、道德和制度的缺失。你怎么来理解10年之后的中国会是怎样的前景，10年后的中国会发生什么样的大事？

白岩松：

不是10年后，而是8年后了。从一个历史的长河来说，2020依然

是中国转型时候的一个年份,不是质变的年份,很难出现一个大的质变,这是第一点。第二点,我一直认为从 2009 年开始的 10 年,将是中国面临挑战最大的 10 年,就是改革与危机抢时间,我们能过了这个河就过去了,过不去就陷下去了。我说的就是我们有没有勇气去过河,除了经济改革之外还有很多改革,不是说除了经济改革就是政治体制改革,不光如此,还有社会的改革,还有党自身的改革,都是这 10 年里最大的挑战。所以我觉得中国应该是以一个渐进式的方式,到了 2020 年的时候,应该还是会有很多的变化初露端倪,但是恐怕还没到质变的关键。

至于说中国和美国的 GDP 的比较,最核心的东西不能拿现在的因素来衡量,还有一个人民币升值的空间究竟有多大,现在已经有国内的大的经济学家认为,人民币升值太慢,害别人、损自己,那么这里面就存在一个人民币可购买力的准确评估的问题。如果从这个角度来说,中国要比我们预测的更早达到跟美国 GDP 接近的地步,可是像中国超过日本的时候一样,我们不超的时候一直期待超,真超过的时候所有的中国人都非常平静,因为知道这玩意儿不重要,等假如真的有一天我们从数字上超过美国的时候,美国那个时候依然是老大,毫无疑问,绝对不会因为中国在那天超过了美国 GDP,我们就是另一个老大,绝对没到,火候没到,因此那一天我们也会依然很平静。

还有一个数据现在是大家很少考虑的,我觉得我现在有的时候悄悄地去观察国民生产总值,对吧,GDP 是国内生产总值,举一个例子,我们现在从 GDP 的角度来说,国内生产总值我们已经超过了日本,是世界第二,但是从国民生产总值方面,日本依然超过中国,是世界第二。所以对于我来说,超不超美国等这些东西都是一个数字游戏,最重要的是我们超越了自己没有,我对 2020 年最大的期待就是我们要超越自己。

赵　艾:

要谢谢岩松,我谢谢岩松不仅因为他精彩的演讲,而且也因为他终于让我长出了一口气,您终于演讲完也回答完问题,给您这个优秀主持人当主持人太不容易了。有点鲁班门前耍大斧、关公面前舞大刀的意思。聪明人不干这种傻事,给央视铁嘴还是个有思想的优秀铁嘴当主持,的确不是什么明智的选择。给一个主持过《感动中国》的王牌主持人,主持了一场"感动国家发改委的人"的一场演讲会,没点勇气真不行,好在终于熬下来了。有点绕口,我不知道感动大家了没有,至少我感动了。

感动之处还在于,岩松今天来这个演讲现场,是用两条腿走了40分钟走过来的,他坚持不让车接车送,自己也没开车。一个优秀的主持人、一个知名度很高的人走了40分钟来作演讲,我觉得这不是作秀,而是身体力行,做一个刚才演讲内容里提到的道德的楷模和榜样。所以我高度评价岩松走过来这40分钟,尽管我也经常走路上班,但做得没有岩松好,岩松今天的演讲和走路到演讲现场的方式确实感动了今天在场所有的听众。希望以后岩松能经常有机会走进发展改革委。

白岩松:

最后说两句话再鞠躬吧,第一,跟各位聊天的过程中,我看到了手里这支铅笔,我会拿一支走,因为我很喜欢。不是因为印着"国家发展和改革委员会"这几个字,这不是最重要的,最重要的是它百分之百由废旧报纸制造,而且上面有8个字"资源节约,政府先行",如果有合适节目的时候,我会把这支笔展示一下。第二个我必须要说的,还有几天就要过年了,包括赵书记,包括发展改革委的兄弟姐妹们,我们在平常的时候大家一路打拼,希望过年的这一段时间里头休养生息,更重要的是养心,把一些事情想明白了,能够用更松弛的状态重新回来,因为前行还需要各位呢。刚才我们讲的很多事情,比如林业的,还有其他一些人,将来他们有一天可能就会推开你的门,递上那一摞纸,而你要落笔的时候,影响的将是千万人。

衷心地希望各位新年快乐,心灵健康自由,谢谢各位。

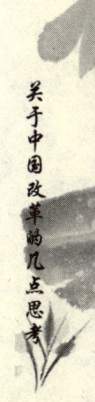

国家发展改革委青年读书论坛（第十八期）

南渡北归：中国知识分子与爱国主义

2012 年 2 月 18 日

主 讲 人：岳　南（著名作家）
主 持 人：周建平（国家发展改革委东北司司长）
推荐书目：《南渡北归》

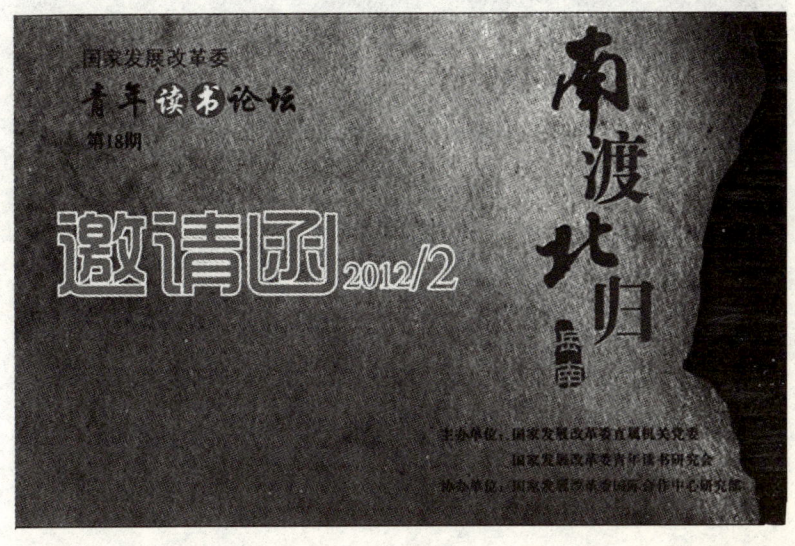

岳 南

　　山东诸城人，1962 年出生，先后就读于解放军艺术学院文学系、北京师范大学鲁迅文学院文艺学研究生班。中国作家协会会员，中华考古文学协会副会长，台湾清华大学驻校作家。著有《复活的军团》、《日暮东陵》等考古纪实文学 12 部，为中国最具全球影响力的当代著名作家之一。

周建平：

  同志们，大家上午好！今天这期青年读书论坛是第十八期。论坛基本每月一期，已经伴随我们走过了快两年的时间。大家都知道做好一件事比较难，而要持之以恒地做好一件事则难上加难。机关党委给我们青年同志创造了这么一个平台，使大家相聚、交流、学习、思考。我相信在各位的共同努力下，青年读书论坛一定会越办越好。

  我来自于委动员办，我们动员办的主要职责是负责国防动员和国防建设。党委让我来主持这次论坛，我想有两个原因。第一，这次读书论坛的主题是"南渡北归"，是讲中国知识分子和爱国主义的。看过这本书的人都知道，近代的知识分子在南渡北归的颠沛流离中，由于当时国家比较落后，尤其是交通设施比较落后，吃了不少的苦，经历了不少的磨难。特别在抗日战争时期，日本帝国主义具有强大的制空权，一路上每每遇到日本侵略者飞机的狂轰滥炸时，大师们只能消极躲藏，面对被炸的房屋、炸死炸伤的亲人好友、炸毁的文物资料、书记等，除了悲伤只有无奈，我想这也从侧面说明了一个问题，那就是落后就要挨打。同时也证明了加强国防建设、增强国防实力的极端重要性，况且现在台湾还没有回归，钓鱼岛的问题还没有解决，南海的很多岛屿也被别国侵占，地下油气资源被他人掠夺，西南边境也不太平静。所以我们更需要加强国防，提高国防实力，这样才能捍卫国家的主权和领土的完整，才能为维护世界和平作出我们的贡献，特别是提高我国在世界上的话语权。这可能是让我来主持的第一个原因。

  第二点，正逢新年之际，我们动员办理应响应党委的号召，动员委里的广大青年来支持这个论坛，支持这个平台，按照新的一年建设学习型机关的要求，组织和号召大家多多学习，特别是我们发展改革

图1　第十八期青年读书论坛主持人周建平与主讲嘉宾岳南。

委的同志,作为国家的重要宏观管理部门的一员,大家的学术背景大多跟经济、金融、管理、技术、法律有关,对文学有所了解,但是知之不多,知之不系统,因此党委安排的这次专题,就是和南渡北归中的中国知识分子和爱国主义有关。目的是丰富我们的知识,开阔我们的视野,提高我们认知的层次,增强我们的能力。

说到《南渡北归》这部巨作,那就要隆重有请这部著作的作者,也是我们今天的演讲嘉宾岳南先生,大家掌声欢迎。岳南先生是中国作家协会的会员,也是中国考古文化协会的副会长,同时还是一位在全球有影响力的考古纪实文学作家。他最擅长的是将历史与考古的新发现融入到自己的文学作品中,文笔严谨,文必有据。自20世纪80年代开始,岳南先生开始关注中国的知识分子,并着重于当年的中央研究院、中央博物院、北京大学、清华大学等一些著名知识分子的学术、精神以及人生经历的研究。他的大作《南渡北归》近170万字,凝聚了岳南先生八年的心血。这本书的封面推荐语写道：首部全景再现中国最后一批大师群体命运剧烈变迁的史诗巨作。下面更是用醒目的字写道：大师远去，再无大师。光是这样的推荐语和标注，已经足够吸引大家的眼球。大家可能会想，离我们生活年代最近的一批大师，在一个怎样不平常的年代，又经历了哪些不寻常的事，这些往事又将给后世带来怎样的影响？为什么说大师远去，再无大师？古话说，读书使人明志。这样一本带有深刻时代烙印的大师史，可以给我们带来哪些启迪？这是今天在座的各位都渴望从岳南先生的讲座中得到的答案。下面我们以热烈的掌声欢迎岳南先生给我们作精彩的讲演。

岳　南：

谢谢大家。今天我讲的题目就是《南渡北归：中国知识分子与爱国主义》。

一、何谓南渡北归

首先我介绍一下南渡北归是什么意思。在昆明的云南师范大学有一个纪念碑，是当年的国立西南联合大学留下的，叙述了当年的北京大学、清华大学、南开大学于抗战中先迁到长沙，再迁到昆明组建了国立西南联合大学，这所大学与中国的军民一道在抗战烽火中在西南之地坚守了九年，于胜利后重新回归中原的过程。碑文由西南联大文学院院长、著名的哲学家冯友兰先生所写，清华中文系主任闻一多先生书丹。这个碑文的大意是说，华夏民族如果不能够立足中原，就向南撤退，要么是长江以东的江左，要么是西南之地，这就称为南渡。在中国历史上一共有过四次南渡。第一次发生在晋代，陈寅恪先生一直在研究南北朝史，他写过很多当年晋人南迁的事情，并曾花费很大的力气专门考证过陶渊明所说的桃花源与其时代背景。

传诵千古的《桃花源记》，描述的是"永嘉之乱"以后一个世外桃源的故事。

所谓"永嘉之乱"，是指晋朝怀帝统治时期中原地区发生的战乱。晋怀帝被匈奴军队俘虏，次年被杀，其侄愍帝被拥立于长安。这时皇室、世族已纷纷迁至江南、西北、东北之地。到公元316年，匈奴兵攻入长安，俘虏了愍帝，西晋至此宣告灭亡。这一段历史被后世史家称为"永嘉之乱"。

晋室政权流亡南方，在政治格局的剧烈摇晃震动中建立了东晋。随着北方士族大量南迁江左，使以黄河流域为中心的中国文化第一次移向长江流域，改变了以前重北轻南的文化格局。在此以前，南方文化远不能与北方抗衡，经此世变，不仅南北经学在研治方法和总的学风上因南北对峙而呈现明显的差异，而且在文学、佛学、道教、书法、美术、音乐等方面也因风格不同而相映生辉。鉴于这样一个历史文化背景，陶渊明的名篇佳构《桃花源记》横空出世，一个缥缈于尘

图2　第十八期青年读书论坛现场

世之外的神奇世界豁然洞开。

那么，这个桃花源在哪里呢？千百年来，人们大都指湖南的武夷，或广西的一个地方，但按照陈寅恪先生的说法，"永嘉之乱"以来，胡族统治者往往将其武力所到地域的各族居民，迁往政治中心地带，以便控制并役使。而当这个胡族政权发生混乱，失去控制力，或者灭亡的时候，被迁徙的老百姓又往往回迁。这一往一返，对政治经济文化影响极大。无论是北方的战乱还是胡族统治者的徙民，对于各族人民来说都是一种巨大灾难。汉人能走的都走了，不能远离本土迁至他乡的，则大抵纠合宗族乡党，屯聚堡坞，据险自守，以避戎狄寇盗之难。这些坞堡以洛水流域为最多，犹以弘农、上洛地区为甚。那时北方城市荒芜不发达，百姓聚居田野、山间，唯依坞以务农自给，坞由此得以占据北方社会最重要的位置。坞以宗族乡党为单位，反映了当时南北社会组织的不同和经济生活的不同。因为同宗共保一坞，构成了北方社会的组织形态，所以决不能忽视北方不能走或不愿走的人们屯聚堡坞的作用。屯聚与人口的大流动对历史产生的影响，是难分轻重的。

有了对这一时代坞堡的深刻了解和认识，陈寅恪始对《桃花源记》描述的景物、人事展开论述。在陈氏的眼里，陶潜之记虽为寓意之文，但也是西晋末年坞垒生活的真实写照。真实的桃花源应在北方的弘农或上洛，也就是今天的三门峡市至陕西东南部商洛地区黄河流域。

关于陈寅恪先生的考证是否准确，这里暂且不再讨论，下面要说中国历史上著名的第二次南渡。

第二次是宋人南渡，后来定都杭州。大家所知的皇帝赵构、奸相秦桧，特别是我的本家先辈岳飞将军，以及当时的抗金名将韩世忠等，基本上就是和这次南渡有关，他们所做的轰轰烈烈的或者是屈辱的事情，也是以这次南渡为大背景展开的，岳飞的"还我河山"也写于这个大时代里。

第三次是清军入关之后，明朝的崇祯皇帝跑出紫禁城，走投无路，只好吊死于故宫后面煤山的一棵歪脖子树上。崇祯皇帝虽然死了，一些明室后裔、明朝军队、北方的知识分子连同一些老百姓开始南渡。

第四次南渡就是1937年七七事变之后我们伟大的抗日战争时期了，随着华北沦陷、上海沦陷、南京沦陷，整个中华民族的重要机构和大批军民、知识分子陆续向西南转移，这个转移，我们称为南迁，也称之为南渡。

回顾中国历史上的前三次南渡，其结果是：晋人不能回来；宋人也没能回来，岳飞当年呼号的"还我河山"成了一句空洞的口号和虚名；明朝也是如此，最后明朝几百万军队被清军歼灭了，继崇祯之后成为南明皇帝的永历，支撑了一阵子也是国破家亡了，皇帝也被迫跑到缅甸避难，后来被引渡回国，在云南被投降清军的将领吴三桂用弓箭弦绞死，南明也就算烟消云散了。当时还有个叫郑成功的人率部到了台湾，赶跑了统治台岛的荷兰人，他自己成了这个岛屿的新主人，并试图反清复明，但最后没有成功，到他儿子那一辈，台湾的独立王国就被康熙给灭了。

与前三次不同的是，只有我们抗日战争时期的南渡，不到十年时间就取得了胜利并重新回到了家园。

下面我解释一下为什么前三次南渡的国家都亡国了，唯独第四次我们不但没有亡国，还用不到十年的时间就回到故土，重新进行了伟大的民族复兴，重新建立了一个新的家园。这个原因蕴含在我们国家和民族的深层血肉里，蕴含在知识分子的爱国主义情怀之中。

二、南渡

我要说的南渡，是从1937年卢沟桥事变开始。大家知道，卢沟桥事变揭开了中国军民全面抗日战争的序幕，伟大的卫国战争就是这个时候开始的。

当时驻守在北平的是名义上属于南京国民政府的二十九军。这个二十九军原来是属于老军阀冯玉祥的西北军中的一个杂牌部队。1928年中原大战的时候，以蒋介石为代表的中央政府，与阎锡山、冯玉祥为首的割据势力争夺权力，最后阎、冯组成联军和以蒋介石为首的中央军打了起来。后来"东北王"张学良出兵助蒋，把阎、冯联军打垮。冯玉祥的部队溃散后，其中有一支渡过了黄河，来到山西晋南一带，将领有张自忠、宋哲元等人，后来这支部队被晋升为陆海空军副总司令兼北平行营主任的张学良收编，派到察哈尔，再后来长城抗战被派去对抗日本鬼子，表现不俗，慢慢发展起来。到1937年七七事变之前，这支部队已经有10万兵力，其中有5个师：4个步兵师，1个骑兵师，实力强大。当时的北平、天津、河北、察哈尔省都由二十九军占领，整个华北已握于他们手中了。因为二十九军的背景不同，他们不听从以蒋介石为首的南京中央政府的命令，一度截留南迁的北京故宫文物，还有北京的关税，以壮大自己的实力。后来中央军驻华北的部队被迫撤出华北地区，只留下二十九军统治这块区域，较之以前的权属划分，这时有点半独立王国的性质了。

1937年七七事变爆发以后，二十九军军长宋哲元居然代表全军和鬼子谈判，以为这样做可以保住地盘，为首的是宋，但后来成为抗日英雄的张自忠，也自以为忠，在天津附和宋哲元，一心与鬼子谈判并签订了相关的《香月细目》等协议。后来二十九军被日军击垮，宋哲元等率部南撤，留下的张自忠一度成为华北政务委员会的委员长兼北平市长，他找了一批汉奸人物控制北京市警察局，掌握权力，此事闹到最后，张自忠被国民政府明令撤职查办。这些事我在书中也已经提到了，有兴趣者可以看看，这里不再细述了。

为什么战争一开始的时候，拥有10万兵力的二十九军一下就被打垮了呢？此前蒋介石委员长从南京或庐山牯岭发了多封电报，让宋哲元部队把城墙搞好，把防卫设施搞好。结果宋氏不听，反而把所有的设施全部拆掉了。结果鬼子一来，整个南苑的营房全部被炸毁，再加上当时通讯落后，造成了副军长佟麟阁、师长赵登禹以及3000名官兵全部阵亡的悲剧。部队溃败以后，宋哲元带着一批大员和残兵败将南撤保定一线，天津沦陷、北平沦陷，只剩下了老百姓，日本鬼子很快进城，这就是当时的背景。

在占领了北平之后，日本很快又开始入侵上海，战争非常酷烈，其酷烈的程度在整个远东战争或者说二次世界大战中都很少见的，双方投入大约75万的兵力，就在上海这么一个小地方激战。到了1944年，湖南的衡阳保卫战接近尾声，其中最大的战役就是这两次，也可以说真正血与火的死拼硬打之巨战，以淞沪始，以衡阳终。

回头来说，眼看平津被日本军队占领，上海沦陷，南京岌岌可危，这就面临着中国的政府机构何去何从，中国的科学研究机构、教育机构以及所属人员何去何从的问题了，我今天主要叙述的北大、清华、南开三所大学南迁的问题也就迫在眉睫了。

天津这个城市沦陷之时，日本鬼子首先轰炸的是南开大学校园，为什么首先轰炸南开？当时国民政府是以南京为中心，整个北平的国家机关还有其他一些重要部门都迁到南京去了。那么整个华北以北平、天津为中心的学术教育机构，以北京大学、清华大学和南开大学这三所著名高校为中坚。日本人深知要想征服中国，必须征服这里的文化。如果仅仅征服了中国的经济和军事力量而没有征服文化，就算不上征服。当时中国的知识分子如钱穆等就明确说过：即便中国亡了，我们的文化没有亡，中国最终还是会站起来。因此，日本人就特别重视这三所高校。一旦占领平津，它首先要破坏和毁掉的就是这三所高校。这就是日军首先轰炸南开的原因。

这里必须强调的是，晚清以后的知识分子和有识之士，已经意识到中华民族必须要有新的文明、新的文化来建设一个新的中国。如果没有新的文化、新的文明，那么中国还是会困在清朝末年的污泥浊水里，在旧思想、旧文化中打滚儿，不会有翻身的机会。这是当年整个学术界的共识。卢沟桥事变爆发后，南开大学校长张伯苓正在庐山参加蒋委员长主持的国防军事参议会，他听到南开被轰炸的消息，马上就晕倒了。第二天，他在《中央日报》上发表讲话，说："敌人此次轰炸南开，被毁者为南开之物质，而南开之精神，将因此挫折，而愈益奋励。"7月30日，蒋介石约见张伯苓，他表示"南开为中国而牺牲，有中国就有南开"。

这话讲完之后，蒋介石就在包括共产党等各方的劝说鼓励之下发表了著名的庐山讲话。其大体的内容是：地无分南北，人无分老幼，支持抗战，要凭全民族的性命赢得抗日战争。我这里必须要指出的是，在此之前，蒋介石是不乐意抗日的，他不抗日不是贪生怕死，而是谋求一个最佳的机会，具体的想法是中国当时实力不足，等3年、5年、10年，等中国建设得差不多之后，再与其一拼，于是他想暂时委曲求全与日本交涉，晚几年再开战。但是当时鬼子已经占领东北，大部分人表示必须要打，后来发生了卢沟桥事变，蒋介石迫于各方压力，决定抗战。对中国高层来说，那时跟日本打仗是没有底的，实力悬殊。特别是那些留学日本的知识分子，在目睹日本的实力后，认为以中国的实力是打不赢的。但蒋介石的态度是，既然我已宣布全民抗战了，就要真刀真枪地干了，没有半步退路，如果退缩就是中华民族的千古罪人。这个态度是非常坚决的，后来国军战事失利，一部分人又开始鼓动蒋介石与日本人谈和，但蒋介石毫不退让，坚称宁为玉碎，不为瓦全，宁可这个国家战败而亡，也不跟日本谈判。就是以这样的态度和意志，蒋介石一直指挥军队与敌人战斗，直到取得了抗日战争的胜利。在漫长的八年血与火的战争中，作为中国最高军事统帅的蒋介石，从来没有在任何情况下与日本谈判求和，这一点是我们要特别记住的。

大家在图上（图略）看到的是北大，现在成为五四运动纪念馆。如今的北大校园原来是燕京大学所在地，并不是原来的北大。这张（图略）是清华。当时清华的几个导师，包括陈寅恪、李济先生等，跟着去了南部。其实清华大学一共有五位导师，李济先生是个讲师，他之所以没有成为流行的"四大导师",是因为当时他在别的地方兼任职务。陈寅恪先生想必大家已经知道了,近些年越来越广泛地被大家所熟知。他提出的"独立之精神,自由之思想"已经渐渐深入民心。在中国历史上有两个人留学了16年,一个是唐代的唐三藏,第二个就是陈寅恪先生,这就是号称"三百年来仅此一人"(傅斯年语)的陈寅恪。

现在我要讲的就是这些大师根据国民政府的命令离开北平、天津开始往南逃亡的历程。非常不幸的是,当他们刚逃到长沙的时候,南京沦陷,国民政府十万官兵最后抵抗失败,大部分被鬼子赶到长江,打死在长江边上,整个长江一片血水,惨烈至极。当时国民政府主席林森带着他的班子人员,准备重新建立陪都,重新建立抗日基地,结果离开南京跑到武汉之后,武汉很快也不行了。日本攻下上海、南京,沿着长江继续往上推进。后来,蒋介石命令集合所有的船只,去上海堵住日本的船,可是没能堵住。最后,国军和日军在上海进行了一场伟大的决战,但不幸的是国军没有取得胜利。也就是在这个时刻,蒋介石表示宁为玉碎,不为瓦全。这里需要提到的是,当时中国军队已经打到没有一个完整的师了,军队到了只剩最后一口气的时候了。这时候,原北大文学院院长胡适先生已经被国民政府派往美国开始当民间大使,后来正式任命为大使。武汉沦陷当天,他正好在美国的财政部长家中与其磋商,请求为中国打一针"救命针"。这位美国财长当时已经渐渐倾向于支援中国,听了胡适的话很感动,表示支持。

武汉即将沦陷,长沙也岌岌可危,因此要想办法重新到西南去,到更远的地方去。要撤到哪儿呢?最后国民政府决定到云南的昆明去。而要从长沙到昆明,要通过贵州,那时贵州土匪特别多,湖南省主席张治忠就写了一封信和一个土匪黑老大打招呼,说有一帮穷学生要借道贵州去云南办学,不要抢他们和为难他们。可能这封信真管了用,或者是土匪也有点爱国心,后来师生们沿路行走,确实没有大的麻烦。当时还有第二路师生,他们沿着桂林柳州走。第三路是坐船先到香港，通过越南海防，然后再转到昆明去。

就在要把临时大学由长沙南迁昆明重组西南联大的时候，中央研究院人员也在由南京往长沙撤退。其中有几个重要人物，包括傅斯年、梁思永、李济、李方桂等。傅斯年是五四运动北平学生游行的总指挥；梁思永是梁启超的二儿子，也就是梁思成的弟弟；李济是中国考古人类学之父，也就是清华的五位导师之一，整个中国的考古发掘就是从他这儿开始的；李方桂是非汉语言学之父，他研究的主要是少数民族语言，所以称"非汉语言学"。我展示的图片，这位就是著名的清华教授、作家朱自清先生；这是楚辞、唐诗专家罗庸，他在社会上的名气小，但很有能力，在圈子里名声足够大的；罗常培先生是语言学家，50年代在大陆搞过语言改革的带头人之一；这个照片上还有大名鼎鼎的闻一多、语言学家王力等。这些人基本上都是从长沙一路步行到昆明去的，有3000多里吧。

面对日本鬼子的侵略，中华民族保持了高度的团结一致。图中（图略）这位是一个敲锣的人，当地县长告诉他说要敲锣，敲锣是什么意思呢？就是告知学生、老师路过这个地方，老百姓卖东西不要抬高物价，要便宜一点。所以有一些事情离开了人民是不行的。后来国民党离人民越来越远了，直至走向人民的反面，弄得垮台，而毛主席带领共产党取得胜利，是与人民群众紧密结合有关系的。

这里特别要提到的一个人是曾昭抡，他是清末著名爱国将领、"中兴名臣"曾国藩的曾孙。在艰苦的条件下，大家步行跋涉，曾昭抡等学者们还一边走一边采风，一边调查了解当地风情文化，这批人到了昆明之后把路上了解到的情况写了好几本书。在步行到昆明的学者中，有一位青年教师穆旦，一边写诗一边背英文词典，背过一页就撕掉一页，到了昆明整部词典就没了，他也都记在心中了。云南昆明那时大学云集，好多逃难的百姓和学者都去了昆明。因为当时中华民族最核心的国土已经失掉了，敌人的部队已经入侵了整个华北，上海、南京、武汉也相继失守，我们只有往西南后撤。要说这个西南可

是一块宝地呵，为什么说是中华民族的一块儿宝地？假如一翻历史，就看到历代王朝遇到灾难的时候往西南迁，怎么不往西北迁？因为西北沙漠多，环境相对恶劣，又是平原丘陵居多，而且背靠的国家比较难缠，他给你支援一点，就会要回很多。而西南第一有山，如北边的剑阁地势险要，一夫当关，万夫莫开；第二，那里还是一个粮米之仓，特别像四川这样的地方，不但有米仓，还是个盐仓，自贡那个地方还有盐井，产很多的盐。当年唐朝安禄山发生政变，唐玄宗离开长安也是通过剑阁进入了四川腹地避难，大唐王朝又在历史的剧烈摇晃中重新站了起来，唐玄宗才重返长安。我们伟大的抗日战争也同样利用了天府之国与周边地区的地形地物，终于赢得了反攻的那一天，取得了胜利。

但是，当时昆明容不下这么多人。刚刚组建的国立西南联合大学常委们四处查看，最后选了一个和越南交界的地方，叫做蒙自。大约在清朝末年，这里修了一条铁路，主要运输锡矿。当地发展的类似于小殖民地，有海关，而且十分繁华，像是远东的小巴黎。抗日战争时期这里已经衰落，好多房子没有人住。因此国立西南联合大学的文法学院就迁到了蒙自。

蒙自的南湖很漂亮，很多苦难的学者在这个地方得到了修养。他们还成立了诗社，远离前线，远离战火。著名的国学大师、史学家陈寅恪原本反对打仗，认为那样中国可能就要灭亡，可到了蒙自之后，陈寅恪看到政府抗战的决心，也马上加入到抗战中。他再也不说不能打，而是说中华民族必须抗战，与政府的声音相呼应，与全国军民和知识分子共命运，只要学者们也加入进来，抗战就一定会胜利。虽然那时好多人还是像汪精卫之流犹豫不决，但是学者已经清醒地认识到中华民族没有别的选择，反抗是唯一的出路。这就是学者跟一些政客不同的原因，也体现了知识分子在民族危难时的眼光、胸怀与气魄，这就是中华民族的精神。

在蒙自待了半年之后，学者们重新回到了昆明，在国立西南联合大学的周边又盖了一些小房子，有的租住昆明的旧房安顿下来。西南联大实行的常委负责制，由原来南开的张伯苓、清华的梅贻琦和北大的蒋梦麟担任常委，因张、蒋二人在重庆的时间多一些，实际长期主持学校事务的就是梅贻琦先生一人。当时西南联大有179名教授，其中97人留美、38人留欧、18人留英、3人留日，共156个人，占总数的87%，这些人都是大学者，了不起的知识精英。为什么我说当年产生了那么一批大师，形成了群星灿烂的态势？主要的原因有如下几个方面：

首先，在晚清民国时期，这些人有深厚的国学根底。比如陈寅恪先生的爷爷就是湖南巡抚；他的父亲陈三立是著名诗人，吏部一个高级官员；他的舅舅俞明震是鲁迅的老师；他的表弟俞大维做过兵工署长、交通部长、国防部长；他的姑姑是曾国藩的孙女。所以他的整个家族和俞氏家族、曾氏家族，还有傅斯年家族等有着密切的联系，具有庞大的人文背景。

不仅有这样的背景，而且这些学者们本身又刻苦学习，在当时社会震荡的环境中扎下了根基。在此基础之上，他们又到东西洋留学，在留学期间使中西方文明之间擦出了壮丽的火花，所以在20世纪初，中国大师云集，群星灿烂。这些知识分子想到要用文化救国。当年曾国藩就告诉他的后人不要再当官，他当年尝过当官的苦处，所以曾国藩的后人，无论是曾昭抡，还是其他人，全部成为了留美的博士、硕士，全部成为著名的学者。另外，梁氏家族也是如此。梁启超当过北洋政府的司法部长、财政部长，后来他意识到知识精英都一门心思想着当官是不行的，中华民族要想进步，就必须从文化上开始。梁启超派梁思成和梁思永两个儿子包括后来的儿媳林徽因到美国学习，梁思成学了古建筑，梁思永学了考古，就是这一思想的延续。当时中国还没有古建筑学，更没有考古学。后来梁思成在信中对梁启超说：您让我与弟弟思永学这些东西太有用吗？梁启超在复信中斩钉截铁地回答：太有用了，这些学问对中华民族的推动力是巨大的，试想一下，

唐朝宰相好几个能干的，可他们对中国的发展特别是文化的发展没有多少作为，而整个唐朝，如果没有李、杜，那我们中国的文化要缺少多少呢？有了李白、杜甫这样伟大的文化巨人，安禄山政变、安史之乱在历史的长河中也只是一次小小的波动，也就算不上什么了。后来，梁思成、梁思永学有所成，归国后确实为中国的文化进步作了巨大贡献。毛泽东同志在延安的时候就注意到安阳殷墟的发掘工作和考古成果，而安阳殷墟的发掘，梁思永是出过大力气的，可谓贡献最大的一人。毛泽东说中国有4000年有文字可考的历史，这个根据从哪里来？就是从安阳殷墟发掘出的甲骨文字和器物断代上来的。因此，弘扬中华民族的文化不是几句口号就能说得清的，需要有充分的证据确切地证明。中华民族源远流长，国家要统一，不能分裂，安阳殷墟的考古成果以及后来的考古成果，这些东西就可以证明，这就是它在历史上的作用。

抗日战争爆发之后，我们中华民族经历了非常苦难的时期，那时有好多人提出不要再办大学，应当赶紧办培训班、短训班。培训半年到一年之后，把这些学生送到前线，为抗日战争服务。但是胡适、张伯苓、梅贻琦、蒋梦麟、傅斯年等人表示坚决反对。他们认为，尽管伟大的抗日战争已经开始，但"战时教育须做平常看"，学校必须要跟平时一样，战争再激烈，也要把学校办下去，并且不但要办下去，还要有本科、硕士、博士，按部就班一个步骤不能少地办下去。因为中华民族军民同心投入抗战，就一定会取得胜利，之后要进行伟大民族的复兴，靠的就是在战争中培养出来的这些人。一旦战争结束，这一批在战火中成长起来的知识分子将会成为新中国建设的主要力量。事实证明这是对的。经过了8年抗战，这一批抗战中学成的知识精英成为千疮百孔的中华民族建设的力量，直到现在，我们都可以看到，那些奋斗在各个领域的带头人，都在抗日战争中经过了火与血的锻炼。

学者们迁到昆明不久，日本的飞机开始轰炸昆明，在如此艰苦的情况下，学者们仍然充满信心并以实际行动展示了不屈的意志和力量。卢沟桥事变爆发不久，日本鬼子占领清华园，时在清华任教的物理学家赵忠尧得知他从国外弄回的几毫克镭落在学校没有抢运出来，就与梁思成商量二人开车于一个晚上偷偷进去拿了出来，而赵忠尧就凭借着这一点镭在西南联大做了很多实验，后来中国制造的原子弹等都可以追溯到这里。这种伟大的爱国主义精神和他们从小受到的教育是分不开的。如何爱国，如何报效国家，是当官还是学习，学习什么东西？报效国家以一种什么精神，凭一种什么态度，特别是当战争来临的时候怎么办？在这些问题面前，他们表现得很好。而这批精英到了昆明之后，随着日机轰炸，不得不搬到郊外租住，像梁思成主持的中国营造学社就住在龙头村一座尼姑庙里，并继续进行他们的学术研究。我向大家展示的这张图片是他们的故居，前一段要拆，这一段又保护下来了。这是闻一多故居，这是当时西南联大的教授，昆明有敌机轰炸，只能跑到郊区去躲着，就是在这样的房子里，他们继续在进行学问研究。

我刚才说，胡适等认为战时教育要当作平时看，在云南郊外的龙头村一座叫宝台山的寺庙里，北大文科研究所就招了10名研究生，后来这批人都成了所在领域的大腕、大师级人物。

后来，日机对昆明的轰炸蔓延到了郊区。根据国民政府的命令，要继续往西南撤退，要入川，自重庆往西，一直到庐州、宜宾一线。西南联大在叙永找了几座庙把大一新生迁来读书，中央研究院史语所、社会学研究所、北大文科研究所、中国营造学社以及同济大学，分别由昆明搬到四川南溪县李庄镇。撤到这里来是因为这个地方当时是川南很大的一个古镇，有9座宫殿、18座庙宇，还有几个很大的庄园，也正是有了这么多的建筑，才能容纳这些机构迁来的1.2万人。

除了梁思永随史语所迁来，还有梁思成、林徽因一家及其领导的中国营造学社同人也来到了李庄。这里我就顺便说一说梁思成和林徽因的爱情故事。梁思成、林徽因到了李庄之后，西南联大的金岳霖教授在放暑假的时候也跟过来了，他自掏腰包在镇上买了几只鸡养着，以便下蛋给林徽因吃。当年他们在北总布胡同3号的时候，金岳霖就住在梁家的后院，实际是一个大院子，梁思成到山西出差考察古建筑，金岳霖就跟林徽因由感情产生了爱情。梁思成回来之后，林徽因跟他说自己爱上了两个人，不知道如何处理，内心很痛苦。梁思成得知她爱上金岳霖，当然更痛苦。梁思成想了一夜，第二天对林徽因说：我与老金比起来虽有优点，但总体上说还是金岳霖更优秀，你应该嫁给老金。这样一说，林徽因很感动，她跑到金岳霖的屋子里跟老金说梁思成让她嫁给他，老金想了想，觉得自己不如梁思成，林徽因还是应该继续跟着梁思成过日子。从此之后，梁思成说，他相信老金跟林徽因只是精神恋爱，不会再产生什么了。从那以后，林徽因和梁思成走到哪儿，金岳霖就跟到哪儿。老金曾跟别人说："一离开梁家，自己就像丢了魂一样。"这是个大实话，事实也确实如此。

前一段有部电视剧叫《人间四月天》。拍出来之后，梁思成的儿子梁从诫大骂这个片子的制片人和导演与演员，他说他母亲跟金岳霖是有感情的，但是跟徐志摩是没有的。林徽因和金岳霖是双方都爱的，是精神上的爱，但是并不折腾，可徐志摩就乱折腾，搞得鸡飞狗跳。梁从诫一直称呼金岳霖为爸爸，叫金爸，梁从诫一家住的房子就是金岳霖的。

却说梁思成一家从云南迁到李庄，浪漫的生活都过去了，如今面临的是抗日战争最残酷的阶段。梁思成有病在身，林徽因此时也得了肺结核。现在肺结核很快就能治好，但那个年代治不好，每天都要打针。梁思成最后穷的没办法，连钢笔都卖掉了。当时驻中国使馆新闻处的处长、美国人费正清还专门写过一篇文章，说像这样的中国学者，在这么苦难的抗日战争中，还在这个地方刻苦地、不计报酬地做学问，这种做法在美国或者其他国家是不可能见到的。他说中华民族的伟大之处就在这里，这就是爱国主义的最好体现。他们用自己的行动来爱国，来投入到伟大的抗日战争中，正是因为如此，所以中华民族是不会灭亡的。今天我们说爱国主义，不能只喊几句口号，是要在精神上、思想上和这个国家、这个民族融为一体，同时要把自己的职业做好，无论多么艰苦，我们还是要往前走。当时梁思成于逃亡中组织学者们唱歌，他当指挥，他们唱的是"往前走，莫回头，中国抗战一定会胜利"等，非常壮怀激烈。在李庄的后期，病重的林徽因跟儿子梁从诫说：我已经不行了，你们要好好活着，要看到抗战胜利的到来。梁从诫说如果我们等不到，鬼子来了怎么办？她说要是鬼子来了，自己就跳李庄后面的长江，直接干脆地表现出一种誓死不屈的精神，这就是中华民族一个伟大女性的思想、心声和骨气。

当时英国著名科学家李约瑟也去了李庄，对中国学者的精神和成果佩服得五体投地。当年同济大学在上海，经过7次才迁到了李庄，有1.1万人，本部也是在庙宇里。大家在图上可以看到同济大学的工学院，还有医学院。

李约瑟在李庄看到同济大学的教授、早年留学比利时的童第周博士在雪地里作生物研究，觉得中国科学家在这么艰苦的条件下还在作科学研究，非常可敬。他问童第周当年比利时条件那么好，为什么不留下来。童第周就说了一句话："因为我是中国人嘛！"这句话让李约瑟差点儿流下泪来。他说这是真正的爱国主义者，后来童第周成为中科院副院长、动物所所长。

下图（图3）是李庄古镇，紧靠长江边，同济大学占据了古镇的5座庙宇宫殿，中央博物院筹备处占据一处，其他的是零星的分配了。梁思成主持的中国营造学社在古镇边上的上坝月亮田，租的是一个大院子，中央研究院史语所、社会学所在古镇外面的山上，史语所在板栗坳，又叫栗峰山庄，这是一个很大的庄园，是张姓人家在此建造的，可容纳一千多人。史语所的主持人是傅斯年，当年的五四运动学生领袖，很有气魄和魅力，这个所主要是研究中国的语言、历史、考古和人类学，抗战前在安阳殷墟发掘商王陵10年，成就非常大，一大批的青铜器和带字甲骨就出土于安阳殷墟，这批东西成为当时和日

图3　李庄古镇

后研究中国历史的极为重要的原始材料。1943年,李约瑟到李庄见到了这批东西和史语所的珍本图书,对他日后主持中国科技史的写作帮助特别大。也就在这里,李约瑟结识了史语所的一位叫做王铃的副研究员,是傅斯年介绍给他的,后来王玲考取了英国剑桥的一个基金会的讲座席位,成了李约瑟的助手,协助他研究中国科技史。这部几十卷的中国科技史出版后使李约瑟享有了世界级声誉,但是如果没有王铃的协助,李约瑟的成果要晚很多年,也会产生像他自谦的"更多的错误"。正是由于王铃,他才得以完成这部几十卷的科技史。因此我们在歌颂李约瑟的时候,不要忘记很多中国人在幕后所作的贡献,或者可以说,这部中国的科技史有很大一部分是中国人完成的。

三、北归

抗日战争到了最艰难的时期,但也同样面临着曙光。后来美国开始给中国贷款,投入到伟大的反法西斯战争中。中国随之进行了战略反攻,迎来了抗日战争的伟大胜利。到这里,抗日战争结束,然后就要北归了。我们的民族经历了那么多苦难，而在苦难中则体现了中国军民、知识分子伟大的爱国主义情怀。这也正好印证了当年知名学者马一浮在香港防空洞所说的："我们一定会赢得这场战争最后胜利的。"

北归后本来应好好休养生息，全国军民与知识分子投入到伟大的民族复兴中来，可是情况并不如此，马上就面临国共之争，内战开始。随着辽沈战役中共军队取得全胜，接下来就是平津战役了。后来共产党军队在毛主席的带领下开始围城，与守城的国民党部队"剿总"傅作义将军进行谈判，后来傅作义按照中共规定的"放下武器，接受改变"的条件率部出城接受中共的改编。傅作义部队在解放战争史上的定位不是起义，也不是投降，就是上面的那八个字。以傅作义将军为首的国民党军队出城后放下了武器，有的还高呼"人民解放军万岁"的口号，这也证明了国民政府和军队不得人心，共产党的部队是得人心的。

北平和平解放之后，就是淮海战役，国民党称为徐蚌会战。这次会战是决定国共命运的一场大决战。最后拥有大约55万兵力的国军前线总指挥杜聿明将军被俘，一个指挥50余万大军的主将在战场上被俘，这在中国历史上是首次。杜聿明被俘之后，进了监狱，后来他的女婿杨振宁获得诺贝尔奖，1959年获得中华人民共和国政府特赦，释放出狱，杜聿明积极改造当然是一个原因，但也应该说他还是沾了女婿杨振宁的一些光。此点有一个反证，即当时杜聿明手下的参谋长文强中将，他的姑母文七妹是毛泽东的母亲，与毛泽覃是中学同学，毛泽东还教过他一段日子，此人是黄埔四期生，与中共将领林彪是一个宿舍的上下铺好友。但他淮海战役被俘后在监狱蹲了26年，直到1975年才特赦出狱。这一个对比，除了个人改造方面的原因，亦可见杜聿明的幸运之所在了。

四、伤别离

淮海战役或称徐蚌会战之后，中共军队马上就要过长江，解放全中国。这时在抗日战争中南开、北大、清华的这些人，又面临着第二次分离。一部分人要第二次南渡，前往台湾；另一部分人要从南京到北平，要到新中国的首都，这就面临着第二次南渡北归，这次是兄弟间的伤别离，知识分子的一个大分流。

中国人民解放军渡过长江的时候，所有的大使馆都撤了，包括号称最支持中共的苏联大使馆都跟着蒋介石政府跑到了广州。唯独美国还在，持观望态度，想要跟共产党谈和。当时毛泽东同志写了一篇文章，叫做《别了，司徒雷登》。从此以后中共与美国的关系算是彻底断了，直到尼克松访华，美国才再度和新中国建立联系。

摇摇欲坠的国民政府首先由南京迁到广州，之后由广州迁往重庆，再由重庆迁往成都，最后从成都溃败到台湾。国民党把大批的军队、财宝运到台湾去，除了金银财宝之外，还有最重要的文物。除此之外，国民党还有迁移学者计划，就是把当时中国有名望的教授、名师、中央研究院院士等运到台湾去。

图中这位是当时的教育部长朱家骅。中央研究院那时有10个研究所，他带走了一个半。一个是史语所，这个所的所长是傅斯年，性格刚烈，也有人说他特别霸道，他用人的方法跟曾国藩一样，是兵随将转，只要自己看上的人，他走到哪儿这些人就要跟到哪儿。所以他到了台湾，他说要搬过去，史语所大部分人员与所藏文物、图书等就跟着过去了。还有半个指的是数学所，其他都留在了大陆。傅斯年到了台湾之后出任台湾大学校长，这所学校是日本占领台湾时建立的，叫日本台湾帝国大学。

说到金银财宝，到台湾的机构拿走了什么东西呢？他们带了安阳挖掘出来的青铜器、带字甲骨、珍本善本图书、外交档案等，因为这些青铜器代表我们中华民族祖传的宝贝，相当于后来皇家用的玉玺，也像佛家的衣钵，是老一辈传下来的，得到祖辈的传承，就是一种承认，就是一种权利，就是正统，就是正朔。蒋介石同样是这种想法，拿到这些国宝，国民政府就是真正的政府，拿不到就是伪的。所以他才会不惜丢掉几十万甚至上百万残兵败将，丢掉那么多家私，把这些东西全部运到台湾去。运去的那些文物在战争中渡过台湾海峡后一件没有损毁，可见用心之重，用力之坚。现在台湾故宫博物院、中央研究院史语所文物陈列室，以及中央图书馆和国史馆等，都能看到这些国宝级的东西。

傅斯年与一批有名望的知识分子去了台湾之后，生活是艰苦的，开始还有回大陆的念头，但后来也就慢慢打消了。傅斯年性格刚烈也有识见，他一到台湾就觉得余生就要在这儿度过了，便写下了"归骨于田横之岛"以铭志。古时有一个田横岛的故事，说秦末齐贵族田横自立为王，后来被韩信攻破之后，率领500人逃亡到青岛旁边、现在的即墨市界一个小岛。刘邦一统天下之后，欲招降他上朝廷，田横不服，在走到临淄郊外就挥剑自刎了。听闻他自杀之后，属下500将士集体挥刀殉节，这个岛因此得名为"田横岛"。傅斯年1950年12月就因心脏病、脑溢血去世了。他对台湾大学的贡献非常大，特别是不让军警入校，保护学生，还有就是他把文物保存的比较好。当时新中国刚成立，大陆与台湾关系最紧张的时候，要攻台湾，台湾方面怕保不住，想把文物转到美国去。结果大陆这边知道后反应强烈，因为这些东西不是随便可以交给别人的，是我们的国宝，是我们祖先的血汗，是我们作为炎黄子孙的一个凭证，是中华民族的传人拥有的重要遗产。

1948年年底的时候，解放军包围北平，在国民政府"抢救学人计划"开始时，时任国立北京大学校长的胡适也乘机到了南京，后来去了美国，企图为蒋介石政权做美国人的工作，但效果不大。再后来大陆发起批判胡适运动，蒋介石就抬举胡适，让他离美到了台湾当了中央研究院院长。大陆批判胡适运动过后，毛泽东在一次政协会议上说:"胡适也不知贪恋什么,我们那么多人让他回来,他也不回来。批判嘛,没有什么好话,胡适在解放文化运动中还是有功劳的,我看到了21世纪给他平反吧。"这是毛主席说的话。现在到了21世纪,该批判的还是批判,但胡适在新文化运动中起到的重要作用是不能够忽视的,能否平反这要看将来了。

胡适于1962年因心脏病去世,蒋介石为他写了一副挽联:新文化中旧道德的楷模,旧伦理中新思想的师表。有人说蒋介石是个政客,胡适是个学人,他们相互利用,没有什么感情。但是,看下面这张照片,我认为他们还是有感情的,从蒋介石透出的眼神中,我觉得确实还是不一样的,就是说他们俩除了政客和文人相互利用之外还是有一些感情的。这是胡适当时在台北出殡的情况,这是他们当时给胡适先生写的墓碑,这个墓碑我觉得写得还是比较合理的,胡适的墓碑上写道:"这个为学术和文化的进步,为思想和言论的自由,为民族的尊荣,为人类的幸福而苦心焦思、敝精劳神以致身死的人,现在在这里安息了!我们相信形骸终要化灭,灵骨也会变异,但现在墓中这位哲人所给予世界的光明,将永远存在。"我想这墓志铭是后人对胡适先生的敬仰,也是胡博士最伟大的光荣。

下图中(图略)这位高个子的是胡适的小儿子胡思杜。当年胡适走的时候他坚持要留下来,他说自己没有做对不起共产党的事,共产党也不会把他怎么样。后来胡思杜被弄到华北学校改造,再后来到了唐山一个学院教书,在1957年"反右"的时候,在唐山学院上吊自杀。胡思杜之死,胡适一直不知道,他还写了一份遗嘱,要把一部分财产留给这个儿子,人世间最大的悲剧莫过如此,直到他死也不知道儿子已经不在人世了。

下面这位是清华大学校长梅贻琦(图略),他是1948年年底乘国民政府派往北平抢救学人的最后一架飞机走的,他走的一个原因就是要保护清华在美国的基金,这个事大家也许知道,清华是美国从庚子赔款中拿出一部分建立的一所留美预备学校,后来才改为一所大学,这个基金一直资助清华，当时的基金会总部设在美国。梅贻琦到了美国以后，保住了这批基金并想着挪到台湾重新建立一所清华大学。大家知道，1945年原子弹在日本广岛、长崎爆炸之后，对世界的震撼和影响非常大。梅贻琦到了台湾之后，与蒋政权商量，决定还是用这笔基金搞原子能研究所，1962年梅贻琦去世的时候，原子炉已经搞成并点火运转了，他死后，在研究所的基础上复建了一所清华大学，直到现在，这所清华大学每年还会得到基金会的拨款支持。

梅贻琦在美国保管庚款基金的时候，在台湾的蒋氏父子对这笔资金相当重视，想让他拿到台湾扶持政权所需，但梅贻琦的思想是必须把这笔钱用到教育和科研上，最后终于修成正果，复建了清华大学。现在想一想，不管怎样，办教育在哪儿办都是好事。现在北京清华大学每年都要派学生到台湾新竹清华大学，2011年是100人，以后可能会更多，台湾清华也派人到北京清华这儿来，两边交流，相互一年，交流的学生可以拿两个毕业证书。我觉得这对国家的教育、祖国的统一，是有贡献的。

梅贻琦去世之后，新竹的清华大学在校园里为给他立了一个墓，蒋介石为他写了挽联。后来建立了梅园，种了些梅花。另外，傅斯年也葬在台湾大学校园里，其他人都葬在外边。这两个人之所以葬在大学校园里，证明他们有相当高的地位和资格，是受到各方面尊敬的知识分子的杰出代表。

图中（图略）这位是南开大学校长张伯苓。蒋介石去世的那天早晨，蒋经国去请安，问蒋介石还有什么事情要吩咐。蒋介石问道，张伯苓百年诞辰准备得怎么样了，蒋经国说一切都准备好了。当天晚上蒋介石就去世了。这是蒋介石临死的时候过问的最后一件事情。现在我们回过头来说，卢沟桥事变之后，日军占领天津，首先对南开大学进行炮击，把南开夷为平地，当时张伯苓正在庐山出席蒋介石召开的军事会议，蒋介石说："南开为中国而牺牲，有中国必有南开。"抗战胜利之后，蒋介石没有忘记这句话，把南开由私立改成国立，教育部

分配经费时,南开大学得到了相当一部分。后来,蒋介石让张伯苓当了一段时间考试院的院长。在离开成都的时候,蒋介石留下了最后一架飞机想把他带走,他说你有病没有关系,可以用担架抬着你上飞机,在飞机上躺着。但张伯苓那时已经收到他的学生周恩来同志给他捎的消息,希望他不要走,因此张伯苓就没有走,留下了。新中国成立之后,张氏回到天津,却发现学校已经不承认他了,连开校庆会也不邀请他。张伯苓感到十分悲痛和忧郁,后来就去世了。去世之后,周恩来赶过去,发表了一个不对外公开的讲话,让他的秘书记了下来。他说张伯苓校长留下了遗嘱,这个遗嘱当然是好的,可遗憾的是他没有说在某些方面对不起人民,应该向人民低头。后来南开大学秘书长黄钰生组织了一批南开老教授开了一个小型追悼会,他含着热泪在悼文中说:张伯苓是孙中山时代的人,而不是毛泽东时代的人,他的思想、他的观念是不一样的,尽管他没有明确表示向人民低头,但是他已经向人民的代表毛主席低头了。如今张伯苓先生已经彻底得到了平反。

还有一个重量级的知识分子吴有训,基本上也是这种情况。吴任过清华大学和西南联大的理学院长,后来一度出任中央大学校长。南京解放前夜,共产党派地下人员把他藏到了上海某个地方,国民党一直在通过电台广播找他,每天广播几次寻人启事,说吴有训你在哪里,听到广播后你到某地,有人和你会合,直到撤退到厦门的时候还一直在广播,直到撤到台湾才作罢,一共播了146天。网上有一篇文章叫做《56年前的一次广播找人》,说的就是这个。国民党为了一个人能连续广播这么多天,足以看出在紧迫时刻对人才的争夺。同时,这也反映出吴有训先生的爱国之情,他爱这片土地,爱他的事业。最后他还是留了下来,后来他成为中科院的副院长。

最后说一下清华、北大。当时学校倾向学术自由,教授是学校的主体,由教授来管理学校,提倡学术自由、民主自由,这也是产生大师的必然条件。如果缺少这一点,就很难产生大师。这一点陈寅恪先生特别提到过，他晚年完成的《柳如是别传》，写了20年。有人问他，为什么用20年的时间写一个妓女。他说当年她是一个社会很忌讳的人，可是当国家灾难来临的时候，却能够看出她的风骨，她的自由思想，她的风貌。反而其他的一些人，平时道貌岸然，经常喊着什么口号，关键时刻反而不行。陈寅恪说，写《柳如是别传》和《再生缘》，目的只有一个，那就是表彰我民族独立之精神、自由之思想。他写了20年就是为了这句话。

说到这种精神和思想，美国的知识分子自然是当仁不让的，"二战"时的美国将领艾森豪威尔，后来做哥伦比亚大学校长的时候，曾经找了一位教授做演讲。他说我作为一个校长，欢迎你来演讲，你之前作为学校的雇员获得了诺贝尔奖，是学校的光荣。那个教授说，我是这个学校的教授，我们才是哥伦比亚大学，你才是这个学校的雇员。你看，这些知识分子就是有这样一种风骨，拥有这种风骨的知识分子，无论是中国还是美国都有，所以说产生大师，最重要的还是独立之精神、自由之思想，这也是我特别强调的大师之后再无大师的原因。

说完了第二次南渡，现在说一下北归的知识分子命运。到台湾的基本都算有工作干，有业务钻，得到了善终，而留下的大多命运不妙，特别是到了"文革"就更不妙了。

图中（图略）这位是曾国藩的曾孙女曾昭燏，中国第一位留学国外的考古学家，新中国成立后是南京博物院院长。"文革"前，她因不堪政治重负，就在灵谷寺跳塔自杀而亡。下面这位是她哥哥曾昭抡，著名的化学家，做过北大教务长、高教部副部长。这位是俞大絪，国民政府时期交通部长俞大维的妹妹。俞大维的儿子俞扬和是蒋经国的女婿。这两人是梁思成、林徽因。当时梁思成想要保护北京城墙，说是如果把城墙保留了，每到夏天的时候，就有大概30万人可以在城墙上乘凉。同时建造一个新城，像印度的新德里一样，新城建成后，把中央国家机关移到西边，以玉渊潭为中心，重新建立一个中南海，然后往西山发展，旧城与新城隔开，叫一担挑，像一个扁担挑两个筐一样，印度德里和新德里就是这种模式。当年梁思成对城市的发展已经有了很多了解，他说我国现在还是农村式的城市，战争结束后将会进入非常伟大的建设阶段，所以必须建立一个现代化的城市。梁思成的想法是把老城保留下来，重新建立新的城市。但是后来北京的城墙还是被拆了。现在的北京城市搞的像摊大饼一样，一环、二环、三环、四环、五环，一出门就堵车。更加悲剧的是，不但当年梁思成呼号的城墙没保住，前两天开发商还把梁思成的故居都推倒了。

西南联大历史系教授、北京大学图书馆馆长向达，清华大学历史系主任雷海宗，清华大学理学院院长叶企孙，清华大学教授、诗人陈梦家，西南联大物理系主任、吴大猷的老师饶毓泰，清华大学历史系教授、文学院长、北京市副市长吴晗，清华大学中文、历史系教授陈寅恪，清华大学外文系教授吴宓，著名诗人穆旦也先后在"文革"中被迫害致死。这都是极为痛心的事，陈寅恪当年想写一部中国通史，在史中求史识，以便让后人吸取教训，但他没有写成，这是一个历史悲剧，但他所说的在历史中寻找和吸取教训至今仍有非常的意义。

我的演讲就到这里，谢谢大家。

周建平：

非常感谢岳南先生今天的演讲。岳南先生以翔实的史料、鲜活生动的事例给我们讲述了当年大师们在南渡北归离别中的工作情况、生活情况，以及他们和命运的抗争以及最后的归属。从他的讲述中，我们也可以看到，这些大师当年在艰苦的情况下，还是对中华民族五千年的文明孜孜不倦地进行传承和发展。这也说明了这五千年文明史对大师们深邃的影响。说到影响，现在我们已经在世界上96个国家和地区建立了322座孔子学堂，369个孔子讲堂。这些都是从民间发展起来的，证明了中国五千年的文明史在世界上的影响力。下面进入互动阶段，大家有什么问题，可以与岳南先生请教或者探讨。

提问1：

岳南老师，您好。我认为回顾中国历史，文人鼎盛的时期有两个：一个是魏晋南北朝时期的诸子百家，另外一个是您介绍的南渡北归这个时期，也就是民国到抗日战争这段时期。我想请您来分析一下，第一，中国文人涌现的这两个时期和当时的历史背景是否有什么必然的联系。第二，刚才您说大师远去再无大师。我注意到那个时期西南联大里87%的人都是"海归"。现在我们国家"海归"也很多，但为什么就没有那么大的影响力呢？另外，北大原来的校训是"博学审问，慎思明辨"；现在是"团结求实，创新奋进"。当然，现在这个校训也没有错，但是和中学的校训比较雷同，没有什么新意。为什么我们的科技在进步，社会在进步，可做学问的人还有做学问的现象，都不如原来那么深？谢谢老师。

岳　南：

你好。你刚才所说的魏晋南北朝是一个大振荡的时期，但是它在中国历史上不是一个特别好的时代。中国历史上在学术和思想上发展进步的有两个伟大的时代：一个是春秋战国时期，产生了诸子百家，思想的光芒不断闪耀。同时还产生了很多伟大的艺术家、伟大的军事家、军事理论家和战略家，无论是老子、孔子、孟子、孙子、孙膑还是韩非子，都是在那个时代产生的。我想这个时代奠定了中华民族文化的基础。

第二个时代是清末民初，大师云集，星光灿烂。但不同的是，在清末民初的时候没有产生太伟大的战略家。这两个时代之所以能够产生大师，与国家振荡是有关系的。总而言之，当军阀混战时，他们没有精力去控制思想和言论，无法限制言论自由。有了自由的思想，言论就可以自由，其他的也就发展起来。

此外，在那个年代，人类思想萌发正处于一个高峰，整个世界都是如此。苏格拉底、释迦牟尼都是和孔子同一个年代框架产生的。到

了清末民初,民族遭受帝国主义的侵略和切割,生死存亡在于一念之间,有识之士奋起呼号,这种切身的体会、想法和理想,使一批有志之士到海外学习,用文化救国,或者用别的办法来救国,比如说军事。无论如何,在这样一个自由空间很大的情况下,产生了很多思想的碰撞,产生了思想的火花,推动了时代的进步,大师因此产生。

北大的校训改来改去这个事情,不得不说现在我们的教育还存在很多弊端,而且我们越是爱国,就越会说我们存在弊端。傅斯年一直在搞教育,也做过北大代理校长,后来让给了胡适先生,到了台湾大学之后也是搞教育。他对教育有独特的一套,在他去世的时候,胡适说中国失去了一位最忠诚的爱国主义者。

如今我们抱着爱国之心谈论北大,北大现在的确有不尽如人意的地方,特别是搞一些华而不实的口号式宣传,比如毕业多少年挣不了几百几千个亿就不是好学生云云,令人惊异加厌恶。这个时代本身就很难产生大师,就像树一样,一棵树有树根、树干、树枝,慢慢的树枝会分叉,然后越来越细。大师也是如此,越往后面越难产生。因此说美国的费米是世界上最后一个理科方面的大师。他知识渊博,而且不局限于理科。之后也有很多人获得物理学奖等,但没有费米的贡献大、名气大,包括杨振宁、李政道等亦是。所以说,第一,自由的环境被束缚了或没有了,就产生不了独立之精神、自由之思想,没有这些,也就没有产生大师的土壤了。第二,科学的分支细了,越是细的分支,要找一个大家公认的跨越多学科的大师就比较难了。第三,目前中国的教育存在缺陷,这个缺陷是多方面的,德、智、体全面发展的教育不到位,这一点在座的都有体会,我就不多讲了。谢谢。

提问2:

岳南老师,您好。我今天提的问题主要是和乡村文化,或者说乡村文化消费有关。我的第一个问题是,您长期从事文化和考古方面的研究,那么我国农村面积相当广阔,您认为中国的乡村当中蕴含着哪些文化资源？您觉得这些文化资源是否能够在现在的中国文化领域占有一席之地？第二个问题是，您对中国知识分子的命运尤为关注，您觉得他们身上有哪些可贵品质是来源于乡村的？农村的广大的土地资源给他们带来了什么影响？谢谢。

岳 南：

你好，我就是农村的。但我对这个考虑的还比较少，确切地说不能用几句话表达出来，很遗憾。说到考古，我记得《孙子兵法》研究会副会长吴九龙先生是60年代的北大毕业学生。他谈道，自己毕业的时候到西藏考察，越往西越穷。他就在想，我们国家这么辽阔的土地，这么多名山大川，为什么老百姓吃不上饭，生活这么艰难？他说当时看着看着就流下了眼泪。对此我记忆非常深刻。我们这么一个伟大的国家，这么伟大的国土，老百姓生活却不是太好，特别在改革开放之前，生活是很悲惨的，确实不尽如人意的。

我在想农村到底有什么，至少矿产资源和其他资源还是有的。但是所谓地大物博，"地"当然是大一点，"物"还是不够博，可能是石油、煤炭、钢铁没有美国或者中东多。不像是我们自己认同的那么多、那么丰富，这是其一。第二，特别是像东北这个地方，会有一些钢铁。新中国成立之后把重工业放到东北，就是因为这里有发展重工业的能力。傅斯年当年写过文章，称中国必须与东北共存亡，如果东北失掉了，那中华民族就会灭亡，要不惜牺牲多少人的性命也要把东北夺回来。

此外，我们要重视战略资源，这包括西藏、新疆。特别是西藏，就一个水的系统来说，如果我们把住了西藏，就保住了水龙头，中华民族就有水吃，就能较好地休养生息，就能延续下去，如果没有西藏，麻烦就会特别多，不能说活不下去了，但要活得很艰难了。这也是我们党中央国务院还有人民特别看重西藏的一个原因，这里是不能搞分裂的。刚才说了，尽管钢铁、煤炭不多，但是我们水源还是有的，我们的长江、黄河流过中国辽阔的农村，滋养了如此多的人民，

这就是我们的农村的资源。

所以,面对这些资源,我们要团结,不能让外来侵略者把东北搞掉,不能让分裂分子把西藏分裂出去,不能让他们在新疆闹事。我们尽每个人的力量,以团结为基础,就会把资源整合,长江、黄河就永远流淌。只要长江、黄河在流淌,我们对资源有秩序地挖掘,我想中华民族还是能够在这片辽阔的土地上得到发展的。

谈到知识分子受来自农村的影响,毛泽东同志是农民出身,我想今天在座的好多也是农民背景。农民只要到学校读了书,也是知识分子,他有他的强势,有他的优点。想当年,我在解放军艺术学院读书的时候,那里分钱派和李派。李派就是济南军区来的李存葆那一派,李是山东五莲县人,与我家相隔几十里地,也是我的学长。他写的小说当中,凡是坏人都是城市的,凡是好人都是农村的,比如《高山下的花环》里的赵蒙生指导员就不怎么样,而赵蒙生的妈妈是一个啰啰唆唆的"马列主义老太太",令人讨厌,这对母子就是城市的。当然,这是李存葆的观点。他认为城市兵就是坏兵,不怎么样,农村出来的肯干、积极、任劳任怨。

钱派指的是钱钢。钱钢是一个将军的儿子,写过《唐山大地震》。他笔下凡是农村出来的基本上都很坏,凡是城市出来的又聪明又善良。钱和李还是同班同学。我有一个老师也和他们同班,也专门写过这个东西。当然,他觉得农村出来的有自己的看法,城市的也是如此。咱们今天谈这个,我不是说农村怎么好,城市怎么差,或者城市怎么好之类。大体来说,城市和农村各有各的优势,但农村是原始的,相对于城市文明是落后的。谢谢。

提问3:

岳南先生,您好。您写的书我基本都看过,有个突出的感受就是您也倡导独立的思想和自由的人格,对党派之争有颇多的不屑,特别对中国共产党的一些做法,您有自己独特的想法。在您所写的《陈寅恪与傅斯年》里，在对中国共产党和国民党的看法中，就能够感觉出来。是不是我们现在更加开放，中共也更加开明？谢谢。

岳　南：

你好。首先，历史上确实有过国共之争。国民党原来统治国家，在动摇和瓦解之后跑到台湾，这是事实。昨天我参加了共青团中央的一个青联的会议，其中就谈到了这些问题。其次，两党之间当年是产生过矛盾，直至搞成了你死我活的战争。但这毕竟还是中华民族子孙之间的事。前一段时间，中国国民党的连战主席来大陆的时候，不是还有首诗歌传颂一时吗，这首诗叫《大哥，你终于回来了》，所以说国共之间再怎么争都是自家人。

当年抗日战争之后，傅斯年接手北大，明确表示不要汉奸当教授。鲁迅的弟弟，后来做过伪北大文学院院长的周作人派人找他们说情，说当年鬼子来的时候，你们能走的都走了，我们这些不能走的，在沦陷区总要生活吧。所以不能说我们在沦陷区的人反而成了汉奸，你们逃跑的反而成了英雄。这是周作人的想法。周作人的学生就是傅斯年，后来他专门写了一封信给傅斯年来说这个事，但是傅斯年说你就是汉奸，当时的北大已经迁走了，你又在原址上搞一个伪北大，并且是在日本鬼子和伪政府的支持下搞的，不是汉奸是什么。后来他跟周作人越闹越僵，周作人就写了一封信，大骂傅斯年是王八蛋、中山狼，并且说你现在骂我汉奸，将来别人也会骂你是汉奸。可傅斯年说，作为汉奸你出卖国家、出卖民族利益，已经上了民族耻辱书，而我现在跟着国民党政府做事，即使共产党掌了权，也只是党派之争，也不会有人说我是汉奸。

这么多年过去了，我记得1979年叶剑英同志发表了《告台湾同胞书》，大概是说同胞兄弟应该一笑泯恩仇。从那时起，两岸一直交流到现在，而且越来越广泛。我们讨论这个有什么意义呢？现在的电视剧里老是在拍共军和国军打仗，且打得头破血流、尸体遍地、白骨累累。现在我借此机会通过大家向有关方面和有关人士提醒一下：是

否应该考虑一下我们面临的两岸统一、祖国的统一大业这个现实的主题？就人性的角度来说，国共内战不是个好事，多少万人死于战场，这些人是谁，不是自家的兄弟吗？兄弟相残竟至血流成河，实在是个悲惨的事情。但现在战争毕竟已经过去了，交战的双方毕竟是兄弟，现在最需要的是团结在一起，争取祖国的统一大业，这是一个大命题，而在这个大命题之下，有些人不顾大局贪小利，或者是思想被洗的不辨大是大非了，总是一门心思在揭这些疮疤，这个做法对大局没有利处。这个说法不是我一个人提出来的，昨天会上也有其他同志提出来，团结、统一、共同奋斗，这是种大的趋势，不可人为地阻挡，所以我们现在拍片或者作家写作，都应该尽量少表现国共两党相互厮杀，多表现对团结统一有利的东西为好。

提问4：

岳南老师，您好。刚才您介绍的好多大师在"文革"的时候都自杀了，我也注意到，有一个材料说"文革"时期是知识分子自杀比例最高的一个时期。您能不能分析一下，为什么知识分子会选择自杀而不是反抗呢？谢谢您。

岳　南：

你好，因为当时是"文革"，学者们承受不了肉体和精神的折磨了，没办法，只能自杀。就反抗而言，知识分子好像还没有这种能力，至少在那种政治环境下不太可能。我们要对他们的自杀表示同情，他们的离世对整个中华民族文化的血脉，特别是学术的传承是巨大的损失，谢谢。

提问5：

岳南老师，您好。听了您的讲座，我收获很多。在您的讲座中，您比较强调文人的风骨和独立性。我想结合一下现在的社会，现在咱们搞了这么多年的市场经济，一直提要"入世"，还有国际市场份额，或者市场化，总之都是发展市场。这种利益最大化的大环境与个人风骨是不是有冲突？能不能调和？如果追求利益的话，是不是风骨就无从谈起了？我觉得人要有风骨的话，总要失去一部分。谢谢您。

岳　南：

我对市场经济研究的不太多，一般情况下抓经济还是必须的，但不能没有道德或丢失了生命本质的东西。昨天我参加的那个座谈会也提到，人必须要保持道德底线，不能为了追求利益去破坏自然，或者做对子孙后代有害的事。这在中国已经体现的比较突出了。如今道德下滑，大家都在怀念50年代、80年代那种精神，都在怀念雷锋精神，怀念高尚的情怀。现在为了利益，出现各种毒奶粉、地沟油等，确实存在这个问题。

再一个，也是昨天讨论的，大家说不要老提经济发展，而是应该提出一个新的理论，叫做富民强国，或者文化强国，不能说是全部以经济为标准。如果这样的话，也许发展会平衡一些，这是我的想法。我对经济不太了解，不过要说到文化坚守和发展，当然要保持风骨，无论是政治上、文化上、学术上，这是必须的。再就是陈寅恪先生说的自由之思想、独立之精神，在文学上如此，在其他方面也是如此。

周建平：

今天的互动到此为止。如果大家有什么问题，可以关注岳南先生的新浪博客或微博，通过现代的科技手段再跟他探讨。再一次感谢岳南先生今天的演讲，他给我们带来了精神思想上的盛宴。我想这次讲座能够丰富我们的知识，拓展我们的思路，同时也能够提升我们看问题的深度，增强我们的能力。刚才大家也很关心，提了很多和文化有关的问题。前不久，中央召开了全会，专门研究了文化，提出了文化事业、文化产业、文化意识、文化自觉等一系列思路。2月16日，国家颁布了"十二五"时期文化改革发展规划。我认为咱们国家文化大

发展的春天正在向我们走来。结合今天岳南先生的讲座,希望大家在做好本职工作的同时,更加关注我国文化事业的发展。这种软实力加上经济发展的硬实力,才能实现我国的强实力。

再一次感谢大家的到来,特别感谢中央国家机关团工委的领导、青联委的同志和兄弟部委的同志来参与我们的论坛。今天的论坛到此结束。

国家发展改革委青年读书论坛(第十九期)

故宫的价值与意义

2012 年 3 月 17 日

主 讲 人：郑欣淼（文化部原副部长、故宫博物院原院长）
主 持 人：徐　林（国家发展改革委规划司司长）
推荐书目：《故宫学》、《紫禁内外》

郑欣淼

　　1947年出生于陕西省澄城县。曾任中共陕西省委副秘书长，青海省人民政府副省长，国家文物局党组副书记、副局长，文化部副部长、故宫博物院院长。现为中华诗词学会会长，中国紫禁城学会会长，中国鲁迅研究学会名誉会长，中国作家协会会员。先后出版著作14部，2003年以来发表论文、散文等200余篇。

徐　林：

　　大家上午好，今天举办国家发展改革委第十九期青年读书论坛，我们有幸邀请到了文化部原副部长、故宫博物院原院长郑欣淼同志来作关于故宫价值与意义的讲座。

　　故宫，相信在座的人都比较熟悉，来过北京的人也都会抽出时间去看看。大多数人看故宫可能是走马观花，不一定会去深究故宫的历史和细节。故宫是世界上保存最完整、规模最大的木质建筑群，也是最著名的、规模最大的历史博物院。在主持此次论坛之前我还专门去查了一下故宫的基本信息，不看不知道，一看还真看出点儿疑问。前不久哈佛有个教授叫尼尔·福克森写了一本书叫《文明》，就提到了故宫，也就是紫禁城。他提到故宫是1420年建成的，从明朝起曾经有24个皇帝在里面住过。我看这24个皇帝曾住在里面的时间是从1368年到1912年，可故宫却又是1420年建成的，这就有一个矛盾。今天我们请来了郑院长为我们答疑解惑。郑院长在地方和中央都曾工作过，他曾任中共陕西省委研究室主任，中共陕西省委副秘书长，中共中央政策研究室文化组组长，青海省人民政府副省长，国家文物局党组副书记、副局长，文化部副部长。他曾执掌故宫10年，在这10年里为故宫的发展做了大量的工作。担任院长期间，他主持了规模非常宏大的故宫大修工程，对于故宫里面数不清理还乱的文物进行了全面造册清理，提出了"故宫学"的概念。下面就以热烈的掌声欢迎郑院长给我们作关于故宫的讲座。

郑欣淼：

　　大家好。能在国家发展改革委讲故宫感到很荣幸。刚才徐司长说

图1　第十九期青年读书论坛开始前，国家发展改革委党组成员、副主任连维良与主讲嘉宾郑欣淼亲切会谈。

到外国人讲故宫时的时间矛盾，我分析原因是起始时间写错了。明朝16位皇帝，朱元璋从1368年起当皇帝，但北京紫禁城则应从永乐皇帝算起，明帝14位，清帝10位，共24位。故宫建成于明朝第三个皇帝朱棣在位时的1420年，这个是确定的。朱元璋最开始在他的家乡凤阳（中都）修建宫殿，快建成时又改到了南京。朱棣掌握政权以后开始在北京修建皇宫，但图纸基本上都是南京的，很有意思的是北京故宫建成后所有宫殿的名称原封不动地用的是南京皇宫的名称。

今天我讲座的主题是故宫的价值和意义，主要有两个部分：一是故宫的价值，二是故宫的意义。这些内容多数都是我近十年来的一些体会，有好多问题也是值得我们再进一步探讨和研究的。

一、故宫的价值

故宫的价值可以从三个方面去认识：一个是故宫的古建筑物，一个是故宫的文物藏品，再一个就是故宫博物院的历史。这就是故宫博物院的三个方面，对这三个方面都有一个大致的了解，就会对故宫的价值有一个综合的全面评价。

（一）故宫的古建筑物价值

要认识这种价值，先要理解中国宫殿建设的意义。中国建筑在世界建筑史上最有影响的就是宫殿建筑。宫殿建筑在中国源远流长，它不仅是最重要的官式建筑，而且影响到民居建筑，包括宗教的、寺观的建筑，都受到宫殿建筑的影响。有一个日本人写过一本研究中国建筑史的书，他就认为中国建筑最重要的就是宫殿，受宫殿的影响很大。从夏商周的考古成果中可以发现，夏商周时就有宫殿建筑了。宫殿建筑不仅是供皇帝个人居住使用的，它还体现一种皇权至上的封建伦理关系和等级观念，是对皇帝威权的一个反映。大家或许听过楚汉相争时的故事。刘邦建立汉朝后政权还没有稳定，一直在外边打仗，萧何就在长安城给他修建了一个未央宫。刘邦回来一看发现宫殿很大，就批评萧何劳民伤财。萧何就跟他讲，大丈夫四海为家，非壮丽无以重威。没有壮丽的宫殿建筑，你天子的威严和威风就体现不出来。萧何还说我要修的这个未央宫是绝无仅有的。考古学界也发现，这个未央宫，还真没有宫殿超过它的规模。唐诗里面也描写了很多在大明宫早朝、万国来朝的壮丽场景。可以想象一下，当你到了故宫，站在太和殿底下，看到八米高的台阶、宽广的广场，看到太和殿这个中国最大的单体宫殿巍峨的建筑，自然也会产生一种个人是多么渺小、皇帝皇权是多么高大的感觉。所以说皇宫是皇帝威权的代表，也是一个政权的形象。宫殿建筑在我国建筑史上占有重要的地位。

我国历史上曾经建过那么多的宫殿，现在都没有了。这里有很重要的一点，就是历史习惯。后来的朝代一定要把前朝的宫殿"犁庭扫

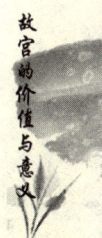

图2 第十九期青年读书论坛开始前,国家发展改革委党组成员、副主任连维良(前排左二)与主讲嘉宾郑欣淼(前排左三)、主持人徐林(前排右一)、国家发展改革委部分同志及应邀参加论坛的中央国家机关青联委员合影。

穴"、摧毁掉,历史上可能只有唐朝没有破坏隋代的宫殿,以及满清入关以后用了明朝的宫殿。故宫这个建筑因此得以从1420年保留到现在,到2020年就有600周年了。沈阳的故宫也成为世界文化遗产,它是北京故宫的拓展项目。所以说故宫是我国古代宫城发展史上现存的唯一实例和最高典范。

故宫,一种说法是后来的朝代对前朝宫殿的称呼,比如说明代把元代的宫殿叫故宫;还有一种说法是把过去的宫殿也叫故宫。满清是从沈阳故宫出来的,在乾隆皇帝的诗里边写回故宫,就是回这个沈阳的宫殿。到辛亥革命以后,把紫禁城叫做故宫,这也有革命的意义,是由封建制度到共和制度的一个巨大的转变。明清管故宫叫紫禁城。

所说的故宫面积72万平方米，是指红墙里边的。现在保留的建筑面积约16万平方米，我们听过故宫有9999间半房间，其实这也是传说。我们算了一下，现在的房间有8700多间。中国传统意义的"间"是四根柱子之间就算一间房，有时候一排房要算很多间。刚才徐司长也谈到，故宫是世界上建筑面积最大的皇宫，而且保存最完整。有专家作过一个研究，在世界上皇宫里，故宫的建筑面积是最大的。所以说，故宫是我国古代宫殿建筑发展的集大成者，在建筑技术和建筑艺术上代表了中国古代官式建筑的最高水平。

故宫古建筑本身蕴含着丰富的传统文化内涵。宫殿建筑也有一个发展过程，通过考古学的成果我们看到：在夏商周的时候，宫殿就有四合院样式了，前堂后室，朝祖社三位一体；到秦汉，出现中轴线对称群体构图方式；隋唐时候左中右三路对称规整格局；宋金元时，宫殿区置于都城中央。这些宫殿建筑的特点在明代紫禁城得到完整的体现。故宫通过建筑的语言反映着我们的传统文化。规划设计上体现了皇权至上的伦理思想，继承了传统的宫城、内城、外城的三重城制度，居都城中央，"前朝后寝"，"左祖右社"，"五门三朝"，体现了儒家的理想和封建礼制。

传统的阴阳五行学说在紫禁城建筑中也得到运用。包括风水的观念，阴阳五行都是相对应的。比如说太和、保和、中和三大殿，每一个都是在一个高高的台阶上，在空中看，拼成了一个土字形。五行，金木水火土，土在中央，所以说三大殿的位置很重要，它体现了五行的这个关系。又比如说东边，我们常说东宫和太子是联系在一起的，因为东方在五行里和木联系在一起，木有生发的特性，和春天又联系在一起，所以和太子有关的都在东边。皇宫里边的太子读书和生活在东边的比较多。另外西边是秋天，在五行中和金联系在一起，包括刑杀等含义。一些老太后的院落，像很有名的慈宁宫花园都在西边，慈宁宫就是老太后住的，大家开玩笑又叫"寡妇院"，这与方位、五行有关。

故宫的建筑艺术也体现了中国建筑的特点及中国的审美观念。特别是中轴线,大家看这个图(图3),故宫是由一个又一个四合院组成的,但并没有给人以凌乱的感觉。千门万户但是并不凌乱,一个很重要的原因就是中轴线。故宫的中轴线也是北京城的中轴线,应该说北京城里中轴线最精华的部分在故宫。最重要的建筑在中轴线上,中轴线两边根据亲疏,根据等级的不同对称地排列在两边。比如说有个文华殿,就有个武英殿;有个日精门,就有个月华门,多好听的名字。看东边的就可能想象到西边的,两边往往是对称的。

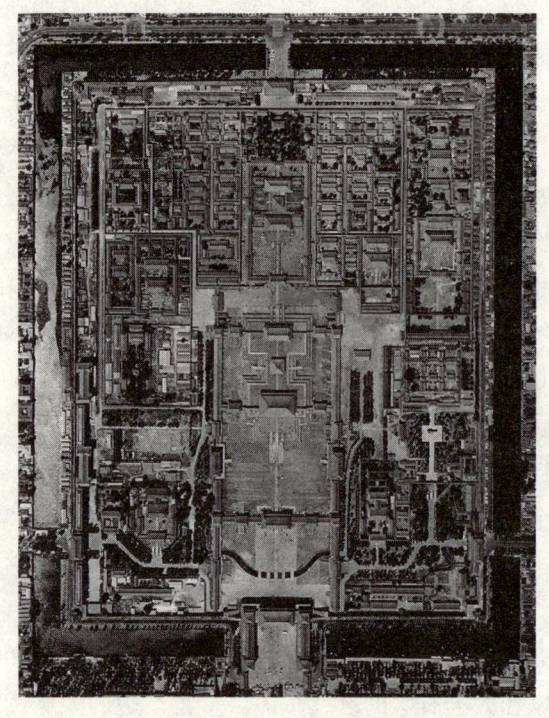

图3　故宫空中鸟瞰图

故宫还有一个特点,就是它的建筑是大面积的建筑群。与欧洲的宫殿如凡尔赛宫就是一个独立的宫殿不同,中国宫殿建筑是体现了群体的优势。它不是向空中去突出,而是向四周扩展。要理解故宫,只说它宫墙以里的72万平方米是不够的。故宫作为一个文化遗产与其他皇家建筑是分不开的。比如太庙,也是相当重要的一个建筑。1950年,国家决定把太庙划给北京市总工会,当时的院长是马衡先生,他在日记里说知道这事后很震惊,说怎么把太庙弄成文化宫了!因为太庙是皇家宗庙,是相当严肃的一个建筑,而且建筑等级相当高,装饰也很朴素,它是体现既崇敬又肃穆的一种象征。当时马衡院长找了郑振铎、王冶秋,他们都说没法挽回,这事已经定了。现在北京市正要把中轴线申报世界文化遗产,像太庙、社稷坛,包括围绕故宫的很多皇家建筑,都和故宫是一个整体,一个有相当密切联系的建筑群,而且它们在精神上、在文化内涵上是不可分割的。

(二)故宫藏品的品质、种类和数量

中国历史上皇家收藏不仅珍贵,还具有很强烈的政治意义。大家可能都知道一个故事叫《问鼎》,楚子问周室的九鼎有多大多重,这个故事就成了一个觊觎王位、图谋夺权的典故了。那个时候的九鼎其实是礼器,礼器本身就是政权的象征。中国后起的王朝一定要继承前朝的收藏品,这是表示天命所归的一个象征,也表示政权的合法性和继承性。七八年前,美国华盛顿大学一个叫沈大伟的汉学家,在中国社科院当代所一个研讨会上讲故宫博物院,主要内容就是故宫的皇家收藏,他认为当年蒋介石之所以要带走故宫的一批藏品,不仅仅因为它们是宝贝,而是想表明中华民国还存在,这一批藏品就是表明,他要坚守中华文化的根脉。他还说中共之所以特别重视北京故宫,也是想通过故宫来体现新生政权的合法性。

台北故宫藏品是1965年由台中县雾峰乡北沟村搬到现在的台北市。台北故宫是1965年建成并于1966年正式开馆。当时台湾搞了一个中华文化复兴运动。台北故宫当时的院长叫蒋复璁,是民国时期军事家蒋百里的侄子,原先是南京中央图书馆的负责人,以后当了台北故宫第一任院长。蒋复璁有一篇文章就是讲故宫博物院在中华文化复

兴中的使命,他说中华文化源远流长,其证据在什么地方?就在台北故宫的藏品上。

我想讲一个观点,关于皇家收藏,不能简单说哪个珍贵哪个不珍贵,而是要看到它们在整体上反映中华民族的历史文化,这个意义是很大的。抗战时期的文物南迁,固然是因为这些东西珍贵,但还有很重要的象征意义,就是我们能够把这些文物下决心保护下来,就说明中华民族抗战到底的不屈不挠的决心、信心。

故宫收藏也有几个特点,一个是东西多。故宫的收藏门类齐全,包括了中国古代文化艺术品的所有门类,中华文明五千年,文化艺术发展的长河在故宫的藏品里边都有反映。像书法、绘画等艺术,从早期诞生到发展成熟要有一个过程。故宫的收藏不仅反映各种门类,还能反映各种门类从发生到发展的全过程。

有人问过我,说世界有所谓四大博物馆:大英博物馆、巴黎罗浮宫、俄罗斯埃米塔什、纽约大都会,北京故宫和它们比起来是一个什么地位?我说故宫和他们有一个很重要的不同。这四大博物馆的收藏品包括世界各个国家的,有一些是在17世纪、18世纪甚至19世纪,他们以各种手段、在各种特殊的条件下获得的;这些藏品和他们的国家、民族、文明一般没有多大的联系。北京故宫的文物藏品了不起在什么地方?它是中华民族五千年来一代又一代人创造文明的一个载体,而且创造这些文明的后人还在这一块土地上创造着新的文明、创造着新的生活。提到文物南迁,世界几大博物馆的文物也在迁移,我想这与中国人保护这一批文物的感情是不一样的,所以这是我们藏品的特点。

故宫的藏品其实是分两部分,一部分就是我们说的传统的文物也就是古董,叫"铜瓷书画",即青铜器、瓷器、书法、绘画,这是最主要的,还有玉器等各类工艺品。另外一部分,由于故宫是皇宫,皇宫的好多东西当时并不是当作文物看待的,比如说档案、各种衣食住行用品,等等,但现在都把它们作为文物看待。所以故宫的收藏是一个很复杂的概念。我写过一本书叫《天府永藏》,台湾也出版了,就是谈两岸故宫藏品的来源和藏品的分类,其实也是谈故宫收藏的特殊性。

我这儿举的这些图(图略),是我 2009 年在台湾的政治大学讲演时,他们就要我谈北京故宫有什么镇馆之宝,我就从绘画、书法等中各选了几件。包括隋代展子虔的《游春图》,唐代韩滉的《五牛图》,五代顾闳中《韩熙载夜宴图》,北宋张择端的《清明上河图》,这些藏品都是中国艺术史上唯一的。像《五牛图》是韩滉唯一的传世真迹;《清明上河图》反映了宋代的民俗,其中的人物山水也是百科全书性的,所以有人说一幅《清明上河图》就算得上《石渠宝笈》三编了。书法里,像陆机的《平复帖》,这是中国现存文人墨迹最早的一幅,距现在 1700 多年了;三希堂法帖中王珣的《伯远帖》,王氏一门书法家很多,不知写了多少,大家公认的真正的也是唯一的一幅真迹就是王珣的《伯远帖》;还有冯承素的《摹兰亭序卷》,2011 年故宫搞了一个兰亭展,大家知道最有名的唐代几个《兰亭序》摹本都由故宫来收藏。

还有故宫的玉器,这是大禹治水玉山(图略),一万多斤重,从新疆把料运到北京,在北京画图样后运到扬州去雕刻,又运回北京安置,又在上面刻字钤印,前后花了十几年,这都是了不得的。故宫还有很多一吨重的玉器,我们曾经在伦敦展览了一件,女王一直念念不忘。

这是我们的各种彩釉大瓶(图略),这是乾隆年间的。它了不起之处在于,因为温度不一样,瓷器制作有不同的釉彩、不同的工艺。这个瓶子的烧制运用了温度不同的釉彩工艺,我们也叫它瓷母。从 2008 年开始,它就在文华殿展出,2011 年以来,由于文华殿参观人数增多,怕弄坏了,就把它放回库房保存了。

这是石鼓(图略),是战国时期秦国的,共有十枚,每个一吨重,这也是伴随着抗战期间的文物南迁走了半个中国的。

大家也知道 25 宝,就是皇帝的宝玺。中国历史上历朝各代的宝

玺没有一件实物留存得下来。在乾隆十几年的时候，当时的宝玺也很多，用于不同的场合，比如说出去打仗用一种，官员的任命用一种，处理宗教事务又用一种，不同的用途用不同的玺，比较多。乾隆皇帝就进行了整顿，成了25方。有一年李岚清同志到故宫参观，他喜欢篆书，就问满文有没有书法。我问了专家，说有，不仅有，满文的书体还很多，有几十种不同的写法，也有多种篆体。

故宫的文物有一部分衣食住行的，除了前面讲的外，还有盆、罐、宫灯、乐器，等等。比如说乐器，大家都知道，皇帝活动的每个场合都有不同的音乐，从周代就有中和韶乐，但是辛亥革命以后就彻底推翻了。现在天坛正在研究恢复。

故宫藏品还有一个重要的特点，就是藏品与宫殿关系密切，如三希堂不足几平方米，即有文物111件。

（三）故宫博物院

故宫博物院是1925年成立的，1924年冯玉祥将军发动北京政变，把当时的总统曹锟赶下台，这也是在北洋政府时期很重要的一个事件，称为"北京政变"，又称为"北京革命"。这个事件意义很大，其中很重要的一点是把溥仪赶出宫了。辛亥革命后溥仪就应该搬出去，当时说暂住宫禁，是暂时住。他原要搬到颐和园去，但是颐和园的墙没修好，条件还不成熟，就暂时住在紫禁城，这一住就是13年。13年间，溥仪与复辟联系在一起，不把他赶出去，民主革命的成果就巩固不了。所以冯玉祥把溥仪赶出了宫。

冯玉祥掌握政权的时候决定成立清室善后委员会，当时也以总统的名义发了文件，宣布条件成熟后成立图书馆、博物馆。但很快冯玉祥受到排挤，段祺瑞上台，段祺瑞不赞同冯玉祥把溥仪赶出去，也就不支持清室善后委员会点查故宫的东西。但当时一批民主革命人士，像李石曾（煜瀛）、易培基等社会进步力量都坚决支持。所以清室善后委员会是政府认可的、又带有一定独立性。故宫博物院成立的时候，政府又不支持。委员会在故宫博物院成立时给段祺瑞政府发了一个电文,说从今天开始,故宫博物院就成立了。也就是说我给你通报一下。后人说,那时候民国政府和故宫博物院好像是平等的关系,公文来往都很客气。这也是那时政治上一个很有意思的现象。

故宫博物院成立以后,第二年就出事了。1926年发生了"三一八惨案",段祺瑞就说故宫博物院的两个主要领导人李石曾和易培基都是共产党,开始通缉他们,这两个人就逃匿了。从1926年到1928年,故宫经历了4个阶段,极其困难。有好几次,一些地方军阀要住进来,有一次已经决定交出去了,但因为一些程序上的耽搁就放下了。所以,故宫能保存下来是个奇迹,但也是一批志士仁人所做努力的结果。

1928年二次北伐以后,南京政府把北京就改为北平。南京政府对故宫博物院相当重视,第一届理事会的成员包括了当时全国政界、军界、文化界、宗教界及其他方面的众多知名人士。如蒋介石、班禅九世、冯玉祥、于右任、蔡元培、汪精卫、谭延闿、李烈钧、张静江、宋子文、冯玉祥、阎锡山,等等,蒋介石也只是其中的理事。应该说这是故宫博物院绝无仅有的特殊时期,在中国博物馆史上也是特殊的。大家知道故宫博物院的牌子在北边,可能很多人不理解,牌子应该在南门怎么挂在北边?就是因为成立时候南部三大殿不属于它,是归北洋政府内务部管的。所以游人只能从北边进北边出。1930年故宫博物院给行政院写了一个报告,要求把南边包括太庙、景山公园等这些部分也都收回。这个报告是由故宫博物院理事蒋中正领衔的。那时故宫博物院和五院,即行政院、检察院、考试院、立法院、司法院并列,级别比部委还高。这个局面一直延续到1933年,到1934年成为部级机构。这个时候故宫取得的成绩也是很了不起:一个是故宫档案的整理,像清代文字狱档案到现在都很有意义;再一个就是出版期刊,故宫周刊出了五百多期,到了抗战开始前才停下来。

但是好景不长,抗战爆发前就进行文物南迁了,这个过程大家也知道很多,我就不细说了,它的意义也确实是很重大的,也赋予了故

宫文物特殊的价值。故宫文物不同于一般的博物馆馆藏，很关键的一点就是在民族危难的关头，在我们国家抗战的时期，这一批文物也是走了大半个中国，它们和我们的民族共危难，经过了战火的洗礼。所谓"国家的福命"、"古物有灵"，就是把故宫文物与中华民族的命运连在了一起，与民族独立、民族尊严连在了一起，其中倾注了深沉的民族感情。故宫文物的保护过程，对于抗战精神的形成、民族认同感的增强起到了积极的作用。同样的，伟大壮烈的抗日战争也为这些珍贵的皇家收藏赋予了不同寻常的意义。

新中国成立后，我国政府对故宫博物院的古代建筑不断进行维修，加强博物馆基础建设。比如说新中国成立初期对于故宫垃圾的清理。故宫的垃圾确实太多了，有好多是倒的房子。西华门内那一块是内务府，过去都有房子，都倒塌了，解放后也拆除了一些。50年代古建筑安装避雷装置，这是个大事。古人不知道避雷，故宫三大殿修成不到一年，一场雷电就把它给烧毁了，到17年后才重修起来。故宫在明代历史上有13次雷击。所以，装避雷针意义是相当大的。有一种雷叫球形雷，现在还没有办法防范，去年雷电比较多，我晚上都睡不踏实，一有雷电，便不停地打电话问情况。

故宫博物院还有一个特点，我把它概括成兼容建筑、藏品与蕴含其中的丰富的宫廷历史文化为一体的中国最大的博物馆，也是世界上极少数同时具备艺术博物馆、建筑博物馆、历史博物馆、宫廷文化博物馆等特色，并且符合国际公认的"原址保护"、"原状陈列"基本原则的博物馆和文化遗产。

故宫是中国列入世界文化遗产第一批名录的，世界遗产组织对故宫的评价是："紫禁城是中国五个多世纪以来的最高权力中心，它以园林景观和容纳了家具及工艺品的9000个房间的庞大建筑群，成为明清时代中国文明无价的历史见证。"

故宫的游客也是不断增长的，2011年的游客是1400多万。我2002年刚到故宫工作时有700万，2003年有"非典"，游客降到400

万,但是 2004 年又恢复到 700 万,2005 年是 800 万,然后就不断地上升。游客最多的一天是 2008 年的 10 月 2 号,那天的游客有 14.8 万人,这确实是个灾难性的数字,现在想起来都后怕。大英博物馆免费时也就是 700 万人次吧。游客问题过多是我们要研究解决的,去年采取的是单向通行的办法。以后怎么搞?我们也在研究,世界遗产组织给我们提出了一个故宫要防范旅游风险的问题。

我们自豪的一点是故宫的语音讲解是世界博物馆最多的,有 40 种语言,包括一些小语种都有。普通话还有几种版本:有王刚版的,王刚说话比较幽默一点;也有鞠萍版的,鞠萍是少儿节目主持人。因为故宫是一个特殊的地方,面积太大,讲解确实是应该适应不同层次游客的。语音导游是我们下功夫比较大的一个方面。

故宫博物院依托于故宫,这是优势,也有不足。书法、绘画、丝绸、漆器等文物,对温湿度的要求比较严格,需要一个恒温恒湿的环境。现在我们的地下库房是恒温恒湿的,有 100 多万件文物在里面;展览场馆,如武英殿的书画馆,是恒温恒湿的。但其他地方对条件要求高的展出就会有限制,这也是我们需要努力的地方。我刚到故宫的那年,前任领导搞了建立地下展览馆的方案。当时的领导同志也都同意,但一批专家联名写信反对。我们组织了有关机构进行钻探,看故宫地下能不能建展馆。这些老先生以及一些反对的人说地下是一个整体,不能搞。最后勘探结果说不是一个整体,没有问题,完全可以搞。到最后专家还是不同意,这是一个文化心理问题。但是故宫里面还有地方可以建展馆,还有潜力。

故宫博物院和国内外有关大学及博物馆、研究机构、社会学术团体都有交流与合作。如中日数字故宫项目,已经搞了 10 年了。

2010 年年底,在国务院领导的关心下,大高玄殿从部队回归故宫博物院进行保护管理,2011 年端门及其朝房也正式由故宫博物院收回并进行保护管理。故宫收回这些地方,并不是说我们管的越多越好,它是一个文化遗产的完整性问题。它作为文化遗产,因为和故宫的关

系，由故宫来统一管理的效果更好一点。所以，这就是一个大故宫的概念。最近，阎崇年先生在百家讲坛讲到大故宫的概念。这是多年来研究故宫的一批学者提出来的一个理念。最近，北京市委下发《关于制定北京市国民经济和社会发展第十二个五年规划的建议》，将"推动故宫周边地区、城市中轴线、皇家园林、坛庙进入'世界遗产名录'"纳入工作目标。进一步实现故宫完整保护对于这个工作目标无疑是一个积极措施。

故宫流散文物与故宫也有内在的关系。流散文物和故宫有一种精神上的联系、学术上的联系，所以我们在这个基础上提出了故宫学。故宫还有丰富的非物质文化遗产，故宫有一些列入国务院公布的非物质文化遗产名录的项目，如青铜器的修复、书画装裱、古建筑的维修。

故宫是一个文化整体，其古建筑、文物藏品、宫廷历史文化有着密切的联系。我给大家举个例子，故宫有戏台，这是漱芳斋的戏台，现在保存的唱本有一万多册，唱戏的道具、盔头有五六千件。过去把戏服当文物，靴子不算，这次清理也把它算文物了。这么一些，包括升平署的档案，都在。研究故宫只有把这几方面结合起来，才能更深入地研究故宫的历史文化。

二、故宫的意义

故宫的意义我谈三个方面。

（一）当代中国文化大发展、大繁荣中的故宫博物院

关于故宫在弘扬中华传统文化中的作用，我就不细说了。传统文化和当代文化建设是绝对不容割裂的。当然也不能说皇宫的什么都是好的，现在也有人反对宫廷戏成灾，一切皇家用过的都是不得了的。因为清代离我们比较近，所以清宫戏比较多。但是返回来说，正因为清代离我们近，现在好多问题的解决可能就和清代的历史文化有关，比如说边界问题、民族问题、宗教问题等。它们的历史形成都与明

清，特别是与清代有关系。传统文化同样也与当代文化有密切的关系。

故宫博物院是中国最具代表性、最有影响力的公益性文化机构。我们说一个博物馆大，一般不是说它的面积有多大、建筑有多少，而主要说的是它的藏品。故宫博物院藏品180万件，占全国文博系统博物馆藏品的1/10。作为一个最有影响力的公益性文化机构，也注定了它本身所承担的责任。

故宫引起社会的关注，故宫也被赋予新的价值，给予新的希望。特别是故宫去年发生的一些事件，引起了社会舆论高度的关注。我想不管从哪一个角度来说，这些关注都是了不起的，都是故宫发展的动力。那么多人对你投以关注，当然我们也受到很大压力。但返回来我们感觉到我们守护故宫的责任之重大，确实是大家给予故宫很大的期望，也反映了它的价值。所以，我们就感觉到从这几方面来看，在当代中国文化大发展、大繁荣中，故宫博物院应该发挥更多的作用。

(二) 两岸文化交流中的故宫

两个故宫博物院的同时存在，是中国现代政治史、文化史的特殊一页，是两岸中华文化认同的重要标志，是两岸文化交流的重要纽带。

台北故宫成立于1965年，现在有文物65万件，其中故宫南迁文物近60万件。台北故宫坚持弘扬中华传统文化的理念，多年来在办好展览、公布藏品、加强志愿者队伍建设、开发故宫文化产品、为公众服务等方面，都有突出的成果，在台湾社会享有很高的地位，对台湾社会文化的提升起了积极的导向作用，在国际博物馆界也有相当的影响。当然，在台湾也有一部分人反映说台北故宫和大众距离太大，认为它是一个高雅的、严肃的文化场所。但是我感到社会总需要这么一个地方，不能把所有的博物馆都搞成一个参观娱乐的机构。不同的博物馆有不同的使命、不同的特点。故宫博物院总的氛围还是应该严肃一些。

台北故宫的文物精品也是很多的，书画有王羲之的《快雪时晴帖》，乾隆在上面题词、题跋达到73处之多，他到83岁的时候写小字不行，就让董诰来代笔。还有包括去年展出的《富春山居图》。《富春山居图》宫里曾经收藏了一件，大家认为不是真的，但是乾隆皇帝认为是真的，他在上面题跋有55处之多，也有人说他可能也认识到不对了，但皇帝不可能改。台北故宫书画比较多，珐琅彩等瓷器、青铜器也都比较有名，还有国史馆的档案、毛公鼎等，翠玉白菜虽然人气旺，但台北故宫不会承认它是镇馆之宝。

很多人关心两岸藏品的比较。首先，量是北京故宫的多。如宋代的绘画，北京故宫有260件左右，台北故宫有250件左右。北京故宫现在有书画15万件，台北故宫有1万件。台北故宫有40万件档案，北京故宫原先有一个明清档案部，后来划归国家档案局，就是现在的第一历史档案馆，现在有1000万件档案。除了书籍以外，铜瓷书画等，台北故宫有15万件，北京故宫有100多万件。当然，并不是所有的文物一定是精品，因为文物是不可代替的，都有它的价值，都有它的独立的价值，只有把它们合在一起才能看到中华文明的源远流长、光辉灿烂，所以它们是不可分割的。

两个故宫博物院有着割不断的联系。首先，两个故宫博物院的藏品都主要来自清宫旧藏，收藏的都是中华民族文化的遗产且都具有世界影响，又都在弘扬着中华文化。两岸故宫藏品有着很强的互补性，既各有千秋，又不可能孤立存在。2010年台北故宫一个工作人员在北京故宫待了4个多月，她主要想了解台北故宫那批东西过去前是在哪个宫殿里边放置的。我们图书馆的馆长去年也在台北故宫待了半年，了解台北故宫清宫书籍装帧的一些情况。我们两家也互相做了一些课题，两岸故宫能不能合作，对两岸故宫藏品的研究意义也很大。

两院有着割不断的联系的原因，还在于我们有共同的一段院史，包括我们一批元老级人物都曾是相濡以沫的同事和战友，都曾有过深厚的情谊。在历史转折关头，个人的作用总是微弱的，故宫同人在去留的抉择中道路不同，信念却依然相同，那就是和文物在一起。真正北京故宫当年到台湾去的人都已经谢世了，都不在了。我们院有个梁金生，是保管部原来的主任，现在退休了，被院里返聘。他的家族几代人就是在清宫负责绘画的，现在保存的作品还有他先人所画的。他爷爷也是清宫的人，但最后加入到故宫博物院了。文物南迁时他父亲才十来岁，后来在南迁中参加了工作，在四川峨眉管文物，并在当地娶了一个媳妇，生了一个孩子叫峨生；后来到乐山有了第二个孩子，乐山过去叫嘉州，孩子取名叫嘉生；抗战胜利回到南京，又生了两个孩子，分别叫宁生和金生，宁是南京的简称，金，也是金陵的简称。老头子后来到北京还生了个儿子叫燕生。梁金生爷爷随故宫文物去了台湾，带走了梁金生的大哥和他的叔父，也就是带走了小儿子和大孙子，可能预感到回不来了。其实两岸故宫有很多这样的事。

两岸同胞通过对两个故宫博物院的认识，来加深对对方的了解，包括文化观念、社会风尚、公民素养等。台湾同胞把北京故宫看成是对大陆文化的一个整体的、有代表性的反映。在两个故宫的交往中，大家是加深了相互的了解，看到了对方的一些长处，也看到了两岸故宫共同遵守的价值。

在两个故宫的交流中，也会面临一些困难，如名称问题、司法问题。我们往往采取一些变通的方法，只要双方真诚地来往，这就有了基础。不管时局怎样变化，两岸故宫藏品的不可分割的联系是两岸故宫交往的动力和内在的根源，正因为有这个内在的根源，内在的动力是割不断的。

总之，两岸故宫交流有三个层面上的意义：首先，从两个博物院来说，加强交流合作是双方事业发展的需要，对两院的发展有很大助推作用。其次，两个故宫博物院的交流与合作，是两岸同胞的福祉。两个故宫的交流和合作可以向两岸同胞共同展示故宫的全貌，这也是民众的文化权利。最后，两岸故宫的交流与合作，对于在世界上弘扬中华文明亦有积极意义，可以使世界人民更深入、更全面地认识中华

故宫的价值与意义

文明的丰富博大,而且,这种交流合作体现了中华文化中那种刚健、坚韧、包容、和合等精神内涵,显示着中华文化的旺盛生命力。

(三)国际文化事业中的故宫

这体现在两方面,一是国际上先进的文化遗产保护理念与博物馆发展对故宫博物院有很多很积极的影响。我们和世界遗产组织、意大利政府、日本凸版印刷等多个国家和组织开展了合作。包括与荷兰自动音乐博物馆合作进行钟表文物的修复。我们有很多钟表,荷兰有一个自动音乐博物馆,它是欧洲收藏八音盒最多的,我们和它建立关系以后,它帮我们修了几件钟表。我们在美国大都会博物馆举办了乾隆花园展,这个展览重视深入挖掘文物的文化内涵,不仅展示珍品,更重视珍品里面有什么故事,人家能从这个展览里边得到什么,这些更加重要。

故宫维修的实践与理论是对国际遗产保护理论的丰富。围绕故宫大规模的修缮工程曾经发生过争论,我跟大家不细说了。应该说进展也算顺利,我们在这个过程中积累了很多的经验。故宫的修缮有争议,争议的背景是什么?具体来说中国是土木结构,不是石头。我们到罗马去,斗兽场是石头做的,几千年还在,可能过一千年还在。我们是土木结构,要不断翻修,这是正常的。土木结构与石头的有区别,应有不同的要求。故宫能够保持到今天就是靠不断的维修。在明清的时候,宫廷每年都有一笔费用,用作"岁修",日常的维修相当重要。

2007年5月,故宫博物院承办了由国家文物局与联合国教科文组织世界遗产等几个组织联合主办的东亚地区文物建筑保护理念与实践国际研讨会。有3个国际组织、20多个国家的专家,共同研究,现场考察,会议形成并原则通过《北京文件》,还有一个附件,即《关于北京世界遗产地保护与修复的评价与建议》。该文件总结认为,故宫、天坛、颐和园3个北京的世界文化遗产地所贯彻执行的保护原则和具体执行的工程做法,反映了文化遗产的持续性和文化多样性。所以,我们中国人对自身的文化遗产保护理论要自信，这也是我们对世界文化遗产保护理论的贡献。

故宫在中国文化"走出去"中也作出了特殊贡献。北京故宫到国外的展览，从1974年至今已在日本办了40个，从1984年至今在美国办了24个，像在英国办"盛世华章展"、法国卢浮宫"重扉轻启展"，等等。因为时间的关系，我就简单地说这么多。

谢谢大家。

徐　林：

谢谢郑院长。我们还有一点时间，来一个互动，在座的各位有什么问题可以利用这个机会向郑院长请教。

提问1：

在抗日战争期间故宫所受的损失情况怎样？

郑欣淼：

重要的故宫文物在抗战前，大部分都运走了，运走的文物有13 000箱，但是故宫留下来的文物仍然是相当多的，有的还没有完全清理。在抗战全面开始以后，南京和北平就割断联系了。北平故宫的一些同人连工资都拿不上。这个时候日本人占领了北平，日本人可能出于个长远打算，搞了一个华北伪政权，用了一批属于北洋政府时期的旧人。在1941年之前，日本人没有正式管故宫，他们是通过当时的一些文化机构渗透，故宫那个时候还在开放，维修也在进行。到1942年的时候，当时的华北政府派了一个代院长，并没有否定马衡的院长职务，只是院长不在，我给你派一个代理的。这个人也很有名，叫祝书元，当代理院长时带来人很少，却完成了故宫的文物清理工作。抗战时期故宫的损失也主要在初期，那时在故宫太庙，就是现在的劳动人民文化宫有个图书馆向社会开放，有一些史证类和一些杂

志，包括孙中山的著作和一些宣传材料被日本人抄走了一些。故宫的文物应该说有损坏，比如铜灯座，还有铜缸，50多个，都被拉走了，当时都有记录。抗战胜利后拉回来一部分，但是也有一些损失了，其他大的损失现在还没有发现。也有人要问，日本人为什么不拿这些东西？这可能与日本人想长期占领北平的考虑有关。

提问2：

您觉得北京故宫和台北故宫两边藏品的精贵度如何比较？

郑欣淼：

我的结论是藏品的数量当然北京故宫远远多于台北。从文物的精品来讲，北京故宫肯定比台北故宫多。比如说书画，从最有名的宋代画，宋元明清，北京故宫的精品都比台北多。我写《天府永藏》分了12个大类，就书画而言台北故宫的代表是什么，北京故宫是什么，各自的特点是什么，这些东西的来龙去脉是什么。你可以看一下。台北故宫副院长冯明珠是搞档案的，他就很羡慕我们，比如北京故宫有十几个保存完整的佛堂。怎么叫保存完整？就是说里边摆设的从乾隆年间到现在也基本没有动过。如梵华楼、雨花阁，都相当珍贵。再比如说台北故宫瓷器，珐琅彩比较多，但是北京故宫的瓷器有一些精品台北故宫也没有，而且北京故宫量大，35万件，台北故宫是2万件。

提问3：

台北关于两岸办展提的最多的一个事就是希望大陆能够出台司法免扣押的法律法规，该怎么解决这个问题？

郑欣淼：

我们也跟有关单位提过关于司法免扣押的解决办法。比如说通过海基会海协会能不能达成一个共识，因为毕竟是一个具体问题。因为台湾方面当年作这个决定的时候，不是针对大陆。提出司法免扣押是因为大陆进入联合国以后，好多国家和它都断交了，它害怕去这些国家展览东西回不来，也确实发生过这样的事。所以要求免扣押，就是说我的展品去你这个国家，你不能扣押我。所以我们想它也是一种防护的意识。但是，这就成了两岸的一个障碍，这个障碍我想包括台办、国台办会认真考虑解决的。

提问 4：

故宫是我们国家，可能也是世界最大的木制建筑群。当初朱棣建故宫的时候，从深山里头开采了很多楠木。我不知道郑院长有没有这个研究，最初的楠木现在能保存几根？

郑欣淼：

《紫禁城》杂志在 2010 年出了一期楠木专刊，专门说故宫修建的时候采木料问题的。楠木的采伐过程是很危险的，确实是好多人献出生命。到清代，出于多方面的原因，一个是楠木少了，另外在康熙那时候，南方还不平定，不可能在南方大规模地采。当然，康熙皇帝也说自己要勤俭一点，不能用这个，要用东北的松木。故宫还有楠木的殿堂，但是现在的大多数的宫殿基本都是清代的，用的是其他木料。

徐　林：

今天我们互动到此结束了。听了郑院长刚才的报告，感觉郑院长不愧是我们国家故宫学的专家，对故宫的历史、建筑和它的藏品真是娓娓道来，如数家珍，而且可以看得出充满了自豪感。通过郑院长的介绍，我想在座的各位肯定和我一样，对故宫的历史、建筑和它的收藏有了更深的了解，而且一定感受到了故宫的历史。故宫的建筑和藏品，蕴含着中华民族五千年的历史和文化，是非常宝贵的一笔财富。我相信随着我们国家经济发展水平的提高，一定会有更多的人来加入

到故宫研究的队伍中，对故宫现在和未来还会有进一步的深化的认识的过程。郑院长的介绍给我们带来了丰厚的精神享受。

　　参加今天活动的还有委党组成员、副主任连维良同志。同时，北京市和兄弟部委的一些领导也参加了今天的活动。我们最后对各位领导对本次论坛的支持，对郑院长的精彩演讲，再次致以热烈的掌声，并表示衷心的感谢，谢谢。今天的活动到此为止，谢谢大家。

国家发展改革委青年读书论坛（第二十期）

辛亥革命的历史启示

2012 年 4 月 14 日

主 讲 人：王树增（著名军旅作家）
主 持 人：王树年（国家发展改革委国民经济动员办公室主任）
推荐书目：《1901》、《1911》、《长征》、《解放战争》、
　　　　　《朝鲜战争》

王树增

中国著名军旅作家。1970年入伍,现供职于武警部队政治部创作室。国家一级作家,享受政府特殊津贴,全军艺术委员会委员,中国作家协会全国委员会委员,大校军衔。1992年加入中国作家协会,作品曾获中宣部"五个一工程奖"、"中国人民解放军文艺大奖"、"鲁迅文学奖"、"曹禺戏剧文学奖"等。

王树年：

　　大家上午好。欢迎参加第二十期青年读书论坛，我是本期论坛的主持人王树年。我虽然没有参加过以前的论坛，但是看过辰昕同志送给我的《智慧集结号》，也听到过不少同志对论坛的赞誉。我感觉到我们论坛每期的主讲嘉宾都鼎鼎大名，每期的主题把握都极具张力，每期的演讲内容都精彩纷呈，论坛的影响力确实越来越大。辰昕让我来主持这次论坛的时候也谈道，希望把论坛办成帮助青年干部"览群书、拜名师、强素质"的平台，办成我委建设学习型党组织的品牌，我相信大家一定会为此共同努力，使论坛办得越来越好。

　　本期论坛的主题是辛亥革命的历史启示。我们有幸请到了武警部队政治部创作室著名军旅作家王树增少将作为本期的主讲嘉宾，我们也非常高兴委党组副书记、副主任朱之鑫同志今天也亲自来到论坛听讲座。同时，我们还邀请了正在国家行政学院学习的各部门和地方的十多名局级干部，中央国家机关团工委的领导和相关部委的团干部，以及我委机关党校2012年春季处级干部进修班的学员们。在此，让我们以热烈的掌声对他们的到来表示欢迎。

　　今天的论坛来了很多人，我想可能有两个因素：一是大家被论坛的主题所吸引，求知若渴；二是也不排除有些人可能对我们的名字感兴趣，所谓"慕名"而来。我也看到内网干部论坛上有人发的帖子，问王树增和王树年什么关系，其实我也是第一次和王将军谋面，王姓的起源很复杂，可能五百年前是一家吧，论起来算本家兄弟吧。

　　王树增将军是国家一级作家，政府特殊津贴的享受者，全军艺术委员会委员，中国作家协会全国委员会委员。他的作品曾获中宣部"五个一"工程奖、中国人民解放军文艺大奖、鲁迅文学奖、曹禺戏

辛亥革命的历史启示

图1　第二十期青年读书论坛开始前,国家发展改革委党组副书记、副主任朱之鑫(左六)与主讲嘉宾王树增少将(右六),主持人王树年(左二),国家发展改革委部分同志及应邀参加论坛的中央国家机关青联委员合影。

剧文学奖等多个奖项。代表作品有近代史系列《1901》、《1911》,正在撰写的是《1921》。战争系列有《长征》、《解放战争》、《朝鲜战争》等。王将军写史一直以厚重为特色,在《1911》这部长达680页、65万字,既是文学又是历史的著作中,记录了辛亥革命从孙中山流亡到袁世凯去世的整个过程,作者将深邃开阔的时代背景与清晰具体的历史细节融为一体,对辛亥革命的起因、对辛亥人物的评价,都有自己独到的观点。

下面,我想用王树增将军这部书后记中的一句话作为本期论坛的开讲词,这句话是:"一个对完美社会、完美国家永抱追求的民族,才是一个有力量、有希望的民族。这就是百年以后我们蓦然回首并将往事托举心头的原因。"大家掌声欢迎王将军为我们解读这场伟大但并不完美的革命，以及带给后人的启示。

王树增：

不是讲课，我不是历史学家，充其量就是一个穿着军装的写作者。我研究历史与其他大学教授或专业人员研究历史的角度不一样，我恐怕更感性一些，更偏重于自己对历史阅读的一种解读。因此，今天有两个原则：第一，关于辛亥革命的整个历史脉络，它的发展过程我不讲，这是一个简单的历史，大家对这场革命的基本线索应该都知道。第二，我与大家交流的只是我读史的一些体会，也就是说今天有些聊天的性质，没有那么严肃，也没有那么深奥，就是我跟大家袒露我的心声而已。

聊天总得有个主题。辛亥革命对于当代中国人最大的历史启示，我在研读史料的过程中有一个深刻的体会，就是变革是文明和社会发展的永恒主题。我觉得这是辛亥革命最大的一个历史主题。那么，今天我就围绕着这一巨大的历史变革，探讨一下它给了我们什么启示。

读史的人通常会发现，历史惊人地相似。我们老说以史为鉴，"鉴"是镜子的意思，就是照镜子，读史就如同照镜子。那么我们照镜子干什么？我想至少有两个目的：第一个目的就是自我欣赏，看看自己长得漂亮不漂亮，这是次要的；藏在我们心里的照镜子的最主要的目的，是要在脸上发现污点，看我们自己的脸上还有什么不合适的地方，然后赶紧修饰一下，因为要出去见世见人。我想读史最重要的目的也是如此。回顾民族发展史，我们的民族性中，传统的政治经济文化的整个系统中，有哪些东西值得我们反思，哪些东西明明是落后的，非常不符合人类发展进步，却至今被我们依旧拥抱着固守着？我们有这样的毛病，我自己心里就有。人类历史是什么？我的体会是：一部人类文明史，实际上就是一部社会变革史。人类文明发展的历史规律，其最基本的规律就是变革。没有一

图2 第二十期青年读书论坛主持人王树年与主讲嘉宾王树增。

成不变的东西,无论是自然科学还是人文科学,都建立在一个最基本的真理与规律上,那就是世间万物没有一成不变的。我们现在常常对真理有一种曲解,认为真理是不变的,实际上真理是最具变化性的,正因为它变化才是真理,它才能不断地适应人类社会历史发展的潮流。

什么是真理?真理是摸索人类发展历史的基本规律。人类的智慧是有限的,不论是自然科学还是人文科学,仅凭人的智力而言,我们几乎连皮毛都还没理解到,所以说以后大家碰见说能够预知未来世界、能够掌握未来命运的大师,千万别信,世界上没有这种人,肯定是个江湖骗子。哪一个人能知道未来历史的发展趋势?我们读书都是读历史,哪怕读昨天的事情也是读历史。我们读历史干吗?最根本的一个原因,是要总结一下前人经历过的事情,试图发现其中有规律性的东西,来更好地认识真理,如此而已。人不要那么狂妄,说你掌握了真理,你掌握了什么真理?真理是变化的。因此,实践才是检验真理的唯一标准。

我刚才说,变革是社会发展的永恒主题。什么叫变革?或者叫改革吧,说得清楚一点,我想它最根本的含义是自我否定,通过自我否定达到自我完善。这就是变革。人类最麻烦的、最不好做到的就是自我否定,任何一次自我否定都要承受巨大的历史考验,付出巨大的历史代价。因此,人类的历史,实际上是一个在变革中痛苦前行的历史,尤其是作为一个文明古老的、有厚重文化积淀的国家,变革起来就会特别艰难。

昨天我还在看一篇关于1978年历史的回顾文章,深有感慨。1978年的时候,我还是个年轻人,但是现在回顾中国在那一年实施改革开放的过程,真是惊心动魄的一件大事情,得付出多么大的勇气和胆略才能开始,才会有今日的中国。所以说,我们可不要小看变革的伟大意义,同时也不能小看任何变革将面临的阻力。变革最大的阻力,往往首先不是来自外部而是来自自身。

刚才聊天的时候,我说作为一个中国人,尤其是在领导机关工作的中高级干部,一定要把中国近代史读懂,不读懂你至少要犯一个错误。那就是,我们的先人已经在那个地方摔倒了好几次,作为今天的中国人你还在同一个地方摔倒,这不是很愚蠢嘛。历史惊人地相似,我再说一遍,辛亥革命发生的种种事情,在当代中国依然处处皆是,几乎都是一模一样的。于是,你就不要在同一个地方再摔倒了。我想这就是读史的意义,也是我们解读辛亥革命进程中各种变革努力的当代意义。

中国近代以来,仁人志士突然发现不变革不行了。谭嗣同在菜市口掉脑袋时还在说,虽然我回天无力,但还是想回天呀。看看中国近代史,我们知道,中国原来的日子过得还是不错的,但所谓康乾盛世,也不过就是偏安世界一隅而已。世界一旦进入现代交流的大循环格局里,中国这样一个封建帝国马上就显出了腐朽。腐朽下去会怎

样？就是屈辱了。那么就只有变革。近代中国的变革是从自我怀疑、自我否定开始的。最早当推洋务运动。从洋务运动一直到辛亥革命，大约几十年的一个历史进程，是中国近代史上最翻天覆地的年代，几千年的稳固的帝制，就在这几十年中风雨飘摇，直至土崩瓦解。而辛亥革命是这段社会变革当中最暴烈的一次行动，是一次试图进行最彻底的政治变革的历史运动。

说到变革，辛亥革命当中有三股变革的势力。

一、执政集团

我们以前总在说，近代以来，中国变革的最大阻力就是清王朝，或者叫做执政阶层，说他们是历史的反动。实际上，历史并非这么简单。庚子事变以后，清廷作为一个统治集团，或者叫执政集团，是有主动变革的愿望的，甚至作出过巨大的努力。也就是说在庚子事件以后，中国发生的政治变革是自上而下的，朝廷并不被动。1901年以后，中国近代史上所有重大事件的起因，几乎都与大清朝廷主持下的新政变革有关。因此，我们对慈禧一定要刮目相看，千万不要认为她就是一个刁老太太。她是一个政治家。我以为，庚子以后，清廷至少做了这么几件惊天动地的事。

第一件事，1901年1月29日，流亡在西安尚未回到北京的慈禧，她以光绪皇帝的名义颁布了上谕，这个上谕的名字很具近代色彩，叫做"倡议直言上谕"，就是倡议臣民们直言不讳。这实际上是一个检讨书，就是说大清现在不行了，已处于危亡状态，号召臣民们直言。作为一个封建王朝，什么时候需要听臣民们想说什么？说实在的，就是让你闭嘴，你要敢说什么，那就是冒犯天颜。然而在1901年，这个国家却广开言路，大鸣大放，这是慈禧干的事。然而大家直言什么呢？大家统统地来讨论变革。这个上谕当中有这样几句话：世有万祀不易之常经，无一成不变之治法。也就是世上有很多一成不变的道理，但是没有一条治国治民的法规是可以不变的。慈禧说穷则思变，变则通,这是中国典籍中的基本道理。变与不变的标准是什么呢?是能够强国利民。这个上谕立还专门说,改弦更张是不违反祖宗规章的,是合理的。我再次强调,这是1901年慈禧说的话。我想慈禧说这番话是有前提的,如果没有清廷被迫流亡这件事,没有国家的都城被外国军队占领这件事,她永远不可能这样想这样做。我在《1901》中专门写了这个问题。

庚子事变是中国近代史上最大的伤疤,这一事件直接导致了后来《辛丑条约》的签订。《辛丑条约》至今影响着中国,中国大地上至今还有《辛丑条约》留下的伤痕。目前我正在研究抗战史料,不知道是否有人会想到,抗日战争为什么会在卢沟桥爆发?日本侵略中国似乎应该从边界线开始,怎么战争一下子就在国土的里面爆发了呢?卢沟桥不是边界线,那儿为什么有日本军队?为什么他还能在那儿演习?卢沟桥事变的起因是,日军要在那儿演习,演习完后,他说他丢了个士兵,这个士兵被中国军队抓走了,于是我们就得打你们。这就是历史,日本在华驻军是《辛丑条约》规定的。

1901年,清廷遭遇了奇耻大辱,整个朝廷逃到了西安。危难还没有过去的时候,慈禧突然倡议臣民们直言,这里边有一点她是需要解释的,因为她刚刚把上书直言的谭嗣同砍了脑袋,还在通缉康有为和梁启超。那么,她怎么解释这个问题呢?她在上谕中说的那些话,原本都是康有为在戊戌变法的时候说过的。慈禧是这样自圆其说的,她说"康有为们"学的是西夷之皮毛,而非西学之本源。西学的本源是什么呢?是居上宽,临下简,言必信,行必果。居上宽,就是作为统治者其统治方式要宽容,是原则上领导,不是什么事情都管到家。居上要宽,临下必然会简,就是刚才说的原则上领导。言必信,行必果,这不是道德问题嘛。认为西学当中的本源是"居上宽,临下简,言必信,行必果",这就意味着至少慈禧或者清廷认为,中国皇权统治的缺陷是高高在上的统治者权力过于集中,控制过于严密,机构过于繁复,表现在结果上是言而不信,行而不果。我们想一想,这样的

统治方式不变革能行吗？如果说庚子事变以来国人受尽了耻辱，导致耻辱的关键是什么？是朝廷治理国家的方式不合理。

我在《1901》中，专门摘出了上谕当中的这段话，现在给大家念一念，我认为十分重要。慈禧的变革上谕当中，居然分析了中国的弱点是什么。她说中国之弱在于习气太深，文法太密，庸俗之吏多，豪杰之士少。然后她进一步解释说，文法者，庸人借为藏身之固；而胥吏侍为牟利之符。我给大家解释一下：文法太密，就是那种绝无任何真知灼见极具空泛装饰性的文风。在以奏折上书为政府运作唯一渠道的年代，文风即是官风。文风不正的结果并不仅仅是影响效率，它最大的问题是庸人可以借为藏身之固，文以虚饰、文过饰非会成为那些低能平庸的人的藏身之所；而"胥吏侍为牟利之符"，也就是官吏们可以通过玩文字为己牟利。那个时候，慈禧就对中国的公文文风问题认识到了这个程度。她进一步说："公私以文牍相往来，而毫无实际；人才以资格相限制，而日见消磨。误国家者在一私字，祸天下者在一例字。"也就是说，国家公事在公文里说得头头是道，却没有任何实际用处和功效；人才在论资排辈的限制中日渐消损。慈禧的最后一句话是：误国家者在一私字，困天下者在一例字。"私"，就是以国为私，足以误国；"例"，就是因循守旧，足以致祸。这是1901年1月29日慈禧对社会变革的认识。我们能不对慈禧刮目相看吗？它是圣旨，是公开文件而不是内部讲话。慈禧知道，大清的贪官污吏在用文过饰非的往来文件当作遮丑之物和升官之道。她在1901年就已经认识到了这一点。

慈禧颁布上谕后启程回京，先坐轿子，走了一两个月才到保定。在这里，袁世凯给她准备了一辆火车，这可能是当时中国唯一的钢皮火车。慈禧第一次坐火车。她在前门车站下车，又有轿子等着她。走到前门城楼的时候，她下轿了，为什么？前门的正阳门只剩了半截，就剩下个基座了，全被外国联军烧光了，而慈禧还是看见了一个完整的正阳门，那是朝臣们怕她难过画出的一个假布景。什么叫文过饰非,这就是。慈禧知道那是假的,回京后她颁布的第一个执政措施就是实行新政。

当然,清廷的新政有它的问题。新政包括政治、经济、文化、教育、军事,什么都有,全是变革,全面变革。关于晚清新政,我给它作出一个定义,至少我认为是恰如其分的,我认为它是朝廷的自救运动。你说它有多少历史进步意义,不必太夸张,但是作为一个封建朝廷,至少此时的清廷还是有着某种清醒的,而且它勇于自救,颁布了一系列具体措施去变革,我觉得这就值得肯定。

慈禧做出的第二个惊天之举,是1905年的预备立宪。无论如何,不能小看1905年清廷预备立宪的历史意义。什么叫预备立宪?什么叫立宪?就是说作为一个封建朝廷,它突然向全体国民向全世界宣布,它要实行宪政了。你不觉得这惊天动地吗?什么叫宪政?说句不好听的话,就是在紫禁城里要有一个议会。你能想象吗?而慈禧不但这么说了,还开始这么做了。从1904年开始,她派出5个大臣出国考察。考察什么?考察西方宪政,看看世界近代政治文明的成果,回来还要给朝廷写出考察报告。当然了,这5大臣还没出去,刚走到前门火车站,就被一个叫吴樾的刺客炸了。这一炸,拖了几个月,但还是锲而不舍地又出发了。清廷的大臣们考察回来,写出了一系列呼吁朝廷变革的奏折。这些文件至今留存在历史典籍当中,都是值得我们阅读的极好的历史资料。1905年的时候,端方、载泽这些大臣们在奏折中提出的变革主张,足以令百年后的我们震惊。他们说到了关于西方宪政进步的问题,关于民主科学的问题,认识到大清帝国的衰微就是因为在世界不断进步的时候因循守旧、故步自封,而所有奏折的结论都是时局艰危,若不力图变革大清就完了。

于是,1906年的9月1日,清廷正式颁布上谕开始预备立宪。

为什么叫预备立宪?这是在学日本的明治维新,因为日本的明治维新立宪,是将皇权统治改成君主立宪制。宪政有好多种,君主立宪是一种,共和立宪也是一种。现在的英、日是君主立宪,美国和法国

是共和立宪。这是两种不同的社会政治形态。但是，无论哪一种立宪，其基本的政治原理是一致的，就是颁布宪法，实施宪政。它要求全民参与政治，建立削弱皇权或者叫做统治阶级权力的制约机制。

日本在明治维新时是个君主国家，要立宪，政治体制变革不能够一蹴而就，需要一个准备时期，日本的准备时期是10年。在这10年的准备期内，要做很多事情，比如官制体制改革、经济体制改革等。日本的变革进行得非常顺当，10年准备之后，正式宣布立宪，迅速从一个落后的农业国成为世界先进的强大的近代资本主义国家。包括康有为在内的一些国人，对日本的明治维新特别推崇。清政府学的就是日本皇室，也叫预备立宪。为了显示比日本人还进步，清廷宣布9年预备立宪：1906年开始准备，1915年正式立宪。

关于预备立宪，有两个问题我们要注意，这两个问题也是当时清廷对所有官员提出的核心要求：第一个，勿以私利害公益，勿以小惠败大谋。什么意思呢？就是变革必会触及官员的私利，当触及你的私利时你要服从大局。第二要尊崇秩序，保守和平。什么意思呢？就是保持社会的稳定。也就是说，变革成功靠两个保障：第一，每个人都要大公无私；第二，要保持社会稳定。我觉得，1906年清廷的预备立宪文件，在中国是一个有重大意义的历史文件，我们没有任何理由去忽视它、蔑视它，甚至是曲解它。理由很简单：对于一个政权来讲，决心变革其执政体制，特别是对于一个帝制政权来讲，决心接受民主政体，其勇气与胆识非同寻常。这是我们前人作过的巨大努力，是想让我们的国家在政治上、经济上往前走一步。清廷的预备立宪是具有进步意义的。

当时有一位大臣叫载泽，他是满族大臣，载泽的上奏对慈禧影响很大。为什么影响很大？有这么几个理由：第一，他认为变革不但能够使清王朝强大起来，不再受欺负，还可以皇权永固。日本天皇不是好好的嘛，坐得稳当，全民拥戴。因此即使实行君主立宪制，皇权还是可以永固的。第二，外患渐轻。西方各国之所以轻视大清，除了自身国力衰弱外,还因为大清的国体落后陈腐,而"一旦改行宪政",就没有人敢再看不起我们了。各国将"变其侵略之政策,为平和之邦交"。第三,内乱可弭。1905年是孙中山领导的革命派发动武装暴动最激烈的一年。不但革命派在闹事,立宪派也在闹事,民变在各地不断地上演。而只要朝廷变革了,执政公正清明了,内乱就可以平息了,因为"任何蛊惑之说都会失去借口"。载泽的奏折有一个重要的清醒的认识,那就是分析了清廷变革可能面对的阻力。他说变革是有阻力的,最大的阻力就是朝廷里的那些人,那些官吏。为什么?立宪之行,利于国利于民,而最不利于官。这是他的原话。官员们都有私心,口口声声忠实于朝廷,其实他们非爱朝廷,要保一己之私利而已。朝廷要变革,他们暗中使绊儿,无非是想保护自己那点儿既得私利。他最后还有一句话,说老佛爷你不用担心,不是叫预备立宪吗?9年的时间长着呢。慈禧特别欣赏"预备"二字,她认为预备立宪只是预备,如果情况不好,不立宪不就完了吗。实际上,从宣布预备立宪的那一刻起,大清国就走上了不归路。

任何社会变革都是有风险的,特别是直接涉及执政体制的变革,特别是对于晚清这样一个已经声名狼藉的政权。法国人托克威尔在分析法国大革命的时候说了一句著名的话,他说:"对于一个坏政府来说,最危险的时刻,通常就是它开始改革的时候。人们耐心忍受着苦难,以为这是不可避免的,但一旦有人出主意想消除苦难时,它就变得无法忍受了。当时被消除的所有流弊似乎更容易使人觉察到尚有其他流弊存在,于是人们的情绪便更加激烈,痛苦的确已经减轻,但是感觉却更加敏锐。"

辛亥年前后,"感觉更加敏锐"的国人最痛恨的,莫过于官吏无可救药的贪腐。

"政以贿成,悬价售官,殆已公言不讳。"

晚清的官场,大官大贪,小官小贪,无官不贪,国家资财在官员们的手中被编织成一张巨大的流通网络,上至朝廷,下至衙役,举国

官场无不徇私受贿，贪赃枉法——当一个国家的执政需要通过行贿受贿才能运行时，当本应为国民利益服务的各种官职成为商品价可待沽时，当掌握权力的高官们几乎家家堪比金融公司终日进行着大量现金交易时，这样的国家政权还有什么继续存在的理由？

我在《1911》里专门写了庆亲王，庆亲王之贪今天看来仍会令我们瞠目结舌。他每天都要接待各地的官员，因为他是军机首脑，他在朝廷说了算。他的会客厅里，桌子上有一个木头匣子，凡是见他的人都知道那个匣子是干什么的。见庆亲王来了，银票搁里头，你不要直接搁在人家手里。庆亲王的大管家说，3到5天，亲王就要把那个匣子开开，亲自点一下，然后造一个册。他有一个很详细的册子，谁给了我多少钱，我应该给他什么官，他说这不是开玩笑，是公平交易。庆亲王就是和李鸿章一起主持《辛丑条约》谈判的那个亲王。他说我穷得要命，我是最廉洁的，最后给他家估算的时候，大约有1亿两银子，而当时大清政府的年税收入才8000多万两。什么叫富可敌国，这就是。

对于大清政权来讲，皇亲国戚与朝臣官吏的贪腐，犹如致使大堤垮塌的巨大蚁穴。

我们知道，历朝历代，没有哪个统治者刻意追求满朝腐败。明清以来，朝廷均对腐败用重典，刑罚是非常严格的。明初的时候，官员贪污6两银子就要杀头。杀也不是老老实实地杀，而是把头皮剥了，里头塞上草，搁在衙门口点燃。为什么？让新上任的官吏看，刑罚已经严到了这个份儿上。但是在封建王朝的历史上，哪一朝哪一代都没能阻止腐败，这不是严酷的刑罚所能制止的。严律酷刑之下，贪官们依旧你去我来，杀了一个又出现一个。中华民族自古有崇尚道德的传统，清官的故事被编成各种形式的戏曲传唱不已，这足以表明中国人对道德的约束力抱有不切实际的幻想。从根本上讲，满朝官场贪腐不仅是道德沦丧的问题，而是国家的行政体制存在着巨大缺陷。慈禧也明白这一点。孙中山总结过封建帝制下官场腐败的必然，他说："中国所有一切的灾难只有一个原因,那就是普遍的又是有系统的贪污。贪污受贿,任用私人,以及毫不知耻地对权势地位的买卖,在中国并不是偶然的个人贪欲、环境和诱惑所产生的结果,而是普遍的,是在目前政权下取得或者是保持文武公职的唯一的可能条件。在中国要做一个公务人员,无论官阶高低如何就意味着不可救药的贪污,并且意味着放弃实际贪污就是放弃公务人员的生活。"因此,指望这样一个清政府完成自上而下的变革是不可能的。

第三件事,就是1908年的8月27日,清政府正式颁布《清廷宪法大纲》。我为什么要说这是件大事呢?什么叫宪法?宪法是宪政制度的政治核心,是近代民主宪政国家所确立的约束政治行为和政治关系的基本规范。没有宪法,就不可能实行宪政。在数千年以来的中国历史中,法就是皇权,皇权就是法。1908年清政府颁布的这个宪法大纲,几乎是从日本宪法抄下来的,只改了几个字而已。但是,它足以说明,清廷决心实行宪政了。清王朝得下多大的决心才能做这件事?但是它做了。不能说一点儿进步意义都没有。从那时起直到新中国成立前,中国一直没有正式的宪法。我不知道在座的有没有学政治学的,中国近代以来有几部宪法?除了清王朝的这个宪法之外,那就是袁世凯的宪法,总是没有通过。然后进入军阀混战时期。后来国民党基本统一了全国,建立了国民政府,这个政府直到1948年才立宪,而这部宪法的寿命只有一年。所以说,在中国,立宪是不容易的。但是,1908年,清政府居然就颁布了宪法,它的寿命是3年。

1911年,清政府垮台了。清王朝从上至下的体制变革为什么没有成功?原因很多:第一,它学的是日本的明治维新。日本的明治维新是自上而下的主动行为。而清政府的变革,是在内外交困的情况下的一种被迫行为,它与当时日本王室的历史渴求是完全不一样的。日本实施了自上而下的彻底变革,建立了新的生产关系和与之配套的执政体系,完成了近代国家改造,使日本迅速进入资本主义阶段。虽然清王朝主动做了一些事情,但它的目标不是把中国建成一个近代意义上

的资本主义国家，它之所以萌生变革的愿望，只是因为再不变革大清国就要完了，它变革的根本动机是为了"皇权永固"，只不过是与以往形式不同的"皇权永固"。第二，满清大臣是清廷统治的中坚力量，变革势必直接触及他们的利益，满族权贵们的阻力太大了，是由皇亲国戚组成的朝廷不可能逾越的。第三，也是最重要的一个原因：晚了。变革是不能晚的，清王朝的变革太晚了。我读史的感觉是：如果在戊戌变法的时候，不杀谭嗣同的脑袋，百日维新能成功的话，中国历史将怎么写？还有没有辛亥革命？可惜历史是不能假设的。中国近代史上的百日维新，至少前70天，慈禧是拥护变革的。那时候光绪真可怜，每天早上四五点钟起床，从紫禁城坐轿子坐到颐和园去，向慈禧报告今天要做什么事情。慈禧非常认真地听他的意见，而且是赞许的。只不过后来情势变了，因为慈禧突然发现变革变到自己头上了。再加上一些满族大臣的煽风点火，这场变革被毫不留情地终止了。试想，如果说戊戌变法成功的话，中国历史是什么样子？到清廷颁布新政、预备立宪的时候，已经晚了20多年，历史的发展趋势令清廷所有的努力都已显得捉襟见肘，革命派的暴动与立宪派的请愿席卷全国，清廷已经失去了所有回旋的余地。

总而言之，对于任何一个在变革中担当主导的政治力量，既然时代要求必须变革，那么就要有克服种种掣肘和阻力的决心、勇气和智慧，绝不能犹豫不决，绝不能停滞不前。还有一点至关重要，那就是启动变革不但需要合适的时机，还必须为变革准备足够的安全实施的时间。

二、立宪派

辛亥革命中有一个主流的变革派，叫立宪派。以前的历史对立宪派是贬义的，仿佛立宪派全是些阴谋诡计、利欲熏心的家伙，他们全在拉历史后腿，我是坚决不同意这种观点的。读中国历史，不要随意糟蹋我们的前人。张謇等这些历史名人，他们对中国近代政治和经济是有贡献的。立宪派在辛亥革命中是非常主流的一派,他们对近代中国的进步是有巨大推动作用的。但是,这里有两个观点我要跟大家交流一下。

第一,我们老说辛亥革命是资产阶级革命。我现在提出一个问题,中国那时候有没有资产阶级?如果那时候没有资产阶级,辛亥革命能叫一场资产阶级革命吗?资产阶级是什么?资产阶级是在资本主义生产关系中产生出来的一个阶级。中国那时候有这种生产关系吗?所以说我在《1911》中说,近代以来的中国资产阶级是一个面目模糊的阶级。但是今天跟大家交流,我认为那时候的中国没有真正意义上的资产阶级。资产阶级是什么?资产阶级的定义是什么?说是资产阶级革命,什么叫资产阶级革命?中国发生了资产阶级革命吗?我们不要人云亦云。法国大革命是资产阶级革命。法国大革命的主力是谁?是市民。中国那时有市民阶层吗?市民阶层是由什么人构成的?是资产阶级生产关系完善之后产生出来的一个特殊阶层,既不是皇权贵族,也不是地主。因此,从这个角度上讲,近代中国产生不了全民性的立宪政治要求,这是必然的。辛亥革命与老百姓的政治权益没有关系。这一点我觉得可以探讨。

第二,立宪派整天是跟皇上闹别扭的。我刚才说了,紫禁城里有个议会,这不是说着玩儿的。紫禁城里曾经有好几年,真的有个叫资政院的议会,它主要是由立宪派人士组成的。这些立宪派的前辈,叫议员,各个省选出来的议员,到紫禁城里开一个议院,清廷叫资政院,也就是全国议会的意思。整天地辩论,皇上要发一个圣旨,不通过这儿你就发不出去的。结果,每一个圣旨都在这儿反复受到责难,老发不出去。现代议会的雏形在紫禁城里确实产生过,这是以前我们不大可能想到的。我查了原始档案,比如说有一个完整的资政院会议记录,讨论什么事呢?说是江苏省还是浙江省,发生了旱灾,地方督抚要求减免一点赋税,因为他收不起了,老百姓承担不起了。以前就是皇上一句话,准就准了,不准就不准。康熙以后的皇上说白话了,

叫"知道了",知道了就是准了。可是,这时候不行了,这时候有议会了,皇上说的不算了,议会要讨论。辩论一塌糊涂,有的人说行,有的人说不行。后来议会发了一个通知,请军机大臣到议会来接受质询。结果清廷的军机大臣们一个都没来。为什么?军机都是满族大臣,过去你见了他,说实在的,连正眼看都不敢看,今天要他跑到这儿来接受质询,简直是天下怪事,老祖宗的威严都没了。这就是我们的近代政治,确实发生过,持续了好几年的时间。立宪派在其中起了巨大的作用,推动了国民的政治文明的觉醒。

我给大家说一说立宪派的领袖都是什么人。比如说郑孝胥,当时是预备立宪的工会会长,他做过大清帝国驻日公使的秘书,后来曾任江南制造局督办。郑孝胥不但是官吏,还有许多企业,家产非常丰厚。张謇是资本家、大绅士、大教育家,承办了清帝国近代以来的重大企业,这个人太有名了,太有钱了。汤寿潜,曾任清廷的两淮盐运使,后来是浙江铁路公司的总经理。王清穆,创办了福安、大通纱厂,等等。总而言之,立宪派都是大企业家,我们在历史上管他们叫绅商,或者叫官商。像张之洞或李鸿章属于官商系列的,刚才那些人属于绅商。他们无疑是中国近代以来第一批带有资本主义萌芽性质的企业家。

但他们有一个巨大的缺陷,就是没有办法脱离中国的传统文化。他们绝大部分是从封建王朝的体制中脱胎出来的,比如说张謇就是状元。他们的革命需求,仅仅是从商品经济发展的角度出发的。为什么商人对民主的需求那么迫切?商品流通的最基本原则,就是最大限度地减少行政干预,以市场调节促进商品流通。所以,绅商们主张立宪,他们知道这样一种政权体制有利于商品经济的流通。但是,他们万万不知道,也就是我们在分析立宪派的时候必须注意的,就是近代中国不具备产生近代宪政制度的土壤,或者说立宪派的所有的立宪努力都是超前的,不符合国情的。什么叫立宪制度?我查了一下宪政的定义,宪政是"宪法精神、宪法制度、宪法规范的要求在社会的经济、政治、文化生活中得到普遍实现";宪法是"国家权力之间,国家权力与公民权利之间相互关系的最高的调解机制"。宪政和宪法的意义有几个基本原则,就是保障公民的基本权利,政府的权力受到宪法的有效制约,政府在合法性基础上对国家实施有效控制,政府具有容纳和沟通民意的能力,等等。这些东西都是宪政制度的基本要求。当时清王朝能做到这一点吗?显然是不可能的。立宪派主张的第二个缺陷,也是最重要的缺陷,就是近代中国是一个自给自足的传统势力相当强大的封建帝制国家,它从政治形态、经济基础和国民意愿上都不具备突然成立一个共和国的条件。民国成立的时候实行过普选,各省选各省的,然后都有选举委员会,与西方选举差不多,但是中国人学营私舞弊学得特别快,第一次全民选举就失败了,为什么?买卖选票。我查了历史文献,一张选票,好比说湖北是值 200 两银子,江西值 500 两,最贵的是浙江要值 1000 两。选举要登记选民吧,一开始官吏想象的是,明天开始登记今天调集警察,为什么呢?因为明天大家会蜂拥而至,中国人不是见便宜就上嘛,结果第二天用不着警察,一个人都没有来。这就纳闷了,我给他权利他为什么不要呢?后来发现成为选民是有几个条件的,比如说戏子不行,演员不行,他认为这类人不是正经人;不识字不行,你得识点儿字,可那时候没有小学;最要命的是要想办法证明你有 5000 元以上的资产,房子也算,一个茅屋也算,反正动产、不动产加在一起至少得有 5000 元以上资产的人才能成为选民。就这一条惹大祸了,中国人就怕露富,谁也不承认自己有 5000 元,他就是不来。民主是什么?选举权是什么?你给我有什么用?值钱吗?不值钱吧,不值钱我要它干吗?况且,我还得为这不值钱的东西到你那儿登记说我本人财产有 2 万元。我在书里都写了,这样丑陋的东西和匪夷所思的东西,在中国近代都发生过。雇凶杀人,杀掉另外一个候选人,这都是民国普选过程中发生过的事。因此,立宪派著名的精神领袖梁启超提出了一个国民性的问题,并深深影响了近代以来包括鲁迅在内的思想家。鲁迅深深忧虑的就是中国国

民性的问题。关于辛亥革命,他有篇著名的小说叫《药》,要杀革命党了,镇压辛亥革命,老百姓说,你爱杀谁杀谁,和我有什么关系,他唯一关心的是今天杀革命党了,好,拿个馒头等着沾点血,据说吃了以后可以治病。《狂人日记》中阿Q说自己是革命党,糊里糊涂被砍了脑袋。很多的思想家和政治家都忧虑这个问题,包括有一本著名的书叫《丑陋的中国人》,说的也是国民性的问题。国民性的问题并不是说我们老百姓有多么的不好,我们批判的不是国民本人,而是传统文化当中那些糟粕的东西、不符合时代要求的东西。这些国民性,当前的中国人包括我在内,仍深深地陷在里边出不去。

辛亥革命前后,中国社会从来没有进入真正意义上的商品经济和市场经济时代。没有商品经济作为社会基本的经济形式,哪来的资产阶级革命。资产阶级革命最根本的政治需求是什么?它为什么要革命?它说要平等。马克思有一句最著名的话,说商品是天然的平等派。近代资产阶级革命宪政的意愿,产生于商品经济运行的规则中,因为健康的商品经济和商品交易双方是平等的,它因此打破了人与人之间的依附关系。没有商品经济的时候,垄断经济的时候,或者是最低下的、低层次的生产关系的时候,人是不平等的。为什么不平等?阶层不一样,你是贵族,哪怕没有钱,我都要低你一等,见你的面要跪在地上。唯独在商品经济中没有这一说,在交换商品的时候,起决定作用的是商品价格,而绝不是身份高低。但是中国近代以来没有形成这种商品经济,因此近代以来立宪派的立宪热情也就无法实现,他们很快就发现在中国这片土地上实现其政治理想举步维艰。

三、革命派

我对于辛亥革命历史上的革命派怀有深深的敬意。不要苛求仁人志士们在政治上的幼稚,比如说排满的问题,"驱除鞑虏"这四个字从字面上讲是落后的,是有种族主义色彩的,"驱除鞑虏,恢复中华",翻译成白话是什么意思?把满人赶走,恢复汉人的天下。清王朝灭亡以后，孙中山的第一个举动，是到紫金山拜谒明孝陵，他为什么拜谒明孝陵？明孝陵也是个封建皇帝的东西，孙中山是告诉世人汉人的天下夺回来了。你能说这是进步的吗？但是，为了推翻腐朽的封建帝制，他必须找到一个理论来号召民众，当时最能刺激人的或者说是最能煽动人革命情绪的就是排满，因为这个以满族为轴心的封建王朝已经腐败透顶了，已经声名狼藉了。所以，我们要两面地来看这个问题。

另外，今天评价秋瑾、陈天华、邹容等这些仁人志士，他们虽然都有历史的局限，但他们的死，无不是为了中华民族能够直着腰杆屹立于世界民族之林，使我们的祖国不再遭受屈辱、任人宰割，他们能有这么一腔热血救国救民，这一点就足够了。而且，他们死的方式都非常特别，他们认为，只有这样才越能唤醒民众麻木的心。他们死的方式太特别了，秋瑾是清王朝200多年间唯一一个女犯在男犯刑场被执行的人，清律当中女人是不砍头的，女人的刑场有一个专门的地方。但是秋瑾破例了，她像男人一样，在男人的刑场被砍了头。现在，秋瑾被砍头的那个地方，是绍兴的繁华都市，我去那个地方，站在那里，眼前一片繁华，对面就是肯德基，我当时就想，今天已没有什么人还能知道曾经有这样一个志士在这里从容地洒尽自己的鲜血。

我说一个题外话。我们这个国家很大，高楼大厦太多，纪念碑太少。我也去过一些国家，我认为心灵健康的国家和民族，无一不是把历史上的那些点点滴滴、那些值得拿得出手的闪光东西给放大了。而我们呢？为了写《1911》这本书，我要非常困难地寻找他们的遗迹。有时候非常著名的人物就淹没在荒草之中，我要不扒拉他们是出不来的。当快速致富成了"现代化"这个词的唯一解释的时候，民族精神质量的滑坡不可避免，英雄主义、利他主义、集体主义、爱国主义这些东西统统让位了，让位于个人主义、消费主义，就连我们的审美现在都软化了，我们现在很多人过的日子没有硬度。前一段时间，我在电视台做节目，有一个年轻漂亮的主持人问我，说王老师再问你一个

问题,有人说黄继光是假的,你作何评论?我沉默了很久,导致节目停了。我说把你们台长叫过来,你也别走,咱们三人坐在这儿好好讨论这个问题。我说黄继光是真的,不仅是真的,而且还活在我心里边。我有三个理由:第一个理由,42年前,我作为一个青年第一次穿上军装,有幸是黄继光所在部队的一员,我终生为此自豪,他是我的军中前辈。现在,黄继光所在部队的这个连队,每天早上值班排长点名的时候,依旧喊黄继光的名字,他是我军战斗力的一个支柱,一个军队没有这个精神,民族在危亡的时候谁上去?我们指望这个活着呢。第二个理由,我说我写过一本书叫《朝鲜战争》,我尽可能多地了解了我们这位军中前辈为什么能够为了祖国粉身碎骨。第三,为了更详细地了解这个前辈,我尽可能多地采访了他的上级、下级、亲人,包括把他残破的遗体从山上抱下来的那个女卫生员。我说,这些都是真的,孩子,你说你的道理。这个主持人说,哎呀,王老师,您不要生气,我们说着玩儿呢。我说孩子,有一句话不知道当说不当说,我不反对娱乐至上,但是,什么都可以娱乐,祖宗不能娱乐,不然这个民族没法解释,我们不老说可持续发展嘛,靠什么可持续发展?一个民族、一个社会靠什么往前推进?不是仅仅靠GDP数字,不要老纠缠在那里边,好好正视一下我们的精神质量,不然的话民族发展的后劲从何而来?说到这个问题,我就想到了在写《朝鲜战争》的时候,北京发生过这么一件事。一个日本记者到北京的一个大学采访,问我们大学生一个问题。问题非常简单,说你们知道邱少云吗?绝大部分同学说不知道。不要怪他们不知道,因为我们不提他了嘛,孩子们不知道是正常的,确实不知道。但是有一个知道的孩子站起来说了这么一句话:我们都知道那个傻帽儿,不是烧死了嘛。这个日本记者回国写了一篇报道,文章的题目叫《堕落的支那人》。我是深感耻辱的。尤其是日本人,他绝不可能想象一个心灵健康的民族的后代这样对待前辈。近代以来,日本人看不起我们,日本人对我们的民族有很大的伤害,现在我们不能继续让他们看不起。因此,我们要像仰望高山一样仰望辛亥时期那些流血牺牲的仁人志士。无论今天物质发展到什么程度，无论中华民族一代一代怎样接续下去，他们都是我们这个民族发展的精神支柱。我们不识字的父母都可以从房梁上拿出一卷子的纸，告诉孩子，我们老王家、老李家爷爷的爷爷的爷爷是从哪儿来的，父母想让我们知道族谱。一个人活着，得知道从何而来才能活得踏实，不然是从天上掉下来的？一个民族、一个人，需不需要建立一部精神图谱呢？如果没有精神图谱的话，这个民族、这个个人，你的精神从哪儿接续呢？为什么要否定我们的历史呢？现在拿黄继光开玩笑的段子还少么？我百思不得其解，他是为我们而死的，为今天的中国而死的。

在最后结束的时候，我想留一点时间特别讲一点，在《1901》和《1911》这两本书当中，我都提出了在中国历史的关键时刻，日本人对中国时局的认识。

一个是甲午战争的时候，北洋水师提督丁汝昌在自杀前，收到了日本海军司令伊东佑亨的一封信，我认为这封信值得百年后中国人细读。在那个历史的关键时刻，这个日本人认为，中国绝不能战胜日本的根本原因是墨守成规，拒绝变革。这位日本军人认为，近代日本之所以强大，是因为成功进行了国家的变革。两军交战他给你写这封信干什么？他是这样说的，凡天下事，当局者迷，旁观者清，清国海陆两军连战连败之因，苟能虚心平静以察之，不难立睹其之败之由（就是我们冷静下来不难分析你们失败的理由）。清国有今日之败者，固非君相一己之罪（失败的结果，怪不着皇上，也怪不着大臣），概因墨守常经，不按通变之所由致也（就是因为你这个国家拒绝变革）。他说大清帝国拒绝变革的标志是什么呢？夫取仕必有考试（那时候我们还没有废除科举），考试必有文艺，笔由文艺以相生挫（也就是说你文章写得很华丽就能升大官），文艺乃为显荣之阶梯尔。难道你这个国家不败吗？我们长期以来是拒绝自然科学的，诗写得好，对联写得好，你就是状元，就能当大官，这是一个。另外他还举到了什么

呢？举到了任人唯亲、改弦更张等。他说你哪能不败呢？这些关于体制变革的理论竟然出自日本的一介武夫之口，可见日本人对自己国家的崛起有多深的自豪感。同时，也确实应该让我们中国人平心静气地想一想，导致我们近代以来的屈辱的究竟是什么？这是一封信。

另一个是我在《1911》结尾的时候，也摘出了一封信。袁世凯死后，当时的日本首相叫大隈崇信，他写了一封致中国人的信，名为吊袁世凯，实为警告这个在暴力革命中刚刚诞生的中华民国。这封信我原原本本地收录到书里边去了，我想它值得大家读一读。日本首相认为，近代中国不能实现民族崛起的原因有三：第一，安乐主义；第二，文过饰非；第三，官场贪腐。他说的非常清楚。他说中国人有不可遏制的安乐主义，所谓的安乐主义就是堕落主义，官场之奢华，礼节之繁复，这些东西中国人做来毫无疲惫，干点儿正事干不了，干这个干得了，怎么舒服怎么来，所谓发明的所有东西都是为了舒服。"该安乐主义之流毒，不徒使百体废弛，精力萎靡，而贿赂公行，赋税苛暴，其害中于道德政事国家人民者，不可胜计。"国家的统治阶层皆贪腐，"人人以安乐为先务，于爱国爱民之念，悉皆其抛弃无遗"，这样的国家能够不乱吗？这是第一个。第二，他说了中国官场上的文过饰非，把文过饰非这种现象上升到了中国的国民性：中国国民性，又有好修饰文字之弊。袁氏（就是袁世凯）颁布命令，政令也好，军事命令也好，往往好用华美之文词，以古昔圣贤之格言奢陈为国为民的初衷，却是"重文字而轻实行"。日本首相认为，这是很丑陋的一种事，因为即使是滔天罪恶，也可以被虚假的文字掩盖而欺骗世人。但是，中国人见怪不怪。我举个例子吧，《辛丑条约》谈判的时候，庆亲王、李鸿章和八国联军代表在那儿谈判，最后外国人受不了了。为什么受不了？他上午不办公，说下午才办公。下午几点办公呢？4点钟办公。他说先坐那儿，什么都没谈呢，先喝茶，说今天喝的是雀舌，明天喝的是龙井，先论一番茶艺，已经是5点了。5点开始谈，没说两句话，开始吃饭了。这顿饭要吃4个小时，无数道菜，直至吃得外国人昏天黑地的，然后一天结束了。我看谈判员的笔记，说太可怕了，中国人的吃饭太可怕了。另外，就是文过饰非，给你发了个文件，你半天都不明白是什么意思，那上面全是对仗句式的引经据典。而那个日本首相说，中国先贤的经史记传，无非就是悦耳目娱心智，没有任何教化感化世道力量。他说中国人这是以虚饰的文字自欺欺人。如此之民族，"欲求存于世界竞争剧烈之场，不可得也"。最后，日本首相说，要近代中国统治阶层不奢侈虚饰，官吏不贪污腐败，全民尚节俭而罢奢华，崇尚诚朴而去掉矫饰，中国就能走向富强。这封信很长，我就不再念了。我们想一想，百年前这个日本人说的每一个问题，实际上至今都与中国的国民性是有关联的。现在，在中国社会生活的各个领域中，文过饰非还是一个大问题。

我最后说几句话，总结一下辛亥革命的历史启示：

第一，社会的任何变革都要符合国情。我欣赏现在的一句著名的话，叫做中国特色社会主义，我觉得非常好，这是我们党经历过无数挫折总结的经验，就是说，我们在这片土地上实行任何变革必须符合这块土地上的国情，世界上没有一个国家的变革经验是可以原封不动地拿过来用的，因为国情是不一样的。你能与美国人比吗？我老在说美国人想要个皇上上哪儿找去？它是一个移民国家，想君主立宪制都没办法。而日本变革的时候不实行君主立宪是不可能的，它的文化积存了几千年了。从这个角度上，严肃审视一下孙中山一开始打出的那个革命旗号，叫作美法式的共和体制，我认为是不合时宜的，中国当时没有实现这种共和立宪的可能性。后来共和立宪了，袁世凯当大总统了，更加民不聊生了。中华民国初期一直到1949年中华人民共和国成立前，这段时间是我们中华民族又一轮的苦难。袁大总统当了总统以后，这个国家是个宪政国家吗？它的腐败更加严重，它的专制更加严重，生产关系根本就没有改善，中国依旧是一个非常落后的农业国家，议员们在议会里吵了半天，他们的民主与普通的农民有什么关系？农民哪知道你议员是干什么的。中国到底要走什么样的道路？尤

辛亥革命的历史启示

其是"一战"时期，中国向欧洲战场输出了多少人？十几万。死了多少人？最后的结果是什么？我们是战胜国，换来的却是丧权辱国，胶东半岛利益全没了。

那么救民救国的真正道理是什么？真正的出路是什么？是马克思主义，这个主义促成了1921年中国共产党的成立。中国共产党自成立的那天起，就秉承了一个原则，我们肯定在精神线索上是继承辛亥革命的。但是，我们党的几大法宝，土地革命、密切联系群众、武装暴动，这是救国救民。所以说，中国共产党的成功是符合了当时的历史发展趋势的，所以才成功了。我上次讲解放战争，我说解放战争军事上可以忽略不讲，解放战争的奇迹在于政治。1945年日本投降之后，国民党政权达到了执政的顶峰，处于它最辉煌的时候，没有人怀疑国民党作为执政大党的地位，也没有人怀疑蒋介石是一个东方大国的元首。那一年他的头像登上了《时代周刊》的封面。可是，为什么两年半之后这个政权就没了？这在军事上解释得通吗？就因为我们中国共产党从诞生那天起符合了历史发展规律，至少顺从了历史发展规律，发动群众，紧紧依靠群众，走土地革命的道路，中国革命才成功了。所以如果不熟悉近代史，你就理解不了我们的中共党史。

辛亥革命第二个启示是中国近代资产阶级革命不具备民众基础。这个我就不详细说了。你革命成功也好，不成功也好，你皇上倒了也好，不倒也好，你君主立宪也好，你共和立宪也好，与老百姓的实际生活有什么关系？这就是辛亥革命虽然推翻了帝制，却并没有让中国真正走向民主共和的原因之一。

第三，也是我的结束语，回顾历史，我们要明白一个道理，就是我们作为一个人，无论是对个人生活的打理，还是我们所承担的公务员的工作，都要求我们对这块土地有深深的情感，爱这片土地，爱这个国家，爱这个民族，敬仰我们民族历史上的那些仁人志士，他们都是我们的精神营养的源泉。我们学习他们、读历史、阅读书籍，实际上是为了让自己快乐起来。现在有个词叫"郁闷"，年轻人经常说，哎呀，我很郁闷呢。什么叫郁闷？不快乐，你是没吃了没喝了？不，什么都有，就是不快乐。在当代生活中快乐是奢侈品，怎么才能使自己快乐起来？我想就是让我们的民族精神和我们阅读中取得的这些人文精神来滋养我们的心灵，使我们更宽容一些，更坚强一些。另外，树立起我们的责任感，当今中国改革开放到了最关键的历史时刻，我们每个人都需要保持清醒并愿意为民族进步来承担一份责任，这对于我们来讲至关重要。

在这一点上，我虽然年纪稍微大了一点，但是我也愿意和大家一起为我们的民族进步贡献自己的一点力量。

在此与大家共勉，谢谢大家。

王树年：

感谢王树增将军的精彩演讲。洞悉历史发展的大事，追寻前辈们的绚丽梦想，体会那些改变了一个国家命运的人的伟大思想和人格魅力，从而给予我们当代人推动时代进步的力量，坚定中华民族伟大复兴的壮美理想，这是王树增将军写作《1911》这本书的动力源泉，也是我们举行今天这次讲座的目的所在。

好，下面我们进入互动环节，请大家提问，跟王树增将军作一个交流。

提问1：

您认为辛亥革命对我国正在推进的改革有什么启示？这些启示对解决当前存在的社会矛盾有什么指导意义？

王树增：

我想改革是多方面的，政治、经济、文化、体制，多方面的改革，不可能是单独一个改革获得成功，它必然是连在一起的。我想辛亥革命作为一个巨大的变革运动，至少能给我们从历史的角度提个

醒，也是刚才我重复过的。

第一，绝不能后退，后退没有出路。不管前边有多少艰难险阻，历史证明后退是会自取灭亡的。辛亥革命有这样的现象，不要说后退，连迟疑都不行。所以说，我坚定地抱着一个观点，人生和社会发展的道理是一样的，绝对是逆水行舟。我们老说什么叫英雄主义？我说英雄主义就是把人生看作战场，你不是想上战场嘛，你不拼一把叫什么英雄主义。我想变革也是这样，社会进步也是这样。说实在的，我还是强调这一点，回顾一下30多年的改革进程，我们才会知道这场改革的意义是多么的伟大，绝对是惊天动地的大事，我觉得在世界变革史上当代中国的变革简直是不得了的。现在我们面临一个新的问题，中央老在说深化改革，什么叫深化改革？我们有很多东西还必须得变，不是说可变可不变，必须得变。那么怎么个变法？不要迟疑。

第二，我还要再强调一点，就是不要受忽悠，一定要稳固地扎在本土的文化上。站在本土之外的立场来讲改革是奢谈，每个民族的文化完全不一样，国情都是不一样的。世界上哪有十全十美的东西。我有一个观点，现在我们的智力所能达到的对人类生活的政治模式和经济模式的设计，无论哪一种设计都有它的合理性和不合理性，这就是唯物主义说的人类文明发展史是否定的历史。我们现在动不动就把哪一种宪政体制说成一朵花，至少我没看见哪一朵是花。在西方国家，很多国家之所以采取某种模式，是有它的政治土壤的。我们应该是什么模式，谁来探索它？就看我们中国共产党人的智慧、胆识，考验我们的聪明才智了，"找出一条中国特色的社会主义道路"，我非常欣赏这一句话，使我们国家、民族稳定富强，走向真正的民族复兴。我觉得这是读史能够给我们的历史启迪。

谢谢。

提问2：

您刚才说辛亥革命是中国近代史上一次重要的资产阶级革命，也分析了封建清廷、立宪派、资产阶级革命派在革命中的作用。群众是推动历史前进的动力，您觉得在这场革命中还有哪种力量是推动历史向前发展的？

王树增：

我刚才说过，辛亥革命是一个没有群众基础的革命，它与西方意义上的资产阶级革命完全是两个性质。虽然我们也说它是资产阶级革命，但是不能与欧洲的资产阶级革命相提并论。

我刚才说过，辛亥革命没有触及当时中国广大民众的根本利益。我们是个农业国家，最大的问题是农民，是土地问题。当今中国主要的社会矛盾还是土地问题。在辛亥革命的时候，即使孙中山提出的平均地权，实际上其内容也与农民没有关系，平均地权的真实意义是资本主义体制下的地租问题，城市地租问题，与这个国家广大的农民没有任何关系。革命派之所以不能够成功，屡战屡败，就是没有群众基础。孙中山为什么整天到处筹款，因为他组织暴动是需要发工资的，他招募的都是些会党成员，说白了也就是土匪。你发给我枪，今天攻打这个楼去，干一天有一天的工资。像广州起义，打到半截没钱了，他们就不打了。依靠会党是处于少儿状态、心智不成熟的中国近代资产阶级非常幼稚的一种做法。我不知道他们从哪儿学来的，西方的资产阶级革命不是这个样子，法国攻打巴士底狱的主力根本不是这些人。所以，由于中国资产阶级的不成熟，还没有到状态就想拔剑出游、横行天下，后果是可想而知的。

我在书里有一句话，中国农民只注意一件事，就是天下雨了没，只要天下雨，地里能长出庄稼来，这就是好年景。至于说皇上是谁，叫皇上还是叫总统或总理，国家叫帝国还是叫共和国，这些与他什么关系都没有。从清以来就是这样。清王朝有它的优越性，清政府是官吏最少的，就是官民比例是最悬殊的。相当一部分大清王朝的子民，一辈子都没见过县官。清王朝的官特别少，民是庞大的，靠什么统治？第一是皇权和宗教；第二靠乡约和族长。所以老百姓说，皇上得

什么病了，谁下台了，谁上台了，谁要杀谁了，与我没关系。宋教仁死的真是冤枉，他幻想的是政党政治，最后被人家暗杀了，他倒下了，只不过在历史上留下了一个深刻的教训，宋教仁是一个政治斗士。但是从一个中国民众的角度出发，他是干吗的？和我有什么关系？天下雨了，老娘就不会饿死，老婆就不会面带菜色，天3个月不下雨老娘就够呛，就这么简单。

我更感兴趣的是我在《解放战争》中说的一个重要的主题，现在流行"精英"二字，什么财富精英、房产精英、甚至政治精英，我说没到关键时刻，关键时刻你就暴露了嘴脸，你在我心目中根本不是英雄。天安门广场的纪念碑碑文前面有个前缀词，叫"人民英雄"，为人民的利益舍生忘死，为了本民族的利益、为了集体的利益去奉献，这在我们心目中是英雄好汉，哪怕他没有留下名字，在我们心目中也是一个丰碑。因此，在这个意义上讲，我更想说，不管孙中山怎样，你贬低不了他，他是个高山。但是他有历史局限。我们共产党人就是汲取了他的历史局限的教训。因此，脱离群众是最大的危险。实际上就是这个道理。

谢谢。

提问3：

您刚才说没有什么是可以一成不变的，历史是在不断发展进步的。经济学家奥根德·希斯预测说20年后美国的霸主地位将交给中国，您对这个观点怎么看？

王树增：

20年以后中国什么样，我也不知道。我说未来是不可知的，并不是说我是一个虚无主义者。我反对的是什么呢？是把真理固态化。我们在寻求历史发展规律的时候，必须时时刻刻修正自己。这和开车、开飞机是一样的道理。我当过空军，在空中你要不停地修正，电脑输进去的数据也要修正，因为风向在变化，甚至地球的磁场每时每刻都在变化,你还得修正呀。我们认识世界还不是这个道理嘛。

当然了,我不同意刚才你说的,20年以后我们中国要怎么怎么着,取代美国怎么怎么着。这是一个鼓舞人心的口号,这是一个憧憬,没有幻想哪有快乐,我们尽可能幻想去,我不反对幻想。我想这个幻想是大家都有的。方法就是个公约数,是个幻想成分的东西。如果说中国能平稳地在各个领域进行改革,保持这种稳定状态,不出现很多国家那种大乱子,一点一点往前走,不要往后退,我想用不了20年。改革开放30多年,我们就取得了今天的成就。我想如果说积极进行改革的话,不用20年,凭借中国人的聪明才智一定可以实现。这是我们的一个憧憬,我和你一样都对民族有这样的憧憬,就跟女孩子每天想着明天是不是能碰个白马王子一样,我祝愿你碰上。

谢谢。

王树年:

由于时间关系,互动就到此结束。这个论坛进行到最后,我忽然想起了中国经济体制改革研究会会长、东北办原副主任宋晓梧同志在去年纪念辛亥革命百年和建党九十周年时候写的一副对联,权作这次论坛的结束语吧,上联是"变古通今,废帝制倡民权,启千年未有格局,一世纪",下联是"开天辟地,铸共和兴华夏,行百里卓越征程,半九十"。

我们感谢王树增将军的精彩演讲,也感谢各位嘉宾的积极参与,论坛到此结束,谢谢大家。

国家发展改革委青年读书论坛（第二十一期）

小说与国民性

（现场录音整理，未经本人审阅）

2012 年 5 月 26 日

主　讲　人：刘震云（著名作家）
主　持　人：赵辰昕（国家发展改革委机关党委副书记）
推荐书目：《一句顶一万句》

刘震云

　　河南新乡延津人。中国作家协会全国委员会委员，国家一级作家，中国人民大学文学院教授。1973年参加中国人民解放军，1978年复员并考入北京大学中文系，1982年毕业到《农民日报》工作。被称作新写实小说的主力作家。长篇小说《一句顶一万句》获得第八届茅盾文学奖。

赵辰昕：

各位领导、各位同志、各位朋友，大家上午好！欢迎大家来参加国家发展改革委第二十一期青年读书论坛。这期论坛特别有纪念意义，有两个原因：第一，我们的论坛从 2010 年 6 月创办，到这期刚好两年，一个活动能坚持两年不容易；第二，有个重大的好消息向大家宣布，"五一"放假前我们刚刚得知，在中央国家机关工委和《人民日报》联合举办的中央国家机关十大学习品牌的评选活动当中，我们的论坛经过三轮竞争，得分是第一名，被评选为中央国家机关十大学习品牌之一！论坛能够坚持两年的时间，取得这样的成绩，和在座各位以及历期参加活动的朋友的关心、支持和呵护是密不可分的，所以在这里我代表论坛的主办方对大家表示衷心的感谢！

论坛能够取得成功，跟委领导的支持更是密不可分。委党组副书记、副主任朱之鑫同志非常关心我们的论坛，百忙当中几次抽时间参加。今天再一次来到我们的会场，让我们掌声欢迎朱主任，感谢朱主任的关心。

今天，来参加论坛的不仅有委内各个司局、各个委属单位的同志和朋友，我们还邀请了中央国家机关青联以及兄弟部委，还有北京市发展改革委的一部分朋友，让我们对他们的到来也表示欢迎。这是我们一贯坚持的做法。我们想通过这种做法和兄弟部委以及各个领域加强沟通加强联系，让大家从多个侧面更多地了解国家发展改革委。

另外，大家可能看到桌上有的人面前有书，这也是我们一贯坚持的做法。每 4 个人发一本书，不是钱不够，而是一种理念，一定要大家一块儿读，边读边交流。4 个人一本书，把名字和手机写上，每个人读一个星期，传给下一位同志，正好论坛中间间隔一个月，4 个人

图1　国家发展改革委党组副书记、副主任朱之鑫在第二十一期青年读书论坛现场。

读刚好能读完,以此促进我们委内同志之间的交流和熟悉。读完之后,互相交流一下看法,这样我们论坛的目的就达到了。

言归正传,今天我们很荣幸请到了著名作家刘震云。大家都是慕名而来。他的作品一部比一部轰动,从《塔铺》到《手机》、《一地鸡毛》、《我叫刘跃进》等,还有"故乡系列"。他的《一句顶一万句》被评论界认为是非常成熟的一部作品。这部作品在半年前刚刚获得了第八届茅盾文学奖。我看过他的书和电视访谈,我认为他是一个非常朴实、非常本真的人,即使有再多的名气,他也并不太在乎,他仍然是每天坚持跑5000米,有几个小时写作,按部就班地生活,他就是这样一个朴实和本真的人。在这样的人面前,我如果介绍他很多名头,没有什么意义。我只是想用我自己的方式介绍一句,这是一位著名的作家,一位在我们读者心中非常有分量、有地位的作家,一位常常让我们内心感动的作家,一位能让我们随他哭、随他笑的作家,一位用他的笔、用他的心赢得读者内心尊重和敬重的作家。我相信，在座的各位如果用心看过刘震云的作品，一定和我有同感。

我还想说对刘震云印象非常深的一点，他曾经说，读小说像两个人在灯下谈心。按他这种说法，我跟他在灯下谈心已经很多次很久了。谈着谈着我感觉他好像是我的老朋友。老朋友见面应该是很激动的，但是我忽略了一点，我没写过小说，他没跟我在灯下谈过心，今天一见面才知道，他根本不认识我。感谢今天这样一个机会，让我们能够面对面地和刘震云相互认识，能够面对面地听他和我们谈谈心。下面我们就以掌声欢迎刘震云和我们谈谈心。

刘震云：

朱主任，各位领导，大家好。很高兴来到国家发展和改革委员会。一到门口，看到这个牌子我很激动，虽然发展改革委每天在做什么，我不甚了然，但顾名思义，"发展"、"改革"肯定是考虑我们这个民族的未来，凡是考虑我们民族未来的人、机构都是最值得尊敬的。因为我身边的朋友深切地感受到考虑未来的人不多。朋友共事，考虑朋友、考虑自己，能超过5年的人凤毛麟角。

我知道我们修马路，前一年修，第二年肯定再凿开看一看，我想肯定是在第一年施工的时候落了什么宝贝。我们建的桥发生坍塌，据说这个桥修建不超过20年。我还从新闻报道看到，长江大坝应该是钢筋的地方，里边是柳条。我知道巴黎的下水道还是19世纪修建的。我是个农村人，我知道中国的农村目前被垃圾包围着，没有人考虑目前我们留下的东西明年该怎么办，或者10年以后、100年以后该怎么办。远见对于我们这个民族，不管是政治家、经济学家、资本家、农民，还是我的亲朋好友，都如大旱之望云霓。所以我来到这儿，一看到有专门负责我们民族未来的一个机构和朱主任，心情非常的激动。

近20年来，我们两任总理在记者招待会上说的话，前十年是朱总理，他曾经说过"前边是地雷阵"。前不久，温总理在记者招待会

上又说"政令不出中南海"。我觉得我们民族的前途、未来非常光明,但是又不容乐观。所以就拜托朱主任和各位了。

一、对小说国民性的阐释

今天的题目是《小说与国民性》。国民性分两个层面,一个是国性,一个是民性,国民性就是国性和民性的结合产生出的第三种化合物。这种化合物渗透在每一个人的血液里,以及他的举止行为和思考方式里。我觉得国性和民性也是我们发展改革委应该认真研究的,因为如果不知道国性和民性,我觉得经济的发展一定会走弯路。

国性是什么?我没有作过特别深的研究。前不久,我回老家,我的一个舅舅在上个世纪的50年代到70年代一直当村支部书记,现在70多岁了。他一生崇拜的人物是毛泽东。他说我也知道现在生活比上个世纪五六十年代好,但是我怎么觉得我们那茬儿干部和现在的干部就不一样。最大的不同是什么呢?我们生活好了,但是我们的干部吃

图2 第二十一期青年读书论坛现场

的比过去更好了。他说他们那时候当干部,一个村支部书记就骑一个自行车,找县委书记是很容易的事。那时候县委书记中午和晚上都不喝醉,现在你去找他,中午和晚上都在喝醉。这是他的一些困惑。

国性,我不太知道。民性呢,说起来是一种人性。人性体现和渗透在我们日常生活中每一分、每一秒,影响着这个民族。我有时候到祖国的各地去,有一个深深的感受:为什么我的祖国这么脏?为什么我们到欧洲,到北美,包括到韩国,到日本,他们的土地和农村那么的干净?过去都说农村空气清新,现在农村的空气比城里还差。我觉得这一定是跟中国人的人性、生活习惯、思维习惯,从清朝以来的社会体制有关系。当然,人性在文学中的体现是最充分的。

我是一个作者,是一个书生。我觉得对于书生,《水浒传》里有一个人物概括得特准确:原来是个小学教师,最后给一伙儿杀人放火的强盗当军师,他的名字就叫吴用,手无缚鸡之力。但是,中国书生还是有一个传统,就是身无分文,心忧天下。我觉得中国最大的书生是孔子,是中国最富有远见的人之一。出孔子其右的人很少,孔子跟一个叫子贡的学生聊天,《论语》全是聊天。他说,你跟颜回比,谁更强一些?子贡复姓端木,名赐。端木赐说,颜回是个快乐的人,他有钱的时候快乐,没钱的时候也快乐;得到老师表扬的时候快乐,得到老师批评的时候也快乐。一箪食,一瓢饮,居陋巷,人不堪其忧,悔也不改其乐也。端木赐还说,我知道一个事之后能知道第二个事,闻一知二,而颜回能闻一知十,我怎么能望他的项背呢?所以我推荐颜回到我们发展改革委工作。

我从事文学有 30 年了,但不是祖传的。我妈不识字,我妈她妈更不识字。所以到我开始以文字为生,这个链条联系得非常的脆弱。我妈虽然不识字,但是她对文学,包括人性,还是有一些了解。"文化大革命"的时候,她在我们镇上卖过酱油。那个时候中国只有两个人的书可以读,一个是毛泽东,一个是鲁迅。酱油铺的旁边是一个书店,我妈卖酱油之余想学文化,就到书店抓了一本书,是鲁迅的书。

虽然我妈文化不高，但学文化的起点不低。所以，好多年后，当她知道自己的儿子从事的是和鲁迅一样的职业，就问我鲁迅在这个行当里算不算"大个儿"的。我说据我所知，鲁迅的个头儿不高，但是他写出的文章确实是中国作家里出类拔萃的。她说如果是这样的话，从事文学就非常的简单和容易。我说为什么呢？她说我读过鲁迅的书，我给你背一背啊，鲁迅，周树仁，浙江绍兴人，他两个名字对吧？我说对。她说她的书是这么写的，后院有两棵树，一棵是枣树，另一棵也是枣树。我妈说，亏我不识字，我要识字我也会写，供销社后院有两口缸，一缸是酱油，另一口缸也是酱油。她问我概括得准确吗？我说非常的准确。我说一棵树和另一棵树写得非常的有深意。我说妈，你是一缸是酱油，另一缸还是酱油。比鲁迅写的还深刻。

她问我文学是干什么的？我在北大中文系学习过4年，我用老师教给我的概念转述给我妈，说文学是为了表现生活。我妈说这个文学是不需要的，因为门外就是生活，要是为了表现生活，为什么还要看文学，直接去看生活就行了。我说对，我说4年北大白上了。我说还有好多伟大的理论家说文学是为了揭示生活。我妈又说，揭示生活还不如表现生活，要把生活揭示错了怎么办？她说我看过中央的文件，毛主席都把生活揭示错了，你们的才能难道能高过毛主席吗？我觉得我妈说的又是对的。我妈识字不多，看过两个人的书，一个是鲁迅的书，一个是刘震云的书。她还特别喜欢看电视剧，觉得迄今为止中国电视剧拍的最好的有两部，一部是老版的《红楼梦》，一部是《手机》。

最后我说，文学的作用可能不是为了表现生活，不是为了揭示生活，而是解决了其他任何学科、任何社会、任何制度没有解决的问题。因为世界上所有的人，无论是伟大的还是渺小的，最后的结局是一样的，就是死。孔子死了，康熙也死了。长生不老不但是秦始皇的想法，也是我们每个人的想法。在长生不老的情况下，留住青春也是我们每个人的想法。有时候我在电视上看，六十来岁的女演员往二十多岁里打扮，我特别理解，因为她代表了所有女性和所有人的想法，就是我能不能永远停留在青春的时光。但是唯有一点，你在家里打扮是可以原谅的，但是出门吓人就不对了。而在现实生活中谁都解决不了的问题，文学却能够解决。比如《红楼梦》，我们无论什么时候打开《红楼梦》，宝玉还是宝玉，黛玉还是黛玉，宝钗还是宝钗，晴雯还是晴雯，袭人还是袭人。他们不但活着，而且永远停留在十四五岁。黛玉爱使性子，心眼儿比较小，但是我们一定要考虑到，黛玉在贾府里边没有靠山，忧虑的也是现在每个人忧虑的，就是未来和明天。她没有父母，寄居在一个亲戚的家里。在清朝，女子的婚姻是最重要的大事，但是没有一个人在替她考虑。

小说中的人物活在现代，而且会永远地生活下去，这是他们超过了康熙和乾隆的地方，这就是文学的力量。文学能够把人的青春、生命在时间和空间上给固定下来，这就是文学存在的最主要的价值。

当我给我妈讲这个道理的时候，我妈马上听明白了，说那你能不能不写别人，开始写写我？当然，文学确实能够把生命和青春留到一定的时间和空间坐标上，但是比这个更重要的是，文学可能揭示出来现实生活和真实生活里没有揭示出来的东西。它是假的，所有的故事都是假的。但是，它比真的还要接近真实，不是以假乱真，而是把真逼到假的地步，来取代真，更接近这个世界上每一个人生命和灵魂的本质。所以，一个好的作者不但是一个好的故事的讲述者，他一定要具有比常人更深的远见。远见洞识是一个作者必备的首要素质，当然，也是从事各个行业必备的首要素质。

二、《红楼梦》与国民性

《红楼梦》的伟大之处不是把黛玉、宝玉、宝钗写得如此生动。而是曹雪芹利用《红楼梦》说出了几点特别的我们没有想到的哲学观念。他的理想人物是贾宝玉。贾宝玉是什么人？第一，他不爱读书；第二，他最爱干的事是跟女孩子在一起，跟女孩子在一起最爱干的事是吃女孩子脸上的胭脂。大家知道，在清朝，女孩子的胭脂涂在嘴唇

上。一个见一个女孩子 kiss 一个的人，是什么？如果现在有一个人，在三里河街上见一个 kiss 一个，我估计他很快到了三里河派出所了。如果一个孩子不愿意读书，愿意跟女孩子在一起，不要说放到清朝，就是放到现在，任何家长都会觉得这是一个坏孩子。但是，曹雪芹觉得他是他的理想人物。他提出了一个读书无用论的石破天惊般的理论。曹雪芹不相信知识的力量，不相信男性的力量，他相信女性的力量。他觉得女孩子都是水做的，男人都污浊不堪。他甚至相信世界上只有石头是干净的，贾府只有门口的两头石狮子是干净的。因此，贾宝玉衔玉而生，衔着一块石头。所以《红楼梦》还有一个名字，叫《石头记》。这种对人性、国性和文学的认识，在曹雪芹之前是没有过的，他颠覆了所有人对人、对自然，男人和女人，社会和生活的一些常识性的东西。另外，他还处理了比如像大和小、远和近、清洁和肮脏等的关系。

《红楼梦》是中国第一部以日常生活为描写对象的小说，但是曹雪芹从一块石头和一株草写起，这是大和小的关系，可见曹雪芹的胸怀是多么的广阔。一株草，因为长时间没有下雨，缺水。有一块石头从草面前路过，浇了点水，救活了这株草。接着这株草说出的话是，这辈子我是报答不了你了，我下辈子报答你。按照我们常人说的话，是下辈子做牛做马来报答。但这株草不是这么说的，它说下辈子我用眼泪来报答你。我觉得曹雪芹对眼泪的认识，对人性的认识，对这个民族和眼泪的关系作出了深刻的洞见。所以，当这块石头和这株草来到人间的时候，这株草一直在流泪，这就是林黛玉。

曹雪芹还相信女性的力量，但他相信的所有女性都不食人烟。金陵十二钗中，正钗和副钗都是从太虚幻境来的。他的意思很明确，清洁的东西、高尚的东西、柔性的东西是我们想象出来的。另外，在《红楼梦》里面洗澡最多的人是那块石头，贾宝玉，因为他要洗涤人间的污染。而且，他在怡红院洗澡的时候，会有很多丫鬟陪着他。因此，他洗澡的时候，侍女是否参与了洗澡，参与到什么程度，是红学家研究的一个特别重大的课题。

我觉得曹雪芹唯一一点不厚道的就是对刘姥姥，何况她也姓刘。我们农村人没见过自鸣钟，不知道鸽子蛋是怎么卤出来的，经过了多少道工序。但是，你不该用你的所知和有知来欺负我们，故意戏谑和奚落我们。我觉得曹雪芹这个人确实是贵族出身，跟我这个从村里出身的后代确实不一样。他嘲笑了劳动人民，这是唯一一点不对的，其他都是伟大的。所以有一次刘姥姥误闯大观园，又误闯怡红院，睡在了宝玉的床上，是一个特别重大的政治事件。所有怡红院的丫鬟吓坏了，赶紧打开窗户，赶紧熏香，凡是刘姥姥接触的地方，消毒剂重新喷了一遍，把被子都扔了。这就证明贾宝玉是世界上最干净的人。但是，这个最干净的人最后去哪儿了呢？被世界上两个最脏的人给架走了：一个是秃头的和尚，一个是跛脚的道士。这两个人的日常工作，并不是念经说佛，而是在太阳底下闷虱子。这两个最脏的人把一个最干净的人架走了，架哪儿去了？架到世界上最干净的地方去了。这就是《红楼梦》。

三、《水浒传》与国民性

《水浒传》也是一部非常伟大的作品。首先是它的文学结构，没有一部作品能在 10 万字里写出 108 个主人公。可别人办不到的事，施耐庵却办到了。比这个更重要的是，他对宋朝，对中国社会有独特的认识。在《水浒传》之前，没有一部作品是把杀人放火的强盗作为理想中的英雄歌颂。梁山泊里都是一些什么人？都是在逃犯，都是公安部应该通缉的人。而且在梁山泊还有一个规矩，想投奔梁山泊，就必须杀过人。你说你杀过，我不信，先拿个投名状来，下山随便找个人杀了，这个人是干什么的，从哪儿来到哪儿去，家里的父老子女全不管。他们是一帮这种人。但是施耐庵觉得这是他理想中的一群豪杰、一帮英雄。为什么？一个社会黑暗到什么地步，才能把这种随便杀人的人当成英雄呢？施耐庵在写孙二娘开的人肉包子铺时，从黑店

里边看不到一丝的阴暗和忧郁，是阳光和欢乐。有时候也误杀。一个朋友过来，已经麻翻了，弄到案子上，牛肉尖刀正要划到肚子上，突然一看，这不是那谁嘛，刘震云嘛，朋友啊。接着用个醒药灌醒，大家又坐到一起喝酒，笑语欢声。这是施耐庵对宋朝和梁山泊的认识。

　　《水浒传》里写得最好的人物是林冲。施耐庵说林冲一辈子犯了两个错误：一是找了一个漂亮的女子当老婆，这是他逼上梁山的根由。二是他的手艺，八十万禁军教头，杀人的手艺比别人好，所以他上梁山泊时王伦要把他逼下梁山。这两点都发生在了林冲的身上。在林冲这个人物身上，施耐庵解释了权势，解释了朋友，解释了爱情，解释了逼上梁山。本来他的生活非常富裕，非常尊贵，非常悠闲。因为跟娘子结婚好长时间，一直有不孕症，所以带老婆去月庙进香。林冲是一个特别喜欢自己职业的人，路过菜园子，看到一个胖大的和尚舞禅杖，一禅杖下去，一棵槐树就倒了，好手段。从身份上来讲，鲁智深和林冲有天壤之别。鲁智深只是延安府小种经略相公帐前的一个提辖，相当于连级干部或者营级干部，而林冲是东京国家首都的八十万禁军教头。何况鲁智深是一个杀人犯，现在变成了一个和尚。但是，两人就是在共同的喜好上相通了。接着他跟老婆说，你带着侍女锦儿去烧香，生不生孩子是小，我看这个手艺是大。他就跟鲁智深跳过墙论手艺。俩人越论越说得来，就从手艺说到了人生，说到了江湖，满腹的心事，越说越多。林冲遇到了自己聊得来的人。一个八十万禁军教头在东京就没说得着的人吗？怎么跟一个胖大和尚就聊得来呢？正是因为这个，他的老婆被高俅的干儿子调戏了。那个时候也是个拼爹的年代啊。所以锦儿就赶紧说，官人你还在这里坐地，坐地就是坐而论道，娘子都被人调戏了。林冲说，那怎么可能，在东京谁敢调戏我的老婆，何况她患有不孕症。到了月庙，确实有一帮小流氓围着娘子。林冲举起拳头就打，只要一拳头下去，这人就没了。但是，施耐庵写的特别好：拳到了半空中，手自软了。自己的手软了，一看这个人是高俅的干儿子。误会，大水冲了龙王庙。什么叫误会呢？都是有权势的人。离开月庙,林冲问他娘子,不曾被那厮玷污吧?他老婆说,还未曾,要再晚一会儿还真难说。

之后林冲就在家里闷闷不乐。真是不到东京不知道自己官小,八十万禁军教头,老婆受了这等嫌气。正闷闷不乐,同学来了,也是北大的。两人在家里坐地,论什么呢?满腹本事,满腹烦闷。他同学叫陆谦,说不要紧,出去喝酒去,就带着林冲出去喝酒去了。正喝酒期间,丫鬟又来了,说官人你又在这儿坐地,你娘子又被人调戏了。他说不对呀,娘子在家里边好好放着呢,怎么又被人调戏了呢?原来是这个同学把林冲骗走,又把他老婆骗到自己家里,让高衙内去。《水浒传》看到这儿,我对"同学"这两个字充满了想法。林冲三步并作两步,到了陆谦家,上了二楼。八十万禁军教头如果想打坏一扇门,一脚给踹开一点问题没有。但林冲却在门外喊:大嫂开门。他老婆在屋里边被高衙内按在了床上,怎么可能起来开门。他是说给高衙内听的,别双方见面弄得不好意思。高衙内就逃了。这个时候等大嫂一边系自己的衣服,一边打开门。林冲领着老婆往家走的路上,又问了一句话:不曾被那厮玷污吧?他老婆的回答是还未曾。接着,更有权势的人就利用了林冲喜欢自己职业的优点,拿来了一把刀。英雄见了刀,就和见了美人一样喜欢,但林冲见了刀比见了美人还喜欢,因为他喜欢自己的职业。买了这把刀之后,就误入了白虎节堂。林冲临上路的时候,作了一个特别伟大的决断,把自己的"老泰山"和自己的老婆叫到了一个酒馆里,他说:离婚吧!这个时候林冲已经承认自己是世界上最无能的人,八十万禁军教头连老婆都保护不了,还能保护我们国家和黄岩岛么?我不相信。他老婆说:不跟你说过两回了吗,还未曾啊!林冲的意思是,既然还未曾,是不是能曾一回?我跟你离婚,娘子你嫁个好人家。世界上再没有像他这么窝囊的人了,两次老婆被人调戏。接着发配沧州,从汴梁步行走到河北沧州,得一段路程。最后写了休书,离婚了。

到现在,林冲以为自己平安了,已经离婚了,你要这个美女,美

女给你了，我又成了一个犯人，到沧州去服刑。还不行。两个公差，说林教头好朋友啊，知道你受冤枉了，晚上给你洗个脚，按摩按摩。林冲说这哪当得起，我现在都这样了，就别叫我教头了，叫老林吧，都是朋友。洗脚水是热水，但是是滚开的水，洗完后两个脚都是泡。第二天，自己的鞋呢？鞋早扔了，一双新鞋送给你，朋友，新的草鞋。穿着这个新的草鞋又上路了。走到了野猪林。两个差使说，明年是你死一周年的纪念日。如果这个时候林冲想反抗，一个八十万禁军教头打两个公差，完全不是问题。但是他被绑在松树上等死。这个时候一个朋友把他救了，这个朋友就是鲁智深。他救林冲的目的不一定是为了林冲，也可能是为了自己：我在这个世界上就和一个人聊得来，为什么还要把他给杀了？鲁智深把林冲送到了沧州。接着又去草料场。

  这会儿林冲以为自己终于平安了。他遇到了一对小夫妻，在沧州开小饭馆，他曾经在东京帮过这个人，这个人流落到沧州，老板的女儿嫁给他，继承了老板的小饭店，也就三五张桌子，卖个馄饨、饺子、猪头肉。他闲来无事的时候就去这对小夫妻家。小夫妻是劳动人民，特别讲仁义。我觉得这一点上，施耐庵比曹雪芹好多了。对方管一个犯人叫大人。说，衣服脏了，浑家给洗，就是指自己的老婆。冬天，衣服该换了，重新套套棉花。没事儿你就来这儿喝两杯，当自家的酒店。所以，林冲没事儿就爱到小夫妻的店里来。他感到了一丝阳光和人间的温暖，准备和这两个小夫妻在沧州生活下去，直到终老。可他没想到，草料场着火了。亏林冲还有一个癖好，爱喝酒。看来爱喝酒不一定是坏事。当他到山神庙的时候，看到那个草场噼噼啪啪，风助火势，火助风势，草料场没了。林冲正琢磨这可不好跟上头交代，这时候来了几个人，到山神庙面前避歇。一人手里拿一把朴刀。是什么人呢？自己的同学陆谦。几个人看着，说这火烧的，林冲是活不成了，就是没把他烧死，光这个草料场的罪名也能把他给处斩。手下说，陆大人您放心吧。但是陆大人仍不放心，他说再等等，等火灭了,捡两块骨指拿回去让太尉高兴。这是同学说出来的话。

这个时候,林冲知道了一个真理,自己要想活,就必须有人死。这就叫逼上梁山,正常的活是活不下去的,必须杀人。当八十万禁军教头林冲意识到这一点之后,敌人的鲜血像梅花一样在雪地里开放,所有人全死了。这时林冲内心已对这个世界绝望,上了梁山。没想到到了梁山之后,以王伦为首的梁山泊这帮人,跟东京没有任何区别。因为林冲手艺比别人好的优点,王伦一盘银子端给了他,说你得走啊,这个地方水太浅了,养不了你这么大的王八,下山去吧。林冲说我没有路可走了,东京得罪了,主流社会得罪了,江湖再不收我,我往哪里去?这个时候,王伦说,想留下也行,没见你杀过人啊,去拿个投名状来。林冲就带了一个小喽啰,到山下等人。主流社会和朝野把林冲逼的毫无是非感,虽然他觉悟了,杀人了,但是他失去了是非判断的标准。他想在山底下为了自己加入强盗的团伙杀一个无辜的人,等了一天,一个人都没有。林冲说了一句,我好晦气。这话说的就毫无是非感啊。好不容易来了一个,小喽啰好兴奋,同情林冲,说林教头,来了。林冲拔刀上去就追赶。但是那人可能是个长跑运动员,每天跟我一样跑5000米,跑了。林冲回来跟小喽啰说,你看,我好晦气吧?小喽啰说,教头,不要着急,大王给你的期限还有一天呢。林冲跟小喽啰回来,王伦见到他,冷嘲热讽地说,没得手吧?林冲一句话没有,低下头来。王伦说,如果明天再没有投名状,你也只好走人了。第二天,林冲就遇到了青面兽杨志。杨志也是好手段,俩人斗了半天,王伦不愧是个政治家,说二位好汉别斗了,都留下。留两个武艺好的,王伦不怕,怕的是有一个武艺好的。然后杨志说,我目前还相信主流社会,这担银是给主流社会进行打点的。我是杨令公的后代,怎么能够轻易落草呢?就这样,林冲坐了第五把交椅。他去送杨志的时候,说你到东京去,抽时间看看我岳父和我娘子还在不在了。这是送到水浒边要开船的时候,林冲说的一句话。

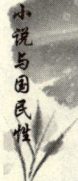

四、《西游记》与国民性

我在上大学的时候，没有读懂《西游记》。因为我觉得《西游记》的艺术成就不高，它不断地在重复。都是唐僧领着几个徒弟到一座山上，遇到了一帮妖怪。接着孙悟空把他们打败了，又往前走，一直到西天取经。但是40岁的时候，我读懂了，我觉得它非常了不起。了不起之处就在重复。

首先，吴承恩在讲英雄从哪里来。他的理想人物孙悟空破坏了所有天庭、佛界、人间的清规戒律。孙悟空一个最大的特点是什么？从玉皇老儿到菩萨，他都敢跳到桌子上叫嚷。这就是吴承恩的理想人物。他从哪儿来？是从石头缝里蹦出来的，也就是说在人间没有这种人物。可他又想见这种人物，在哪里能见到呢？就在《西游记》。像曹雪芹和罗贯中一样，他伟大的地方在于把真实逼到了角落，把理想人物栩栩如生地摆到了我们面前。

吴承恩在《西游记》里还讲到了领导的艺术。师傅带3个徒弟往西天走，到一个地方，唐僧就说，沙僧，喂下马，八戒，去弄点吃的。这说的都是现实的事。悟空，前边探探路。这说的是未来的事。就是说他把未来交给了悟空。我说给朱主任再推荐一个可以到发展改革委上班的，就是孙悟空。3个徒弟转头问唐僧，我们仨都去工作了，你干嘛？他说我歇会儿。我觉得这是最好的领导。这个师傅在几个徒弟里面是最窝囊的人。喂马的去遛马去了，搞吃的到旁边化斋去了，探路的往前走了，剩一师父在这儿是不安全的。部下就给领导画了一个圈，别出这圈。我们都见领导在文件上画圈，哪见部下给领导画圈的啊。因为只要一出圈，一定有妖怪过来要吃他。但他为什么成为3个有本事的人的师傅呢？我觉得这是一个重大的哲学命题。在往西天每天的行进中，看不出师傅的作用，看到的都是一个累赘。唯一在出现走还是不走、走什么样的道路、举什么样的旗帜、还去不去西天的时候，比如遇到重大困难，八戒首先是说我不干了，回高老庄去了；

沙僧说二哥要回，那我就回流沙河呗；悟空说那行，那我去花果山。唯有一个人，说就算你们仨都走了，我也要一个人到达西天。其他3个要走的人，没有妖怪吃他们，一个那么多妖怪要吃的人，自己要走到西天去，我觉得这是唐僧最伟大的地方。在别人不相信的时候，他是相信的；在别人不相信西天的时候，他是相信的。我觉得这是他成为3个人领导和师傅的最重要的根源。当然，比这个更重要的是，为什么老有妖怪来吃唐僧？这些妖怪是哪儿来的？原来我把这事给忽略了。40岁生日那天我看了《西游记》，我突然明白了，妖怪都不是山林里长大的，从哪儿来的？从天上，玉皇大帝那儿、菩萨那儿、释迦牟尼那儿来的。天上一日，人间十百年。睡午觉的时候，下边的鞋、拐杖下去了。所以说报纸上经常说的什么随从人员、秘书，都在《西游记》里出现过。我到你那儿去取经，妖怪又是从你那儿来的，我为什么要取这个经？取这个经有什么用？这是吴承恩写《西游记》最大的一个命题。唯一能够把从天上来的这些妖怪置于死地的人是孙悟空。但正在这个时候你会看到菩萨、释迦牟尼、玉皇大帝把这些罪犯带走了。不是带监狱去了，而是又带回身边去了。所以他们身边聚集的是一帮什么人？好不容易师徒4人到了西天，释迦牟尼说了句不容易。他说取经去吧，既然都来了。到了经堂，经堂两个把持的至尊，给唐僧指，唐僧想，什么意思啊？原来是要钱。守经人公然索贿，唐朝黑暗到什么地步，西天又黑暗到什么地步。唐僧很为难，说我是个和尚，我一路化缘来的，没钱啊。悟空一路上都有辙，现在到了至尊面前，反而不敢造次，也是没办法。最后这俩至尊看到唐僧手里边的钵盂，金的。唐僧说把这给你们哥俩得了，哥俩一合计，说那行，少给点儿吧，钵就一个，回头还得锯开分。所以唐三藏取的我们中华民族的经缺一部分。这是吴承恩的《西游记》。

所有的这些作者对世界、对人性、对国性、对文学的思考，从传统的观念来说，都是大逆不道的。他们的大逆不道是他不信，是孙悟空、是贾宝玉、是林冲。但这种不信到底对不对呢？吴承恩又有一处

写的特别深刻,那就是往前边探路的孙悟空也未必是真的。他用了两章的篇幅写真假孙悟空,六耳猕猴。把握着未来的人也未必是真的,我觉得他的想法很深刻。

五、《聊斋志异》与国民性

《聊斋志异》也是一部非常伟大的著作。作者蒲松龄最违反我们常识的是,当我们都觉得妖魔鬼怪是世界上特别可怕的生物时,他却通过百十个短篇来告诉我们,妖魔鬼怪挺可爱的。他笔下的妖魔鬼怪,不管是蛇、狐狸、花草,都美丽动人、讲仁义。一个穷书生夜里正寒窗苦读,一个美人就来了,红袖添香,陪着书生一夜,第二天早上就走了,还不要钱。比现在许多人养小三要好多了。而且,美人儿还帮这个书生,给他钱。如果在现实生活中,一个人在三里河和一条蛇谈恋爱,我们肯定觉得这个人疯了。但是在《聊斋志异》里,这是特别美好的事物。一个人不相信爱情到什么地步,才能跟蛇、跟画皮去谈恋爱呢?我们都觉得墓地是个特别阴森的地方,可在聊斋里边,蒲松龄描绘出了一个特别美好的庄园,到处是树木、河水、美女,笑语欢声。我觉得他对生活的认识,对人性的认识,一定超越了《聊斋志异》所处的年代。这是我们中国文学史上最伟大的几个人物。

正是这些人物记录了我们民族在不同时期和不同年代感情的点点滴滴。往上推到孔子、司马迁、李白、杜甫、白居易、苏轼、李清照、刘墉、罗贯中、施耐庵、曹雪芹、蒲松龄、吴承恩,他们如灿烂的星河一样,告诉别的民族,我们这个民族是如何生存下来的,我们的情感是如何一点一滴渗透到每一个朝代,并传承下来的。它是这个民族在世界上生存的重要理由之一。更重要的是,它告诉别人,我们民族也产生了如此伟大的思想家,这么多不同的见识。有时候这些见识可能不同于我们的生活、思想、情感的流传,而是采取了另一种方式。我觉得这是它们非常伟大的地方。这就是今天我要说的文学,包括人性和它们之间的关系。

六、《一句顶一万句》与国民性

至于我从事文学，写过《塔铺》、《一地鸡毛》、"故乡系列"、《手机》、《我叫刘跃进》。但其实我真正意识到文学和生活的关系，以及和作者的关系，是在《一句顶一万句》里。在《一句顶一万句》里，我写了一个意大利牧师和一个中国杀猪匠的故事。这位意大利牧师来到中国40多年，来的时候不会说中国话。转眼40多年过去了，不但会说中国话，还会说河南话，还会说延津话。来的时候鼻子挺高，后来被我们的风沙吹的鼻子也有些扁平；来的时候眼睛挺蓝，现在也变得有些浑浊。走在街上，背着手，和个卖葱的老头儿没有任何区别。一个意大利人在偏僻的河南延津县待了40年，却只发展了8个信徒。他见到这个杀猪匠以后，想让这个杀猪匠也信主。这个杀猪匠说，我跟上帝连一根烟的交情都没有，凭什么信他？有神社会和无神社会最大的区别是，当你在有神社会遇到困难的时候，可以找一个人去谈一谈，那就是上帝。比如说我做了对不起朱主任的事，我不用找朱主任，我找上帝，说我做了对不起领导的事，能不能原谅我。上帝的回答是个标准的句式，还是那句你已经被原谅了。第二天我告诉上帝说，我做了对不起朋友的事、对不起邻居的事，上帝说的也是同样的话。但是，中国是一个无神的社会。虽然有菩萨，但是我们村去拜菩萨的时候，一定是有事让菩萨来帮助我们，并不是要信菩萨，这属于实用主义。

在无神社会里边，遇到特别揪心的事，只能找朋友。朋友跟上帝最大的区别是，上帝的嘴是严的，你跟上帝说的事，上帝绝不告诉别人。但是，朋友可保不住，他转头就可以告诉另外一个人。而且朋友的概念是会发生变化的，今天是朋友，明天就未必是了。所以，从陆谦的例子上可以看到，"朋友"这个词也可以叫"危险"。所以，对中国人来说，最大的问题是没有倾诉的对象。说到孤独，有神社会的孤独是倾诉之后的孤独，无神社会是无处倾诉的孤独。后来杀猪匠问

神父,说我跟上帝一根烟的交情也没有,为什么要信他?牧师告诉他,你信了主,就知道你是谁、从哪儿来、到哪儿去了。杀猪匠说,我不用信就知道,我叫老曾,我从张家庄来,到李家庄去杀猪。这牧师想了半天,说你说的也对。他接着说,主他爹,也就是耶稣的父亲,也是个手艺人,是个木匠。你是杀猪的,他是木匠,可以拉的近一点。但是杀猪匠说,隔行如隔山,我不信木匠的儿子。

40多年之后,这位牧师在河南延津去世了。杀猪匠去看他,临走的时候送他一程。这时他发现,牧师的铺头上有一卷图纸,他一辈子在延津都没有盖起自己的教堂。因为他只有8个徒弟,住在和尚不要的一个废弃的破庙里。图纸上是一座特别宏大的哥特式教堂,有160多个窗户,每个窗户都是彩绘的,上边的钟楼高耸入云,钟头上面有个特别宏大的钟。他忽然听到钟在轰鸣,所有的窗户都推开了。此时杀猪匠心灵那扇窗被推开了,他就觉得这个牧师老詹是世界上最好的牧师,他没有把教传给别人,而是传给了自己。这个杀猪匠除了会杀猪,还会用那个秫秸糜丝扎蝈蝈笼子。他就想用糜子把这个图纸上的教堂给扎起来。过去我觉得写作是有不同的话要说,就像司马迁、曹雪芹、吴承恩和蒲松龄一样。但《一句顶一万句》使我知道了,作者要说什么不重要,书里的人物要说什么是非常重要的。所以《一句顶一万句》使我由一个写作者变成了一个倾听者。

我也去过很多国家。我们不缺人,我们在世界上人口最多;我们也不缺钱,现在世界上各国所有的奢侈品店都是靠中国人支撑的。你一到门口,不用讲英语和法语,准有一个讲汉语的人特别恭敬地让你进去。一个在全世界各地都有军事基地的最发达的国家,花的一大部分钱是我们国家的。你坐飞机到其他国家去,降落的时候,下边的风景可以用我们小学课本上学到的字表达:锦绣家园。从国外回到我们自己的祖国,你突然会发现北京好像是建造在沙漠上的,上面还有一层锅盖。这个不重要,重要的是我们身边的每一个人做事一般都是大概而已,我们身边的亲戚朋友做事不准确、不认真。比这个更重要的是缺乏远见。我跟我的亲戚朋友共事,没有一次是不吃亏的。都是表哥表弟,全是一锤子买卖。生活习惯就是一种生产力。

我去过韩国的农村,稻田非常干净,收割了的稻子捆得特别整齐地摆在那儿,上面还放着一个雨布。但我们村周围全是乱七八糟,让我感觉生长在一个弱小的民族,但是,正是因为我们的父母、我们的儿女,这么多的朋友也生活在这个民族,何况我们还产生过像司马迁、曹雪芹、蒲松龄、吴承恩这样伟大的人,让我并不感到孤单,学会了勇敢。我也看到了我们民族的前景,特别是今天,当我来到了这个筹划我们民族前景的地方,在感动之余,我充满了信心。这也是我们温总理在记者招待会上说的最多的话。我非常的赞赏。

我今天就讲这么多,谢谢大家!

赵辰昕:

下面请刘震云老师跟大家互动。大家有什么问题请举手。

朱之鑫:

刚才刘老师演讲时,我也想到了国民性的问题。我想请教怎么样能够培养好,或者继承好我们现有的国民性。谢谢。

刘震云:

朱主任的这个问题其实是提给所有中国人的。国民性里边确实有许多鲁迅先生所说的劣根性。鲁迅先生最伟大的贡献是看到了我们民族的缺点。他正好生活在民族饱受列强欺辱的时代。他没有把目光盯在列强的身上,而是放在了自己身上。所以,鲁迅先生曾经说过一句话,"解剖自己要严于解剖别人",我觉得这句话不但针对鲁迅先生自己,也针对这个民族。当时的中国共产党人也肩负着这个民族的希望。我去过延安,那里给我最大的启示是当时领导人的年龄,朱德先生稍微大一点,有五六十岁。其他的人都四十多、三十多,甚至二十多岁。在民族危亡之际,中华儿女聚集到祖国最偏

远的地方,把自己的青春奉献给了这个民族,因为我们正在受到侵略。所以,当时的领导人毛泽东主席也认识到这一点,他曾说过自己跟鲁迅的心是相通的,他也深刻地认识到了这个民族的一些缺点。至于后来苏俄模式为什么没有走通?我觉得是另外一个问题。十月革命一声炮响,给中国送来了马列主义。师傅现在没了,我们该怎么办?这当中确实存在一些理论性问题。但是,我觉得从另外一方面来讲,当时一群风华正茂的年轻人用生命、用青春认识到这个民族的缺点,是无比可贵的。

再拉回到每一个人身上,我觉得就是国民性里边的缺陷的部分。当然国民性里也有很多特别优秀的东西,这些优秀的东西我从我身边的人身上也学到了很多。比如电视剧和电影《手机》里边那个老太太,她的原形就是我外祖母。任何一个民族都没有中国人能吃苦。跟欧美、南美这些民族比较起来,我们的国土资源应该是处于劣势的。但中国人就是勤劳,能吃苦。我外祖母一米五的个子,她年轻的时候不识字,但她是方圆几十里的明星。C罗出名靠踢足球,斯特里普靠演电影,而我外祖母靠的是体力,她一辈子给地主当长工。我们那儿黄河边的麦躺子特别长,有三里路长。我外祖母从这头割到那头的时候,一米八的大汉只能割到地的中央。她割过的麦躺子跟欧美、韩国机器割的麦躺子一样,最后把捆打的整整齐齐的。所以我外祖母从一个东家转会去另一个东家的时候,转会费是非常高的,在当地是一个新闻。说刘郭氏又转会皇家马德里了,到东家去之后,东家给她说的第一件事是"嫂子,求您个事儿"。都见过长工求东家,哪见过东家求长工。外祖母说什么事你说吧,很有大国风度。东家说,能不能让我的儿子给您当一干儿子。同样是拼爹拼妈,为什么他把干儿子认到了我外祖母面前,另外一个人要把干儿子认到高俅面前?等到晚年的时候,我跟她有一次炉边谈话,我问外祖母为什么割麦子割的比别人快。她说我割的并不比别人快,但是只要我一扎下腰,我从麦躺子这头到麦躺子那头从来都不直腰。因为你直第一次腰，就想直第二次和第二十次。我可能是趁别人直腰的工夫，比别人割的多一些。我觉得这是她留给我的最宝贵的精神财富。在我们民族里，有很多人留给我们这种精神财富，我们虽然有懒惰的人，但也有勤劳的人。

我还记得在她生前的时候，有两个德国人，他们是在德国翻译我作品的人。他们到河南延津，说也看看我外祖母。外祖母跟他们有一番对话，我觉得其内容不亚于外交部长会见外宾。外祖母在太师椅上坐着，两个德国人去了，一个高一个矮。高的是汉学家，懂汉语；另一个是德国很出名的作家，不懂汉语。外祖母见了他们，问你们从哪儿来呀？这个问题很根本，从哪儿来到哪儿去。德国人说德国。接着她指着个子高的，问你住在德国什么地方啊？他说北方。又问另一个人，你呢？那人说慕尼黑，南方。外祖母又说，一个北方，一个南方，你们俩是怎么认识的？这简直是特别根本的哲学问题。这个汉学家看刘震云的书看多了，很幽默，说姥姥，赶集。哦，赶集认识的。她接着又转到了政治层面，说德国搞没搞"文化大革命"呀？俩人一想，说没搞。外祖母拍着太师椅说，毛主席让搞，你们为什么不搞？德国人想了半天，心想是呀，为什么没搞啊？一个人就说德国人比较笨，毛主席说话又有口音，没怎么听懂。外祖母说没听懂就算了。接着又问了一个国计民生的问题，说德国一个人划多少地呀？这个德国人虽然是个汉学家，但是他没搞懂分和亩，他说一个人分8分地。我外祖母马上从太师椅站起来，围着他转了一圈。他两米来高的个子。外祖母说，孩子，你吃不饱啊。老外想他吃得饱啊，反应了一下，说姥姥，错了，不是8分，是8亩地。我外祖母又围着他转了一圈说，哟，那你媳妇可受累了。两人回去之后，在《明镜周刊》上专门写了一篇文章，说他们喜爱这个土地，喜爱中国人，喜爱这样的对话。我觉得这样的中国人也特别的多。

但是，我的亲戚朋友身上、我们每个人身上存在什么致命的弱点呢？第一，《手机》里的节目叫"有一说一"，我们做不到。中国人

不对自己说的话负责,我觉得是非常麻烦的事。我的表弟表哥,和他们共事几次之后,他们再说什么,都不敢信了。我问表哥这个房子帮我修修,得多少钱?他左右一算,说拿2万块钱吧。那行,给了他2万。我转头一走,人家说不过是5000块钱的事。他可是我表哥呀。第二年我回去一看,还没修,我问表哥这是怎么回事,他说去年他岳父有病了,就把这2万块钱给花了。一来,他岳父是不是有病,无法求证。因为他岳父远在百里之外的另外一个村庄。二来,就算你岳父有病,这也是两件事,你怎么把这事挪到另外一件事上去了?而且特别理直气壮。这就是我举的一个说话不负责的例子。这也可以大到我们的政府,是不是我们说过的话确实履行过?我觉得这是最致命的一点。

另外一点,己所不欲,勿施于人,这是孔子说的。可中国人特别爱双重标准,对别人说的是一套,自己做的是另外一套。我们杜绝不正之风,但是当我们能通过不正之风做成一件小事的时候,肯定也是按照这个不正之风走的。如果我们能克服这些缺陷,还有鲁迅先生说的那些,我觉得我们一定会是一个特别伟大的民族。朱主任,这是我自己的想法,说的不一定对。谢谢。

提问1:

今天听了您的演讲,真的很有收获。我们平常也读书、看小说、看电视。可是现在太多的穿越剧,挺无聊的。我们看到的一些作品也很少说真话。说真的,谈到对未来和前途的思考,包括您说的林黛玉和贾宝玉,一块石头一根草,对自己未来的担忧,我们其实也都挺担忧。我们做过一些针对年轻人的文化项目,包括百合网,还有现在和江苏卫视合作的《非诚勿扰》。在私下和这些年轻人打交道的时候,大家其实都挺忧心忡忡的。其实现在我们在物质上并不缺,比过去很多年来说要充裕很多。可是每个人都觉得心里不踏实。从文学上,或者说从您的理解,咱们国家国民性素质的提升,确实比较重要。我们希望能够通过一些影视作品和文学作品，让我们作为中国的年轻人多一些信心，多一些自豪。可是目前我们的文学作品、影视作品中，能够看到这种精神的太少了。对此您有什么建议和对策吗？谢谢您。

刘震云：

你好。我觉得这种现象不仅仅发生在现在。从清朝起，就已经没有几部特别好的著作了，也就是《红楼梦》等。我想你说的把文化当做生意来做的还是大部分。当然，这也可以理解。

但是如今，我们也有一些很好的作家，非常不同的作家，有责任感的作家。每一个民族都有自己的知识分子。我觉得知识分子最大的责任应该是担当，这种担当指的就是思考。刚才提到的这些民族的优秀作家，像灿烂的星河里面的星辰，他们的一生都在不停地思考，比如说孔子，或者刚才举到的其他人。但是，这并不妨碍把文学当做生意来做，只不过这种人一定不是知识分子。说一个卖东西的，剽窃了什么东西可以原谅；一个教授剽窃了论文，我觉得是知识分子的奇耻大辱。但是中国的知识分子恐怕大部分都是知道别人一点东西，又把这点东西当成自己的，然后在课堂上讲一讲。试问一个民族的良心在哪里？

说上个世纪60年代，美国出现了一次学潮。当警察进入哈佛大学的时候，发现门口全是白发苍苍的老教授。他们说，你们要想抓我们的学生，就得先把我们抓进去，因为这些学生是我们教育出来的。中国的知识分子、科学家确实应该意识到自己的责任。我们现在每天使用的东西，比如电、麦克、冰箱、汽车、飞机，这些东西哪一个是我们的知识分子发明的？我们对人类到底作出了什么样的贡献？有一次一个人跟我说了一句话，让我感慨良久。他说有时候大学的腐败更甚于社会，知识分子跟知识是脱节的。还有人跟我说，"左"也是一门生意。我原来不信，从今年开始我有一些感触。政治也是一门生意。思考的人越来越多，是这个民族未来广阔前程最重要的基础。如果没有想这个事，大家每天都在酒场上，将来可能就会出现危机。得

有人想未来、思考未来。

有一次我去大学讲座,一个学生提了一个问题,问中国的教育最大的问题是什么。我说中国教育最大的问题,是它本身就需要教育。我们的考试题就一个标准答案,我们总是想把100个人培养成一个人,而别的国家的大学可能会把100个人培养成100个人,甚至105个人。如果我们真跟他国竞争的话,存在一些问题。但今天这么多人坐在一块儿讨论问题,我觉得这肯定是有希望的一群人,总比大家喝大了要好一些。谢谢。

提问2:

刘老师,您好。我想问两个问题。一个是你平时在家刷锅、扫地、做饭吗?我想了解一下您怎么认识生活和工作之间的关系。第二个问题是,您以前还不有名、赚钱不多的时候,有没有问过您干这些事又不挣钱,又不能当官,还干它干吗?您的动力是什么?谢谢。

刘震云:

第一个问题,我的厨艺很一般。但是,有几个基本的菜,比如鸡蛋西红柿,我炒的是不错的。还有烧鸡翅、红烧肉、羊肉烩面,如果咱俩吃,基本上够了。而我日常的生活,在别人看来可能会非常的枯燥,但我自己觉得过起来还是非常有滋味的。我每天是6点起床,然后会跑1个半小时的步。我的朋友现在都很胖,跟他们在一起,我唯一是瘦的。我上午一般会写作或者读书,大概3个小时;下午也会有3个小时。我晚上不写作,也是看书,但是我睡得特别早,十点左右就睡觉了。第二天还是这样。我喜欢写作,喜欢写作最重要的原因和动力,特别是《一句顶一万句》之后,是会有一个跟作品人物的交流。因为在现实生活中的朋友都特别的忙,但是作品中的人,比如小林、严守一,或者是意大利牧师和杀猪匠,他们永远在那里等着你。所以要跟书里的人物对阅,而且能够谈得深入。我还是特别喜欢一句话,叫做知无不言。我觉得在一个民族里,解决问题的方式肯定是有界限的，有法律法规。但是，讨论应该是没有界限、没有禁区的。在我们的文学作品里边，主要的讨论还不是社会和政治，而是生活和人与人之间的关系，我觉得这方面讨论的会稍微透彻一点，这是我写作的最主要的动力，也是我能够写出好作品的最重要的原因。因为我尊重书中的人物，我知道他一定比我说的要深刻得多。

至于你说的第二个问题，它确实存在过，第一就是无人承认你。因为其实最大的社会规则就是一个庸俗的规则：所有的承认是一起的，不仅仅是中国，所有的国家都一样。我1978年上大学，1982年毕业。我的同学有当到局长的，还有当到部长的。但是我非常清楚自己没有那个能力，我就会写作。我在写作上有没有这个能力，我也不知道。但是，我觉得我可以用我的时间、我的青春来证明这一点。我非常敬佩那些先行者，孙中山不知道革命能不能成功，延河边的那些风华正茂的人也未必料到共产党能成功。世俗的标准是以成败论英雄，但是其实你自己心里边应该有另外一种标准。

另外，我目前的生活状态还可以。我不是一个有钱人，因为从事写作的人不可能特别有钱，跟李嘉诚是没得比的。但是，也不至于生活特别困难，因为我的书销量还可以。还有，我特别感谢电影、电视对我作品的改编，这能够使我获得第二次报酬。好多人都说文学是良家妇女，影视是风尘女子，你怎么能够把良家妇女交给风尘的人去做？我说原因很简单。第一，我不觉得世上的职业有高下之分，当李白、杜甫写诗的时候，唐诗是不被社会所看重的，那个时候重视的是六朝的骈文。当苏轼、李清照、柳永写宋词的时候，宋词是花街柳巷里传唱的，那个时候流行的是律诗。明清小说更不用提了。所以我觉得没有什么高下之分，电影也有伟大的电影。今年冯小刚导演把《1942》拍成了电影，叫做《温故1942》。我看了样片，它可能是中国电影里边非常好的一部，可能是一部震撼人心和波澜壮阔的民族心灵史。另外一个原因是我妈爱看影视作品，她不识字。

此外，跟有些导演和演员的接触也能够给我非常多的启发。他们

有时候确实是人戏不分。我很喜欢这一点。比如电视剧《手机》里的陈道明、王志文、梅婷、刘蓓，还有扮演奶奶的柏青老师，演的都非常好，他们把自己对生活的感悟助加到了这部作品里。所以，播出来之后，前年《手机》比较火，后来开了一个讨论会，就在这么大的一个屋子。因为柏青老师是东北人，到的比较晚。讨论会开到一半的时候，她进来了，刘蓓和梅婷一看到她，马上就入戏了，觉得还是在《手机》里。两人马上就跑过去叫奶奶。结果老太太也入戏了，把她们俩抱住，说孩子们，好久不见，你们还好吗？两位女演员的泪都下来了。当时讨论会有3分钟谁都没说话，接着就鼓起掌了。我觉得这就是生活中能给你带来温暖的情景。还有一点，影视的改编确实能够补贴一些家用。买我版权的一般都是资本家，和演员都没关系，跟导演也没关系。我最大的体会就是对资本家要下手狠一点，因为我不知道他的钱是怎么来的。所以，他们一般说买我的作品，我说不卖。为什么呀？我说电视剧都挺庸俗的。他们回去考虑，心想这肯定不是原因，原来说5块钱肯定不够。第二次又打电话，说刘老师，我们错了。我说什么错了？你们没错啊。他说咱能不能20？我说不行。他回去又想，第三次打电话，说刘老师，100行不行？我说成交。

所以，补贴家用会带来另外一个特别重要的东西，就是自尊、尊严感。自尊和尊严感不仅是说我自己，也是指我从事的职业。如果一个民族的作家生活的特别寒酸，我觉得不是一件好事。中国过去有句话，叫"头悬梁，锥刺骨"。必须在特别贫寒的状态下才能写出好作品，这种想法是不对的。能不能写出好作品，跟生活状态没关系，跟脑子有关系。我觉得我能写出比过去更好的作品，因为我相信自己是一个有远见的人。这个远见很具体，就是说在写作品的时候，我能够想到下一部作品怎么写。另外，我的写作方式和别人也不太一样。别人的作品是在书桌前写出来的，我的作品是在跑步时写出来的。我建议大家也可以试试这种方式。我觉得跑步的时候，是一个人脑子最活跃的时候。无非你坐在书桌前，把你每天早晨跑步的一些感悟和想法给落实下来罢了。另外,跑步的时候没人打扰你,也比较清静。谢谢。

提问3:

刘老师,您好。很高兴今天听到了您的演讲,您的幽默和直率给我留下了特别深刻的印象。我感觉今天特别充实,谢谢您带领我们进行思考。我有两个问题。第一,请问国民性在民族与民族之间、在种族与种族之间有没有根本的差别?第二,现在的国民性和"文革"时期,或者是"文革"之前生活困难时期的国民性是否一样?我们的国民性为什么变了?谢谢您。也希望您以后能写出更好的作品。

刘震云:

谢谢。首先,我觉得国民性是个中性词,不是褒义词,也不是贬义词。无非每个民族都有自己国民性里的缺陷,每个人也都有自己的优点。我觉得最根本的区别是思考方式的不同,这种不同体现在生活的细节上。比如在英语语系和其他以字母为语言文字的民族里,人们的思考一定是由小到大。在写地址的时候,一定是三里河,西城区,北京,中国。但中国人的思考是中国,北京,西城区,三里河。这不仅体现在邮政地址。

2009年的时候我在德国住过两个月。头一个月是在德累斯敦,第二个月是在杜塞尔多夫。德累斯敦原来属于东德,现在统一了。有一次,德累斯敦的市长请我吃饭。他们请吃饭不像中国哪个城市的市长,他跟你约了地方,然后你也去,他也去,旁边就只有一个工作人员。俩人一人一份大肘子,旁边弄点酸菜,就这么点儿,还有啤酒。一个人不会超过15欧元。我们边吃边聊天,我问了一个中国化的问题。说两德统一,东德人感觉是统一之前好还是统一以后好?他本来在嚼肘子,听到之后突然就不嚼了。他说这个问题没法回答。我说怎么了?他说你得问具体的人。有本事的人肯定愿意统一,统一了他就能在德累斯敦发更多的财,甚至跑到柏林,跑到慕尼黑,因为他过去

都去不了。如果比较窝囊和笨的呢,还是愿意待在国营的工厂,因为在国营的工厂可以偷懒,上着班出去抽烟,出去喝啤酒。如今给资本家打工是不能这样的。接着我又到了杜塞尔多夫,负责文化接待的女士麦瑞,还有两个人,3个人晚上领我到莱茵河边吃街摊。我又问了一个特别中国化的问题,我说莱茵河有多深?我就随便那么一问,结果3个人特别紧张,在交换意见。我说麦瑞,你等等,如果这是德国的军事秘密就算了。

麦瑞说春天的河水和夏天的不一样,夏天的和秋天的又不一样。所以它到底有多深,确实没法回答。要是到了我们村,问这河水有多深,他想都不想就说1米5。第二天,麦瑞领我去看歌剧。杜塞尔多夫是艺术之都嘛。一见面,她问我今天过得怎么样。我说这个问题我很难回答,因为我早晨和中午过得不一样,中午和晚上也不一样。我觉得这种由小到大思考问题的民族,在细节上要比较认真,这是我们可以学习的优点。说别人100个缺点,于你无补;看到别人一个优点学过来,自己就有提高。第二个问题是什么?

提问4:

我感觉现在人都比较冷漠。我是70年代的人,我记得小时候,人与人之间都是很温情的。现在生活虽然好了,但是人和人之间,或者是同事与同事之间、乡亲与乡亲之间,楼多了,彼此已经不交流了。为什么现在很多低俗的东西越来越有市场,高尚的东西大家反而不追求了?请问这种现象跟国民性有没有关系?如果要改变的话,应该用什么方法和方式?

刘震云:

当然,冷漠是存在的,而温暖肯定也是存在的。比如说今天上午,我就觉得很温暖,我谈了一些在别的地方、别的场合、别的气氛下可能没有机会和时间讨论的一些问题。如果今天中国有1万个这样的讨论会的话,这将是一个民族未来前景的一个最有力的保证。其次，以我的亲身经验，我觉得温暖在生活中还是占大部分比例的，不然这个民族是生存不下去的。我在写《一句顶一万句》之前，作旅行和调查，自己开着车跟女儿去了山东、河南、山西。沿途碰到的人，我觉得都很善良。有一次路过山西，走到中午，旁边有一个西瓜地。我跟女儿商量买西瓜吃，可是再往河滩上开就没路了。当时河滩旁边有一户人家，我寻思能不能把车停在人家门前。一位大哥拍着衣服就出来了，我就问了问他。他本能的回答是，你是出门的人，不容易，别说停车，就是吃饭都成。这是中国人本能的回答。一个民族要维系下来，一定是靠温暖，而不是靠冷漠。冷漠肯定存在，不但现在存在，宋朝也存在。我觉得最大的冷漠莫过于高家父子对林冲，莫过于王伦对林冲。另外，这还和目前媒体的发达有关系。如果小月月的事件放在20年前，没有一个人会知道。过去媒体是一种声音，现在有互联网的存在，有微博的存在，就出现了另外一种声音。

新浪的总编辑陈彤是我们河南人。一起吃饭的时候，我跟陈彤说，你可能无意之中给这个民族作了非常大的贡献，那就是推进民主。我们过去总觉着民主的改革，特别是体制的改革，要靠体制本身来推动。最后你会发现其实不是，突然出现了另外一种方向，那就是微博和互联网。哪个局长强奸女下属，第二天大家全知道了，接着这个人就被撤职了。还有撞了人以后喊自己爹是谁，第二天大家也全都知道了。这在过去都是不可能的。这就是监督的力量、民主的力量。我喜欢温总理讲话，特别是他要卸任前讲的一席话，对于改革的认识、对于中国前景的认识非常的透彻。他说改革，包括民主，所有中国人都懂，是一种共识。所以，他对于我们民族的前景肯定会有非常大的推动作用。我觉得这是更大的温暖。谢谢大家。

赵辰昕：

由于时间的关系，提问到此为止。今天的讲座让我的内心受到很多次的感动。开场的时候，我就说刘震云是一个能够让我们经常感动

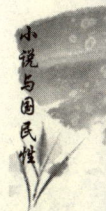

的作家。我在琢磨，为什么我们看他的作品、听他讲话，能经常受到感动呢？我想他每句话中都透出一种信息，就是他对人、对社会、对我们这个民族、对我们这个国家透彻的观察，深入的思考和深深的爱。正是因为这一点，才让我们经常受到感动。今天，刘老师讲的是小说和国民性。但是，我觉得他的很多话都是在点拨我们的生活、点拨我们的工作，对我们特别有意义。另外，虽然刘老师语速非常慢，但是每一句都掷地有声，每一句都直指心灵，每一句都让人震撼，每一句都在朴实中蕴藏着内涵。我想，他说的慢，可能是为了便于我们消化理解。但是，今天的时间还不够。我希望大家在讲座之后，仍然能让他说的这些话在内心当中不断地回响、不断地翻腾。我相信这对我们的生活、对我们的工作、对我们思考中国未来的发展都会有更好的启示。这就是我听了刘老师今天讲座之后内心的感动，不知道大家有没有同感。

另外，前一段时间我看了刘震云老师在茅盾文学奖的颁奖典礼上的发言，印象特别深刻。他说得很短，说了一句很精彩的话。他引用王菲的《传奇》解释了什么是文学、什么是小说。是这样的几句话："想你时你在天边，想你时你在眼前，想你时你在脑海，想你时你在心田。"刚才有同志提问的时候已经说了，祝愿刘震云老师能够写出更多、更好的作品，我相信以他的积淀，以他不断思考的精神，一定会把更多作品展现在我们的眼前、我们的脑海，让我们再一次以掌声感谢刘震云老师。今天的讲座到此结束，谢谢大家。

国家发展改革委青年读书论坛（第二十二期）

知青岁月：追忆与启示

2012 年 7 月 1 日

主 讲 人：邹静之（著名作家、编剧）
　　　　　赵大陆（著名画家）
主 持 人：李仰哲（国家发展改革委国家节能中心主任）
推荐书目：《十八岁》、《九栋》、《邹静之诗选》

邹静之

　　江西南昌人。中国作家协会会员。被称为"中国第一编剧"。1984年毕业于中央电大中文系。现有诗集、散文集、小说集等著作十余种出版。

赵大陆

　　北京人。1982年毕业于北京电影学院美术系，曾任首都师范大学美术系教授。中国美术家协会会员。

李仰哲：

尊敬的各位领导，各位来宾，朋友们，大家上午好！首先我代表主办方欢迎各位参加国家发展改革委第二十二期青年读书论坛。

今天的论坛有些特殊：一是时间特殊，近期中央国家机关工委专门表彰了中央国家机关十大学习品牌，我委的青年读书论坛名列其中。今天是7月1日，正值中国共产党建党91周年，青年读书论坛就是在这个特殊的时间为党的91岁生日献上了一份礼物。二是主题特殊，这次读书论坛的题目是《知青岁月：追忆与启示》。最近中央电视台在黄金时段播出了电视连续剧《知青》，全景呈现了40多年前近2000万知识青年上山下乡的历史画卷，受到了社会的广泛关注。事实上，在现实生活的各个领域，经常可以看到知青的身影，在当今中国的大舞台上，有不少治党、治国、治军的精英，也都有过上山下乡的经历。今天，委党组成员、副主任、机关党委书记解振华同志刚刚出访归来就来到了论坛的现场，解主任曾经也经过上山下乡的洗礼。据媒体报道，这一轮各省区市换届产生的377名新常委中，有75人曾下乡当过知青，当年的下乡知青有5位成为省委书记，有辽宁的王珉、湖南的周强、河南的卢展工、广西的郭声琨、湖北的李鸿忠，中央政治局常委习近平和李克强同志也曾经下乡当过大队书记。知青岁月到底给每一位参与者留下了什么，对于中国历史的影响又是什么？值得我们去追忆和研究。三是形式特殊。往期的读书论坛都是邀请一位嘉宾，今天是两位。我们有幸邀请到了曾经亲身经历知青岁月的，而且分别用文学和绘画帮助我们铭记知青岁月的两位嘉宾，邹静之和赵大陆先生。邹静之先生是国家一级作家，北京市作家协会副主席，享受国务院特殊津贴的艺术家，1965年赴黑龙江生产建设兵团上

图1 第二十二期青年读书论坛开始前,国家发展改革委党组成员、副主任、委直属机关党委书记解振华(左五)与主讲嘉宾邹静之(左四)、赵大陆(右四),主持人李仰哲(右三),国家发展改革委部分同志及应邀参加论坛的中央国家机关青联委员合影。

山下乡,先后创作了电视连续剧《康熙微服私访记》、《铁齿铜牙纪晓岚》、《倾城之恋》、《五月槐花香》、《琉璃厂传奇》,还有歌剧《夜宴》、《西施》、《赵氏孤儿》,以及话剧《我爱桃花》等;与张艺谋、田壮壮等导演合作,创作了《千里走单骑》、《大地》等电影剧本,被誉为中国第一编剧;还先后出版了《美人与匾》、《酒话连篇》、《骑马上街的山歌》、《风中的沙粒》、《知青咸淡录》、《九栋》、《十八岁》等作品。赵大陆先生是著名的画家,中国美术家协会的会员,1969年赴黑龙江生产建设兵团上山下乡,1982年毕业于北京电影学院美术系,曾任首都师范大学美术系教授,1979年作为星星画会的主要成员,其作品《鱼妖》等参加了首届星星画展,1993年的油画

《正月里》获纪念在延安文艺座谈会上讲话 50 周年美展优秀作品奖，2001 年参加联合国粮农组织首届人与土地文化艺术展，并获联合国粮农组织银制奖章，2003 年的油画《老费》获澳大利亚阿奇博肖像画展人民之选奖。

下面我们以热烈的掌声请两位嘉宾演讲。

一、18 岁的领悟

邹静之：

人家是同桌的你，我们俩是同床的你，在北大荒睡一个炕上，大概睡了有 5 年吧。在宣传队排演现代京剧样板戏《沙家浜》，大陆饰演沙四龙，我饰匪兵甲、日本巡逻兵乙等，兼拉小提琴，当年像我这形象演匪兵甲都很难，匪兵乙才能轮到我，大陆会翻跟头、会唱，形象又不错，演得非常好。有一本书是我们共同编写的，有的同志拿到了，叫《十八岁》。这本书是大陆的夫人小希极力推荐然后出版的。当时我校这部书稿的时候，心情特别复杂，因为把我 18 岁左右写的日记都公布出来了。很多人看了我的日记说，老邹你那时候不左，写的都是心里话，包括谈恋爱，包括对于艺术的认识、对文学的认识。我自己看这段文字，内心五味杂陈，感触特别多。我让我夫人校对的时候，她有时候看不下去。后来我就想为什么？马可夫斯基说过一句话，他说 18 岁属于一个人只有一次，为什么这么说，不说 30 岁或者 60 岁，说 18 岁？后来我想了半天，18 岁就是花含苞欲放，突然有一天早上带着露水让人惊讶地发现开了，最美妙的时刻。我们人生最美妙的时刻是属于人生只有一次的时刻，是在北大荒度过的，包括解主任，可能都是在北大荒度过的，我们团出了很多部长、副部长，解主任可能是我们团第一个当部长的知青，我们感到非常荣幸。

为什么一个团知青大概 2 万人，会出那么多部长、副部长，大概有六七个，还出了很多艺术家，我们俩除外，最火的是郑晓龙，拍《后宫甄嬛传》、《金婚》、《北京人在纽约》的导演。我们团也出了一

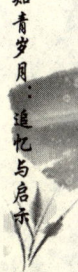

些作家和经济学家,还有一些风云人物。为什么2万知青会出这么多名人?一直想不通,后来想到18岁,其实我们这些人的18岁肯定和我女儿的18岁不一样,是他们幸福还是我们幸福?没法儿比较,因为她18岁的时候就面临考大学,天天读书,甚至读得厌恶而哭。而我们的18岁呢,18岁为什么被包括在座所有人在内的这么多人所记忆?我有一个观点,18岁是开花的季节,这朵花不论开在城市里、花盆里、花园里、公园里、粪堆旁边、厕所旁边、最贫瘠的土地上,只要它开了都是美的,这种美是无法忘记的。所以我一看到18岁的时候,那种五味杂陈是很难表述出来的,这是我对我的18岁的感受。

我在去北大荒之前,经常混迹于发展改革委这一带。我家住在有色冶金设计总院的西区,西区都是干部或者高级知识分子,就三栋楼,我们那三栋楼出了很多音乐家,有男高音、拉提琴的、弹钢琴的,等等。这个地方那时候叫经委计委,是我小时候经常混迹的,这

图2　第二十二期青年读书论坛现场

里大院多，孩子也多，大家都很厉害，所以从那儿到这儿是要格外小心的，弄不好就得挨打。北边有一个红塔礼堂也非常有名，改革开放以后，在这儿听了一次小泽征尔指挥的贝多芬第五交响曲，印象非常深刻。从这里往东原来叫三里河工人俱乐部，就是现在的西城工人文化宫，那时候我经常到那儿看电影。再拐过去，是二七剧场，铁路文工团的一个剧场，也是看节目的。我们小时候淘气，混迹于三里河工人俱乐部看电影，什么《三宝磨坊》、《铁匠的旗》呀，都是国外的。小时候看电影特别爱看打仗的，总问打不打，如果是打仗的就看。那时候我哥有件大衣，经常是进门的时候我钻进他大衣的前摆里，我们俩同步往里走，他有一张票，捂着我，我就藏在大衣里进剧场了。

二、16 岁到北大荒

邹静之：

"文革"的时候因为家里受冲击，我曾经一年没下过楼，现在看就是少儿忧郁症，因为你一下楼别人就骂你狗崽子，你就得跟人打架。所以整个那一年，天天在家读书，把我们家所有的书都读了，包括《资本论》，根本看不懂，但是也看，唐诗宋词。去北大荒时我的心情是特别欢快的，因为终于要离开这个院子了。你们没有经历过上万人同时哭泣，那时候在站台上那种哭泣是根本没法抵御的。我当时没哭，为什么？我父亲在牛棚里，但那天来送我了，他把我们家的小提琴放在我怀里时说的一句话我记得特别清楚，"在接受贫下中农再教育之余，不要忘了宣传毛泽东思想"。这就是我爸在我临上火车时说的一句话，之后我把窗口让出来，他们没有等开车就走了，我就坐着哭泣。有一个叫食指的诗人，他有一首诗叫《几点零几分的北京》，就写到了知青下乡的时候和亲人告别的哭声，我现在印象特别深。哭完了以后就开始走，车上有今天的年轻人基本没吃过的三分五分的冰棍，牛奶的 5 分，小豆和山楂的 3 分，那时家长就一盒一盒地送。火车一开孩子们就开始玩，有人唱歌，有人宣传。所有的知青专列到了

车站都是敲锣打鼓,欢迎知识青年上山下乡,所有的人都无比热情,每个站都这样。到了长春以后,就是要换毛主席纪念章,北京的知青都有纪念章,当地也做纪念章,一人一个毛巾,上面好多纪念章,伸出车窗来回挑来回换,我们在沈阳也换了,在四平也换了,到长春的时候,敲锣打鼓,我有一个毛巾上面全是纪念章,然后就开始换,但是火车马上就开了,当时我还小,只有16岁,觉得所有人都好心,就跟他说,你快挑吧,待会儿火车就要开了,他说我再挑挑,我再挑挑。一会儿就看火车开了,我手还抓着那毛巾,就看这位大哥一拽,我当时就懵了,火车轰轰往前开,我这一毛巾纪念章全被他拿在了手里,他还假装跑了两步,然后火车离去。那一刻我突然觉得生活来了。生活跟你想的不一样,扑面而来。我一下就感悟到将要面临一个什么样的社会,这是我一生最难忘的一个点。

早上四五点钟我到了二龙山屯,那时候车站站台全是薅草,8月份时薅草很高,下到站台底下,有马车、有大拖拉机,没有电喇叭,全是铁皮的专列。之后马上分配,谁到一营、谁到二营、谁到三连、谁到五连。8月我们都穿着短袖,早上无比的冷,我们班有一个人得过大脑炎,所以有点笨,只有他穿了一件棉大衣,一个笨的人倒穿了棉大衣。所有人都穿着懒汉鞋。

我到了一营直属排,坐的是个油特,油特就是大拖拉机。刚一出来天特别冷,我记得快到那科研连的时候,旭日从东方升起来,我们所有的人围着这个稍微有点痴呆的同学,挤在他大衣后边看着旭日从辽阔的平原上升起来。我们营部的房子是砖瓦结构的,像解主任或者是六连五连很多住的都是泥坯的房,比我们还要惨。

到了连队说打饭去,我们那儿管伙食的是个大姐,天津人,叫柳岩,这个柳岩大姐说话甜,长得又漂亮,我们去吃饭,北京小知青说吃什么呀,粥、馒头、咸菜,我们说挺好的呀,馒头呢?那不在屉里呢嘛,没看见啊?这柳岩胳膊一挥,那苍蝇嗡就起来了,白馒头全落的是苍蝇,你说北京知青看这么一片苍蝇的馒头怎么吃?全拿了馒头撕皮。我不知道你们小时候干过这种事没有，撕皮吃馒头芯，最后是挨批判，理由是这儿的苍蝇不脏。后来根本就不在乎了，汤里的苍蝇都当花椒粒给吃了，那都无所谓了。

这是我16岁到北大荒的最初感觉。

三、在动荡中度过了童年和青少年时代

赵大陆：

我跟静之一样，也是六九届北京知青。其实我一直想，我们就是最没有知识的一届青年，顶着"知青"的高帽子就下乡了。其实我们六九届真的是什么也没学，那时候我父母都在中央国家机关，我小学毕业以后他们就挨斗。后来1968年我去101中学上学了，没过半年，母亲被红旗杂志的马列主义研究院下放到山西去，她带着我两个妹妹上了干校，户口都迁走了。父亲在国家科委继续挨批斗。他基本上不在家，就我一个人。我在学校参加一些"文化大革命"的事，当当红卫兵。因为我们在101中学，就天天这边看着清华打架，那边看着北大武斗。有一天突然说要打大仗，说工宣队要进驻占领清华，我们全都早早地坐在清华墙头上。那时候我真的看到工宣队冲进去，一会儿就鬼哭狼嚎地出来了，好几百人，屁股上全被扎了。清华"井冈山"的学生拿着焊的大长矛，在清华大学门口把工宣队扎得躺倒一片，这是我们亲眼看见的武斗，非常厉害。北大的两派也在楼顶上弄个大双人床，当弹弓架子，然后绑两个自行车里胎，拿个大麻袋当皮兜子，把大砖拉上当弹弓向对面打过去。当年我们就是在那样一个状态下度过了童年和青少年时代，所以我们那时候没有学到什么知识。我们是北京六九届第一批去黑龙江的，当年就是父亲送我，他把我送到校门口，然后就得回去挨批斗。我自己拎着箱子，那天早晨火车开动的一刹那我没有哭。实际上火车动了一下基本上是停住，它不敢走啊，因为所有人都拥到车旁边，哭声惊天动地，现在还记得。

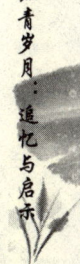

四、人生就是甜酸苦辣

赵大陆：

在黑龙江待过一段之后，感觉到一种绝望，就好像我真的要永远在这儿待着了。到那儿以后就是收麦子，连着下了半个月的大雨，大家都在麦田里捞麦子。我们住的是帐篷，有一天早晨起来以后，抬头一看，发现脑袋底下就是水，所有的箱子、盆都漂起来，等于所有的东西都毁掉了，那种绝望真是连男生都在那儿哭，就是一种绝望。就好像被扔在那儿没人管了，然后还有很大量的体力劳动，从早到晚，非常的艰苦。所以，过来以后，就觉得不可能再有什么对于劳动或者困难的害怕心理了，只可能被累死，不可能被吓死，我们这一代人是有这个感觉的。我们对人生的感悟，就是从那以后人生肯定不是美好的、十全十美的，但一定是有意义的、有意思的。人生就是甜酸苦辣，有时候给你巨大的希望，有时候让你绝望到顶，然后你还能活过来，这就是我们的一种感悟。

说到劳动，我也想讲一个事儿。当年我们在收麦子，收割机开不进去了，那种情况都是把收割机推到地里去脱粒，等于是人拉着机器在脱粒，其他人在收割，在水里头捞麦子。干活也是一种绝望，比如说你铲地是一条垄，割麦子是一条垄，你永远看不见那地的尽头，可能一人一条垄到一半就回去了。有一天我们割麦子，割到中午快吃饭了，一镰刀没割断，第二镰刀一使劲，整个左脚踝就让镰刀砍上了，特别狠，镰刀砍上拔不下来就坐地上了，把刀拔下来就看见骨头，两秒钟血就喷出来了，喷得满地都是。另外三个哥们儿背着我去团部医院。从我们那到团部医院他们跑了40分钟，3个人轮着背。到了医院的时候，基本上我们4个人都快休克了，我是因为失血过多休克，那3个哥们是累的休克，后来缝了11针。经过那些以后，对苦啊什么的不在乎了。

我为什么喜欢搞艺术，以前从小就爱好绘画，像静之喜欢写作那样。但是我们当时并没有说刻意地要去成为什么，也没有经过那种训练。所以现在来看，真正的艺术家是什么？不是学校训练出来的，不是被定型培养出来的，而是内心真正有这种需求，又经过这种生活的磨炼，他要表达，他一定要表达，所以他才能够拿出这种真诚的艺术创作。

五、做人、说话都是考验

邹静之：

每个人都受过伤，其实那个毛主席像章只是一个开始。我觉得饥饿、寒冷、劳累都不算什么，每个人都能承受，最不能承受的就是虚伪、谎言、欺骗、背叛。刚开始的时候，我们整个三班的男生加上通县的一个班男生住在没有窗户的剧场破舞台上，晚上要演电影，我们的行李全得收起来，所有人看完电影，我们才能在舞台上接着睡，蚊子很多。这些苦我觉得是人都能受，但是，很多人是机关大院长大的孩子，全是阳光灿烂，"文革"虽然改变了一些东西，但没有切肤的感受。真正到那儿后突然发现有的人在背叛你，有的人在说谎，或者你受到冤屈等，你没有被评上兵团优秀战士，你劳动了一个月没有缺席，但是很多人视而不见，这些对内心有感触的东西我觉得是最大的伤害。在那时候做什么样的人、说什么样的话我觉得可能都是考验人的，很多时候面临着为了自己还是为了准备成为什么样的人活下去，说什么样的话来作出抉择，都在考验你。我是临走的最后一年入团的，稍微有点直率。年轻人的那种恃才傲慢，北京人那种特有的优越感，可能我们身上都有。但是，我觉得我人缘特别好，所有人跟我都是朋友，连队里的人总来找我，有的看着就不是特别好的孩子。有一天副政委就说你怎么这么多狐朋狗友啊，但是这些狐朋狗友，像郑晓龙这些现在也都不错，也都挺厉害的。我后来还跟他们说了一次，说别来找我了，我们副政委看我不顺眼。

那时候在北大荒我是一个唱男高音的独唱演员。我最早是怎么去的宣传队呢？我第一次从兵团回家探亲的时间非常晚，因为父亲关在牛棚里，我就不愿意回家，很多人都逃跑回过家探过亲。全团修水库的时候，我逃跑了，当时我爸已经从牛棚里放出来了，我请假团里不让走，我说我已经两年多没回家了，但还是不让我走，后来我就跑了，跟现在新华社的一个叫汪永基（音）的一起跑，一路上为了锻炼自己，不买火车票，混车。一共就有 20 块钱，我们用青年人的智慧把牙膏挤出去一半，把后边撕开，把 20 块钱卷在牙膏里，所有的乘务员搜查的时候都没想到这个卷着的牙膏皮里会有钱。就那么混，他姨夫是哈尔滨的一个领导，也被批斗。我们在他姨夫家住了两天，然后再上火车，我记得特别清楚，第一站就被轰下来了，我们俩这一路就是人生的历练，一直到天津，说就要到北京了，不坐火车，咱俩走回去，结果没想到，从来没想到那么远。走到杨村，夜里下着雨，我们俩实在太困了，马路边只有树，一人抱一棵树就开始睡，抱着树睡也不舒服，最后就躺在泥地上开始睡。结果一辆解放牌卡车过去又回来了，司机下来说，你们俩干吗呢？我说我们俩回家没钱，准备走回去。你们哪儿来的？我们说北大荒的。他说，哎呀，我儿子也在北大荒，赶紧上车。这个好司机拉着我们俩就回北京了，到大北窑，他说我不能送你们回家，一人给你们 1 块钱坐车。其实我们有钱，就不好意思要。但是，人家都给你了，坐车回家，别再走了。那次是我人生一个特别大的痛苦，骗了个好人，牙膏皮里有钱，还要了人家 1 块钱，这也是我人生的一个惭愧的点吧。

那时候年轻人特别怪，大陆为了画画，拿俩馒头到山上去，小兴安岭蚊子相当多！他就在森林里画油画，被蚊子咬得脸上全是包，但就是有追求。北京有一句好话叫"不迷不成家"，这个乐之不如好之，还是好之不如乐之，我忘了。就是迷恋这个东西。那时候我迷恋声乐，但是一事无成，失败了，我人生最大的失败就是没有当上专业的歌唱演员。所以，我后来开始写歌剧，我让他们演给我看，用这个代表愤怒。

六、知青回城后要经历的三个阶段

邹静之：

知青回到北京，回到城市后要经历三个阶段。第一个阶段是回避。不愿意再提旧事，你说那地儿，一听就烦。后来大陆考上大学了，考上电影学院，他跟张艺谋、陈凯歌这些人是一届的，一个班的。我没有，我回来当瓦工，一直学声乐，以失败告终。然后，也没上正经大学，读的是电大，那时候我是一个瓦匠，在和平里的煤炭科学研究院。大家可能都知道，一个瓦匠整天在脚手架上唱舒伯特的小夜曲，所以那些办公室里的"白领"就觉得奇怪：怎么一个"蓝领"天天在这儿唱咏叹调或者唱波希米亚人？后来我就觉得知青有一点能力，它飞快地就会凸显出来。很快我在1983年的时候，就当了正科长了，当了一个部门的办公室主任。我们部门所有的文艺体育在3000人的研究院里永远是第一的。从那儿以后，在电大的时候就开始写，我总觉得学文学不写也没用，我写的第一篇小说没找任何认识人就寄出去，那时候《北京晚报》有一个栏目叫《一分钟小说》，突然有一天有个人说你不是写过一个什么什么。我说你怎么知道的？他说《北京晚报》登了。所以我前30年不顺，后30年因为有北大荒的底子开始完全不一样了，第一篇小说就发表了，第一首诗就登出来了，然后第一年写诗就在《诗刊》、《人民文学》发头条了，然后就被诗刊杂志社调去当编辑了，然后就在田壮壮的引导下开始写影视。第一部电视剧作品《琉璃厂传奇》就得了当年北京市唯一的一部编剧奖，第一部，没有认识人。然后就写了电影、歌剧、话剧。

第二阶段是怀旧。聚会就当笑话讲，永远把北大荒的一些事当笑谈，跟比自己小的人聊，跟同龄的人聊。

我觉得第三阶段是反思。我突然决定要写一个知青的话剧，为什么？因为去年我在美国的一个叫唐杜的战友，也是咱们一营的，后来到了团员队。他在《智取威虎山》里演坐山雕。这个人现在在美国华盛顿的华人交响乐团当指挥。回来以后在我们家聚会，聊我为什么要写这样一个话剧。聊着聊着，他说你知道我为什么今天回来？我一下就有点懵了，他说咱们一块儿的，有一个叫老贾的，就是今天，近40年前的今天，在北大荒失踪了，到现在生不见人，死不见尸，不知道是死是活。

我在我的话剧《花事如期》里有一句台词叫"你在控诉别人迫害你的时候，其实你也在迫害人家"。这个老贾真名我不说了，当年也是一个干部的孩子，很大干部的孩子。他能有半导体带到北大荒，他脾气特别怪，不爱跟人接触，数学好得不得了，他像我们这么大的时候，就学了微积分，什么都会，所以很孤僻。他总是戴着一个皮帽子，把耳塞子塞到耳朵里听半导体，他不愿意跟人分享。你想三四十人住一个屋算少的，我最早是七八十人住一个屋，当时三连有一个房子就跟牛棚、牲口棚一样，进去上下铺，到那边出去了，就这么一间屋就是一座房子。每天下工以后，男生也得擦呀，全是臭汗，那挤不下，地上全是泥、跳蚤。结果这个人天天听，终于我们发现他有半导体了，而且他们家给他寄包裹，有好吃的，就开始折磨他，偷他半导体听，换他电池呀，折腾他。这个人刚开始是在河边放羊，一个人还好办，回到宿舍就不习惯了。我们终于发现他每天晚上收听莫斯科广播电台，那时候叫敌台，而且最响的就是莫斯科广播电台，因为离苏联近嘛。这些人就开始检举，有检举的，有揭发的，有晚上听完以后报告的。这哥们儿当时就被劳改了，淘厕所、淘粪，干最脏最苦的活，受所有人的作践。但是这人有尊严，他从来没有向谁告饶过，从来没有为了取悦谁或达到自己的目的去拍谁的马屁，去说假话，就是那天走了以后，就从此消失了。

有的人说到知青的感触,包括伟大的思想家、哲学家都说过,你在那个时代怎样?这是我觉得我到现在这个阶段开始想的一个问题,你在受迫害的时候,你是不是也迫害过人家?我说完这个选题,全体的知青好像都不满意,他们说那时候咱够苦的了。我所有的话剧我都爱跟一个叫陈家瑛的哲学家交流,我觉得他在中国如果不能说是哲学家,最起码是哲学的解读者。他说你是对的,单说从伤痕文学到这个时代,如果知青没有这样的反思,知青就没有进步,包括中国文学。我最近在给一个大导演写一个电影,我就说如果仅仅停留在拉出胳膊说你当年打过我,你看这伤还在呢,还有没有更深切的东西?我看过一个德国的话剧叫《天边外》,说整个"二战"每一个德国人都有责任,不是希特勒一个人,当时的德国人都有责任,当然说这上升到一种形而上的思想范畴,我觉得这非常重要。

七、 照片中知青岁月的点点滴滴

赵大陆:

我们想给大家放放幻灯片,看一些图片。

邹静之:

(图3)您看到天边了吗?这根垄拖拉机从早上开,开到中午开到头,晚上再开回来。我曾经割过二连的18号地还是几号地20多公里,我割了3个月,一人6垄,3个月才割到头。你想想广阔天地是什么感觉?我给你用语言形容一下,北大荒,下边是地,上边是天,站着的是一个人,剩下连一棵树都没有。

赵大陆:

(图4)你看这个沼泽地就有人在这儿被淹死过,掉进去以后千万别站着走,别挣扎,要趴下,要爬,要使它的承重分散,不然的话你那只脚是越陷越深是永远拔不出来的。我们连队当时就在上边那个坡上,下雨以后这个泡子水就漫上来,一直漫到我们的床边,有一天早晨起来盆全漂到脑袋后头,太可怕了。

图 3

图 4

邹静之：

我在这种沼泽里看过母鸭子孵小鸭子，一走过去母鸭子就飞起来，一看一窝蛋，很多很多。我参加修建水库，后来逃跑被抓回去了，那时候叫学习班，其实就是劳改。我管6个人，每天一顿只许吃俩馒头。但是，比如说盖一个水房3天必须盖完，早上我们就得上那山上去伐木，搭房架子，完了扇草，没有坯，拉河辫。拧拉河辫、扇草，特别累。

赵大陆：

你看这张黑白的（图略）是当年的东风，大型收割机。下边是现在的，现在的新的，因为它是家庭农场。现在小型的收割机，比以前的东风还厉害。

邹静之：

所有的人都知道，地头一定要铲干净，为什么？排长坚持。我们那儿有一人特鬼，他铲的特别快，一上坡一下坡，他第一个，后边人都看不见了，拖着锄子就开始跑，突然第二个人又出现的时候，又开始假装铲。最饿、最累、最渴的就是铲地，铲地没水喝。我们曾经喝过水泡子里的水，上面都是绿苔。能不能喝？大家研究了很久。后来有一个叫倪伟的，揪了一根草，把草吹通了，就像在北京喝汽水一样，穿过绿苔喝底下干净的水，所有人都觉得太优雅了，都做一根草开始围着水泡子喝水，结果回去后他得了痢疾，其他人都没事，这是一桩特别逗的事。

我不愿意以诉苦的方式来讲我们知青的生活，因为说心里话，要诉苦谁都不容易，农村的，现在的孩子容易吗？我觉得现在家里有一个读书的孩子是个灾难，早上最早上学，晚上几乎最晚睡觉，学的东西都是考试时候有用，一辈子没什么用。发展改革委不管教育吧？所以我可以说两句对教育的不满，我曾经写过一篇文章叫《女儿的作业》，全中国各报刊转载最多的，李岚清作过批示的。说中国语文教育到了不得不改的地步的一篇文章，我觉得中国的教育真是太差了，还不如上山下乡呢。但是,不可能了。

赵大陆:

扛麻袋是我和静之最常干的活儿。当时有个人上跳板,一下一个麻袋就砸脑袋上了,就趴地上不动了,大家都先问砸死了吗?一动都不动,掀过来一看是静之,没事,就是一鼻子血。

邹静之:

我们是给面粉加工厂大楼上料。为了怕麦子掉地上不好收,铺了好多麻袋片,我扛着扛着体力不支了,被麻袋片一搅上,整个160斤,就摔下去了,脑袋暂时抽不出来,所有人都说坏了,这回砸死了。他们给弄上来一看,没死,本来挺大的鼻子更大了,半张脸全是鼻子,后来我就回宿舍休息去了。可恶的是我的床头挂了一张宣传画,上面是扛着麻包上料,写着丰收的粮食堆上天那种词,我顶着个大鼻子看到那个宣传画,当即就撕下来了。

赵大陆:

(图5)其实我们也挺苦的,平时没演出就玩命干活儿,然后有演出又天天排练,这是我们团宣传队的女生,这是摆了一个造型,当年很时髦的一个造型。

图5

邹静之：

我前年在哈尔滨看一个话剧表演，在姜堰工人文化宫青年宫。我们在哈尔滨所有的剧场都演出。当年就是宣传队这帮人，你说苦吧，最起码男男女女还在一起排练、干活儿，我觉得连队的更苦。那时候吃饭前，三九天零下四十度，所有的人先在门口唱完歌再进饭厅，10个人坐一桌，永远有一个人在读报纸，就这人不能吃饭，全连不许说话，那时候真是食不言寝不语，就是说吃饭不说话、睡觉不说话。

当时我有一次要入团了。但是，不小心唱了当年一个叫《货郎与小姐》的歌剧，就是"文革"前阿塞拜疆的一个歌剧，李光曦唱的，那天闲着没事唱了一个《卖布歌》，唱黄色歌曲，又把我拿下了。

赵大陆：

我们俩18岁时的日记好多是对得上的，但是我们没商量过。那天我看书的时候发现，比如说我今天画了什么，他日记说干的什么，都是能对上的。去年9月我在中国美术馆办的一个个人画展，有两个厅，分两个部分，一部分是头像系列，还有一部分是兵团系列。我原来是想创作一些东西，但是后来想干脆用兵团的老照片来画，把它变成一种形象和一种影像呈现出来。

（图6）这是以我们十一连的女知青刘云为原形画的，这张画是5张拼起来的，9米长。北大荒给我的感觉一望无边，什么都没有，天连着地。那时候最时髦的女性，梳的头型和穿的衣服是这样的。

图6

这（图略）叫龙口夺粮，麦收大会战。那时候咱们用的最多的就是誓师大会。每次收麦子之前都要誓师，先誓师站到地头上，然后就开始奋战了，没白没黑地干。

这是配画的两个最主要的麦收工具——镰刀（图略）。刚才我说的伤着我的就是这个镰刀尖，一下就剁到踝骨下边。最好的镰刀把是叫黄博罗的，就是部队做步枪的枪把那种。

邹静之：

这是一个干净的宿舍（图略）。检查卫生之前肯定是这样的。

赵大陆：

肯定是女生宿舍，起码这里有暖水瓶，男生一般没有这个，还是很整齐的。每个人就是70到80公分这么大宽度，从上到下是你的领土，从顶上的毛巾一直到底下的脸盆这么一块儿地。这是几个道具，宿舍里的农田鞋，这是静之那个杯子，还有脸盆。

八、 知青的文化生活

邹静之：

我觉得没头没尾的书你们肯定没有看过，不但没头没尾中间折了，所有的上下两篇都得对上，这种书我都看过。我那时候为了借一本傅雷译的叫《约翰·克里斯朵夫》的书，走了25公里的茫茫雪路，到一个连队借回来，走回到团部宣传队，借期一天半，连夜看完，再走雪路给送回去。我觉得我们团为什么出了这么多人啊？北京这帮孩子都是海淀区的，全是八大院校、三军总部等的子弟。那个时候都是白皮书、灰皮书，是内部出版的，比如前苏联的《落脚》、《多雪的冬天》，塞林格的《麦田守望者》，《萧斯达高维契》，等等，所有这些书，我们都是在北大荒读的。后来我想了想，我所有编的剧，如果说有一点才分的，也得益于北大荒，一个是读书，一个是讲故事。那时候没有业余生活，我曾经上山伐过一次木，我们三四十个人全是男生，待了一冬天。每天晚上就是一个帐篷，大汽油桶，那木材有的是，就烧绊子，我们在上铺，所有的小伙子就穿一个三角裤，冬天外面零下四十度，炕底下特别凉，可以把肉冻坏。我刚擦洗完毕，坐炕上，烟就啪啪往我这儿扔，为什么？赶紧讲故事。缸子给你搁这儿了，不是茶，白开水，我没办法就开始讲。我觉得我讲得最好的就是《悲惨世界》。最后您知道讲到什么？没的可讲，讲了《第三帝国的兴旺》，从那个什么国会纵火案开始，所有人听故事的那种感觉，我看到了。华人第一个得戛纳奖的是胡金铨，原来是北京人，后来到了台湾，拍过伟大的影片《侠女》、《空山林雨》，到现在我都觉得是伟大的影片。这个人说导演的第一要素是会讲故事。我记得我讲的时候，已经困得不行了，我就说咱躺着讲吧，躺下讲着讲着就睡着了，但是那帮人没睡着，使劲推我，下边呢？下边是什么？我有时候就想不起来了，我就开始编，编一会儿又睡着了，再讲一会儿。就是那种枯燥生活，每天麻木，吃不着什么东西，没有当地人。当地人会讲一些黄色的东西。我们那儿有一个叫老尖的，一营的"难高音"，永远唱不上F的"难高音"，艰难的"难"。他每天早上练声，我们伐木都特别累，早上不愿意起来，他为了考北京的文工团，早上5点起来，在帐篷外就反复喊三个字："洪阿姨"。后来一想，对，洪是翁母音，阿是阿母音，姨是一母音。最后我们实在受不了了，跟排长说了，要求赶紧给他轰下山，他不下山，我们全体下山，组织不让他练声了。一天早上他冲进帐篷喊："女的。""什么？""女的上来了！"3个月没见过女的。这个帐篷掀开门帘子是一个十字，很小，就看四颗脑袋全扎出去了，哈着气。这是村里供销站知道这儿有知青，肯定缺日用品，一个小媳妇戴着一个头巾和一个老头儿赶着一头驴上来卖日用品来了。这帮人就看，我们曾经说过3个月没见过女人的感觉是什么样的，后来我发现非常准确，一个哥们儿说好比这间房子是你特别熟悉的房子，你每天晚上回来灯绳就在这儿，一拉灯就亮了，全屋都亮了，天天能见着女的就这个感觉。他说3个月没见着像什么？还是这间屋子，进门灯绳还在，一拉灯没亮，再一拉还不亮，这就是3个月没见着女人的感觉，内心突然失去光明了。所以，女同志在我们内心是多么的重要。

这个女的上来以后，我们都看着，也不知道避讳了，穿得整整齐齐的，就坐在帐篷里，就看着那女的进来，小媳妇害羞就在床沿边上坐着，往外拿东西，所有人离她都挺远，就这么看着，一个人上去，"我买一个牙膏"，回来了，又坐那儿看，又去一个，就是这种感觉。如果还是没见到女人，我估计就是那灯绳最后把房子给拉塌了的感觉。

九、知青的精神世界

邹静之：

我讲一个脸盆的故事。我们去大概不到半年，整个连队大概有300个知青，有一个水房，是茅草搭的，里边有辘轳。摇辘轳当年对知青来说是一个特别巨大的事，尤其是冬天，全都是冰，女孩子根本摇不动，我们直属排的井是30多米深，有一个大胶皮轱辘轳缝成的水罐，最起码有六七十斤，你就得给摇上来。摇上来时还得一只手扶着辘轳把，一只手去把水罐拎到地上，这时候是最害怕的，扶不住辘轳把，那个辘轳就打回来，桶就下去了，那辘轳就跳，很多人就都被打了。冬天拎这桶，万一没拎住就会滑下去。草房有一天着火了，那时候提倡学知青榜样金训华，为了救两根电线杆而淹死。一着火300多知青拿着自己的脸盆就去救火，装水往上泼，有个人为了把草弄下来还爬上房顶，从烧塌的房架上摔下去，腿烧伤了一大片。水房的火救灭了以后，第二天早上一看，满地300个脸盆全踩瘪了，我们的脸盆都是北京带去的新脸盆，当地一老职工就说了一句话："救啥救啊，一个破草房子连一个脸盆都不值。"他说了这话以后，挨批斗了。这是那个时代人的一个精神缩写，就为了救两根枕木，宁可淹死。还有就是咱们那张文生（音），半边脸跟电焊似的，就是救火烧的，他觉得救火是学金训华。他父母是老干部，是邮电学院的，他救火，唯一的口号是"生是毛主席的红卫兵,死是毛主席的红小鬼",他就顶着火打,结果顺着火跑的人反而被烧死了,他顶着火硬冲出去了,所以真正火来的时候,你逃火追你,一下就能给你烧死,就应该顶着火冲出去。这个孩子是喊着革命口号救火被烧伤的,手现在变成这样了,那个想逃命的顺着火跑的被烧死了。我们那个时候真是用300个脸盆救一个毫无价值的草房,为了一根枕木我宁可被淹死。再现当年知青的那种感觉,我觉得是一个巨大的难题。我跟濮存昕说,他也是咱们北大荒二师的,我说怎么办?现在年轻人谁能演当事人那种纯洁的眼光,甚至现在人看见就是傻、执拗,很难。但是,难也能做出来,看怎么做。

十、 知青生活: 虱子的故事

邹静之:

北大荒所有的男生女生身上可能都有虱子,我第一次长虱子是去了大概一个多月的时候,没地方洗澡,脖子上就开始有一个特痒的东西在往上爬,我也不知道,就把它揪下来了。那儿不是有老职工吗,我问他从我脖子上爬出来的是什么呀?他说这是虱子,你不长这玩意儿没人味,都得长。因为都住通铺,你一个人干净也没用。

再讲一个笑话。我们那地方有一个人叫二石,他说他身上有三军,虱子是陆军,臭虫是塔克兵,跳蚤是空降部队。这个人就特别欠,每天都招猫逗狗,跟这个贫两句,惹惹那个。别人就揍他,白天挨一顿打他舒服了,舒服完以后谁都不愿意跟他住一块儿,太脏了。夜里在上铺的一个角落开始清点"三军",最后抓了半把,你邹静之不是白天打我了吗,下来就把半把虱子扔我被窝里了,所以这个人最后没人敢惹他了,"三军"部队还是很厉害的。另一个笑话,这是我们当年的生存状态,还是比较恶劣的。

赵大陆：

那时候邪事多，有一次我们十连收麦子，大康拜因前边的大铁轱辘往前运行着，麻袋没了，接不着粮食了。麻袋一般搁在康拜因前边和拖拉机相连的三脚架上，到那上面去取麻袋，要往前跑着，然后进来取了麻袋再往前跑着退出来，就这样一个状态。一个哥们就这样跑着进去以后，退的时候着急了，横着退出来的，他应该再往前跑着退出来，结果压着脚了，一下子就把他压到泥里了，当时就一喊，拖拉机就停了，那时候下雨，地特别软，停下以后，拖拉机已经压到屁股那儿了，他就这么抱着麻袋趴在地上，怎么办？不可能退车的，退车就把他再碾一遍。就跟他商量，最后他说："过去吧那就"，"过去把你压着了"，"没事儿"，把头下垫上麻袋，头上铺上麻袋，一使劲开过去的，然后把他从地里掏出来，地上压了个"人模儿"，没事儿，接着干活儿。

十一、追忆：青春生命的消逝

邹静之：

三连一个天津的女知青叫杨丽敏，长得很漂亮，唱歌也唱得很好。正好中秋节，家里寄来月饼，伤感，她就在下地的时候，跟她那个闺密在田边走，我们那连队有一个哈尔滨知青叫杨达，是全国拳击冠军的徒弟，身体特别好。杨达是开拖拉机的，那年大涝，为防止因为窄陷进土里，就把所有的拖拉机轨道加宽了。他那天开车，又特别喜欢杨丽敏，就想耍漂移。但是杨丽敏因为家里寄来月饼正在伤感呢，没感觉到后边拖拉机来了。杨达那天忘了拖拉机加宽了，拖拉机多沉啊，就这么从身上碾过去了。一个知青就这么把自己心爱的女生轧死了。我当时看见营长骑着一辆总是熄火的摩托车，从连里赶到这儿，上来俩嘴巴，杨达一个那么精壮的打拳击的人脸色苍白，一动不动就蹲在那儿。后来他就开始劳改，每天扛360斤大石块——盖房子总用那360斤的大石块。杨丽敏埋在一营的果园了。他是一到月份头就去墓地，后来他回到哈尔滨了，到现在每年清明节都坐火车到这儿给这个女孩子扫墓。

装卸连进火车站了，那时候煤到了都去抢，冬天一冻就不好刨。有俩北京女知青，总在一个地儿刨，煤堆上面就形成一个盖，一直往里刨，里边松好掏，掏着掏着那大盖就落下来了，两个如花似玉、十八九岁的北京女孩儿就活活给压死了，那么死的知青非常多。

在采石连的时候，点完炮半天不响，得去人看什么原因，都是排长去，有个北京知青逃跑刚回来，怕挨斗，要表现，也跟着去了，但是他跟在后边，跟着排长和一个上海知青。刚拐过来，炮炸了，前两人就被炸飞到河那边去了，北京知青刚好在后边没炸着，还穿了一个回力鞋，我记得特别清楚。

给我印象最深的就是一个万花屯的女知青叫梁明，是当年一个驻埃及参赞的女儿。万花屯特别惨，惨到什么程度？没有厕所。他们那个连的知青不是西苑机关就是中直机关的儿女，三间房没厕所，但是前边有两个麦盖垛子，所有的女生上厕所没法冲着宿舍，那男生会看见，所以都到麦盖垛子这儿来上厕所，但是麦盖垛子前边是一条一营去团部的公路，所以总会在卡车上看见女孩子在麦盖垛子前边解手。梁明非常漂亮，有文化，有教养，结果去了第三个月，得中毒性痢疾死了。她父亲因为中法谈判回不来，后来回到北京，马上转机到哈尔滨，穿着呢子大衣。那时候当官的真是朴素啊，到二龙山坐一个破油特进了万花屯，呢子大衣和帽子上全是土。知青一看，梁明的爸爸来了。他来了先给所有的男知青发中华烟，刚开始还能控制，连长是一特矮的人，叫李矬子。李矬子陪着他。他说我想看看我女儿的铺位，就带他去了。他摸着他女儿的被子，伤心地说："我女儿埋哪儿了？"说果园南边，他说能不能给我带一把扫把。他带着扫把坐在油特车头上，这些知青都跟着去了。他拿着那扫把一边给女儿扫坟，一边说着话，他说："梁明，爸爸来晚了。"他就像一个父亲给女儿梳头一样，一下一下地扫。我看见梁明的坟正好在南山那儿，面对着辽阔的北大

荒草原，真是伤感。他扫完墓回来以后，马团长才知道参赞来了。马团长见到他说："您有什么要求？"中国特别怪，人死了，他往往会问你有什么要求。梁明他爸说："孩子死了，我没什么要求，给所有的女孩子盖一个厕所吧。"马团长说："好。"后来万花屯三排房出现了一个用360斤大石块垒的全六团最好的一个厕所。这是用生命换来的。

十二、反思：知青运动的价值

邹静之：

当年的口号是毛主席教导我们说，知识青年上山下乡，接受贫下中农的再教育很有必要。我们去北大荒接受了大自然对我们的教育，也接受了贫下中农的教育。我觉得我们那时候很少有得神经病的，不像现在的孩子，北大、清华每年都得从楼顶上跳下来几个。后来我发现，劳动和自然对人的神经是最好的，我们天天对生活的要求最简单，比如今天有肉，或者说下雨了可以不出工了，累了想睡会儿，饿了想吃一口，脏了想洗一洗，都是这种最简单的要求。所以不会得什么精神疾病，因为这种最简单的要求没有使你的欲望达到令你疯狂和崩溃的程度。

还有就是我们接受了贫下中农再教育之外还带去了很多文明，如我们六团搞的篮球赛、运动会。我最早去四连的时候，当时那地方的人看见知青每天早晨出来一人拿一茶缸子刷牙，满嘴的泡沫，说："这整啥呀，天天弄一个牙刷往嘴里杵。"我们那时候在一营营部弄了一个水池子，女生穿游泳衣游泳。当地的人看着，说怎么能这样？上海人当时发明的假领子，因为外边穿毛衣，没有那么多衬衫，所以他们就做了很多假领子。刚开始，我看上海女生怎么天天换衬衣呀，花边儿的领子，一会儿又饺子边儿的，这个边儿那个边儿。我说你们上海真有钱，总换衬衣，她说不是，这是假领子。后来所有的知青好像都戴假领子。当地人刚开始看不惯，后来是托知青回家给他买华达呢、的确凉，还有假领子，慢慢当地人的孩子，就是农场人的孩子也学会了很多。他们说你们知青一来，就觉得我们的整个文化素质水平在提高，你们知青全走的时候，这儿变得极为荒凉、落伍。所以我们在接受贫下中农再教育的同时，也带去了文化和文明。

李仰哲：

下边就看看我们各位有没有感兴趣的话题和两位先生互动。有没有？

提问1：

来之前我读过邹老师一些作品，我在大学时代也读过一些知青的作品，包括著名的肖复兴的《戏剧人生》，当时就感触非常深。今天也有幸随着你们一起回顾了一下知青岁月，其实对于我们这一代年轻人来说，可能对人生的理解没有你们那么深刻。但是，我们也通过各种作品，包括我们自身的经历，对你们那些刻骨铭心的经历和后来的人生转折有一些思考。当然，我们这一代年轻人是伴随着改革开放成长起来的，经历没有你们痛苦。

邹静之：

我觉得你们比我们痛苦。咱们互相心疼一下。

提问2：

我们这一代人现在面临的最大问题就是一种莫名的焦虑，或者是为了生存，或者是为了下一代，有时候感觉不知道自己的人生要往何处去，也不知道我们的下一代该如何来培养。因为他们可能比我们这一代人面临的精神世界更加贫乏，更加不知道该怎么办。所以说我有一个问题来请教你们，你们对我们这一代人存在这种现实的焦虑怎么

看?对我们培养下一代人有没有一些指点或者是启示?谢谢。

邹静之:

我希望这个世界美好。后来我想了一个特别大的问题,其实人搞什么这个主义也好,那个主义也好,说的最白的一句话就是,他们希望在这个世界上和什么样的人在什么样的环境下生活一辈子。所以主义说到底,包括宗教,都是我愿意和什么样的人生活。

为什么讲礼义廉耻?四书五经中礼经是第一位的,礼就是秩序,是希望有秩序的、有公平的和有礼的人能天天见面的时候微笑快活,在一个什么样的环境中生活,比如山清水秀的、充满了鸟鸣的大自然的环境,这就是人的理想。但是,从来没有一个时代,包括我写作的时候,放一个桌子,咖啡、茶、面包都给你弄好了,没有人干扰,写作吧,没有这个时代。你觉得你现在焦虑,我们在北大荒的时候,每个月都有自己的朋友离开这个地方,去当兵也好、去上学也好、去文工团也好,每天都在考验你。我曾经在送那些人的时候写过一首诗,讲的就是车走了,因为车里头都是灯光,人一进车特暖和,把棉袄脱了,穿着毛衣走来走去的,你一个人站在零下四十度的雪地上,看着这列车,温暖的列车和你亲密的战友去了一个理想的地方,然后你要走多少里雪路再回到你那个冰冷的宿舍中。我曾经在那时候说过一句话,"30岁不离开北大荒,看见这房梁没有,拴根绳自己吊死",我的焦虑肯定比你还大。但是人在这个时代,老跟着这个时代,老看着这个时代的东西,而且跟着它并且被它带着走,不是一个杰出的人;他一定要能存在下去,或者他的心态能在这个时代里为自己有限的人生产生一种特别好的良性的作用,这是杰出的人。如果怨天尤人的话,我1952年出生,当时父亲在江西钨矿被冤屈关起来,母亲就为了扎钨砂口袋挣钱,结果胎位不正。你知道我怎么生出来的?臀位,折叠着出来的,这是横生啊,横生倒养是最可怕的吧。生出来以后,突然转变了,父亲平反调到重工业部,就是后来的冶金部。然后我在1960年上小学时又饿得半死,然后又"文革",又上山下乡,我30

岁之前没有一天好日子。我和我媳妇 16 岁就认识了，到 30 岁的时候结婚都没房子，我们只能在马路上走，大冬天我们都在钓鱼台银杏林这条路上走，来来回回谈恋爱走过很多次，不是不怕冷，是因为没有地方。一个强大的人明白没有什么能给你最美好的世界。人家都说美国好，但是美国不也杀人嘛；都说这儿好那儿好的，到哪儿都有不好的地方。就是别怕，焦虑也是一种害怕，不要害怕和焦虑。

赵大陆：

要改变心态，其实有些时候是你周围的形势或者说周围人的处境对你的影响特别大，比如说你看别人都发财了，你焦虑了，我也要发财。要换位思考，比如说你看到不如你的人你又觉得不屑，他过的这么惨他怎么活的呀，我如果是他怎么样，我能不能活，能不能像他那样乐观地活。你看看外地的民工，好多起早贪黑的，卖煎饼的也好，卖菜的也好，他们怎么活，他们也有孩子。如果你是他，你换位思考，我能不能像他那么生活。那些有钱的暴发户你不用羡慕他，他们也未必没有烦恼，其实就是一种心态。

邹静之：

把爱好升的特别高，把世俗的欲望降低一点。我有一次和葛优聊天，说到贵族的生活。我觉得贵族就不着急，也不开好车，开那么好的车干吗呀？咱着什么急呀？不都是他等咱嘛。那种感觉是什么呢？就像巴菲特说不开好车，一辆车够了，一个房子够了，他捐了很多钱作慈善，他弄股票是为了展示自己的能力。

我说很多年轻人写信写到悬崖的时候不知道怎么写了，他就往后退，哎哟该看华彩了，哎哟不会写了，出车祸了，结束了，没看着，他老是顶不出华彩。人生在最困难、最危难的时候，是展示你华彩乐段的时候，机会来了你该放光了。积极地对待生活和焦虑地对待生活完全不一样。我记得巴尔扎克的《高老头》里有一个强盗，他有一句话：我每天早晨起床问自己，是不是比昨天更有信心？强盗都说这

话!当然话容易说,事难做,因为你们现在处在这种状态中,我觉得应该保持自己的阳光心态,坚持做自己。最起码你的幸福是你到我这个岁数的时候,觉得我很痛快。

提问3:

我相信任何一个人不管是经过那段岁月还是没经过那段岁月,对于这个问题,是没有几个人敢去面对的。我也看了关于知青题材的一些文学作品,包括一些人的回忆录。我在想,大家很多都是停留在怀旧的层次。我觉得可能还不够,是需要像您这样提出这些直指灵魂的问题,在这个程度上去反思的,因为只有达到这样一个深刻的程度,而且有许多这样的问题、这样的反思被挖出来的时候,我相信我们才能够避免那样的岁月再重复,那样的历史再重复,这是一个民族应该达到的集体的反思,因为毕竟那样的历史是整个中华民族的一个悲剧。对此您怎么看?

邹静之:

对我很有启发,谢谢。就包括"文革"的作品吧,伤痕也好,或者是展示那时候的奇文逸事也好,都是停留在表面的,什么时候那样伟大的题材包括知青,能够上升到精神上,这个民族或者是这帮知青才没有愧对那样的岁月,一定要上升到精神上。

提问4:

你最希望年轻的或者后面的人,他们从知青岁月中感悟到的是什么?

邹静之:

就是刚才这位女士说的,我希望上升到精神的层面上。因为,在历史的长河中,就是美好和苦难,从原始社会到现在的人类社会,战争的、和平的、艺术的,就是美好和苦难,没有一个人说我在娘胎里选择了，这个时代是美好的，给我空降到这儿去，没有这样的。所以，为什么中国古人说"退而独善其身"。我觉得都是中国古人在各式各样的社会中所总结出来的东西。我觉得所有的社会对于你来说都是仁慈的，保持自己内心的阳光，做一个好人，是最幸福的。那么，为什么有的时候会有礼崩乐坏，没有秩序？比如说很多人爱看的韩剧，我发现了一点，韩国人是有礼的有秩序的，这哥们儿在外边玩摇滚再时尚，他回家见奶奶说，奶奶我回来了。找媳妇得说奶奶您看。有一个日本人拍的电影叫《时尚舞蹈》，就是一个唱摇滚的，第二天要继承家业，去做一个和尚，他从唱摇滚到做和尚的时候，秩序分明。礼是整个社会的秩序。原来叫君君臣臣、父父子子，现在我们都西化了，我们新的秩序还没有建立。所以说我个人觉得建立人的礼仪，对人与人之间的关系都是特别重要的，说穿了就是我们愿意跟什么样的人在什么样的情境下活一辈子。

知青这个题材可能还需要更没有功利的，更发自内心的，更有思辨的来做下去。你们可能都上过大学、读过研究生，我今天说这些，有一些东西看似是表面的，但是展示了那时候的状态和味道，有一些是我的想法。

李仰哲：

因为时间的关系，我们的互动暂时就到这里。关于知青，我们今天回忆知青生活所涉及的所有的主题互动在今后还将继续进行。刚才邹静之、赵大陆两位先生用自己的亲身经历讲述了知青运动那段峥嵘岁月带给他们的启示，这种启示不仅仅是他们本人的回忆，更是一代人对于社会和历史的思考，也引发了我们对于人生、国家命运以及社会发展的深思，让我们再次以热烈的掌声感谢两位老师的精彩演讲。

本期青年读书论坛到此结束，谢谢大家。

国家发展改革委青年读书论坛（第二十三期）

精神与生命同在

2012 年 8 月 24 日

主 讲 人：邓亚萍（人民搜索总经理、前奥运冠军）
主 持 人：何炳光（国家发展改革委环资司司长）
推荐书目：《浪潮之巅》、《沸腾十五年》

邓亚萍

河南郑州人,前中国女子乒乓球队运动员,1993 年入选河南省队,1988 年入选国家队,1997 年退役后进修学习,并于 2008 年获英国剑桥大学经济学博士学位。运动生涯中获得过 18 个世界冠军,被誉为"乒乓皇后",曾任国际奥委会委员、共青团北京市委副书记,现任人民日报社副秘书长兼人民搜索网络股份公司总经理。

何炳光：

大家下午好。今天的论坛主题是"精神与生命同在"。在刚刚结束的第 30 届奥林匹克运动会上中国体育代表团表现出色，位居金牌榜和奖牌榜前列，取得了我国参加境外奥运会的最好成绩。8 月 17 日，胡锦涛总书记等中央政治局常委集体会见了中国奥运代表团成员，感谢他们为祖国和人民赢得了荣誉。赛场上中国运动健儿的优异表现极大地激发了全国人民的爱国热情、民族自豪感。与此同时，由奥运会引发的关于奥运精神的讨论引起了社会各界的关注，也成为我委干部讨论的热点，在内网干部论坛上有关奥运精神的帖子点击数已经超过 1000 个。

说起奥运我不禁想起一个人，她在自己的运动生涯中获得了 18 个世界冠军、4 个奥运会冠军，用自己的名字开创了乒乓球运动时代，请大家用最热烈的掌声欢迎邓亚萍。就我本人来说应该再次感谢她，因为在 2007 年的时候，邓亚萍应邀担任了我们节能减排活动的志愿者，让节能减排走进了北京奥运会的奥运村。"邓亚萍"这个名字可谓家喻户晓，也有很高的国际知名度，大家都很清楚她在运动生涯中所创造的奇迹，但也许很多人并不了解，她退役后的事业同样精彩。

1997 年后，邓亚萍先后到清华大学、诺丁汉大学、剑桥大学学习，获得了英语专业学士学位和中国当代研究专业的硕士学位，2008 年获得剑桥大学经济学博士学位，又在国际奥委会运动员委员会和北京奥组委任职，2009 年任共青团北京市委副书记，现任人民日报社副秘书长兼人民搜索网络股份有限公司总经理。

从体坛明星到退役求学，从国际体育事务转任国家机关，现在又在企业任职，应该说每一步都是巨大的挑战，但是她一次次实现了成

图1　第二十三期青年读书论坛开始前，国家发展改革委党组成员、副主任、国家能源局局长刘铁男（右四）与主讲嘉宾邓亚萍（左四）、主持人何炳光（右三）及国家发展改革委部分同志合影。

功转型。那么，是什么让她克服了对专业、对行业的陌生，不断地超越自己，创造了生命中的一个又一个奇迹？奥运会和奥运精神又给予她怎样的人生阅历？下面我把时间留给邓亚萍，让我们共同聆听她关于"精神与生命同在"的故事，大家欢迎。

邓亚萍：

感谢何司长。很荣幸来到发展改革委参加青年读书论坛，并和大家分享我的人生感悟。我今天的演讲主题是"精神与生命同在"，分四个方面：第一个方面是回顾我的运动生涯，第二个方面是讲述我的人生转型，第三个方面介绍我现在的工作，最后是互动交流。

一、运动生涯

对于我的运动生涯，相信大家不会太陌生。一直有人问我，到底是怎样的精神动力激励着我不断去转型、不断去跨越。我想这和以往运动生涯的经历有着莫大关系。如果没有那段时间的磨炼，也就没有我今天转型的过程，所以我不得不再拉回到以前。

我的运动生涯是从5岁开始的，因为父亲是乒乓球教练，我从小耳濡目染就进入了乒乓球馆打球。但在10岁的时候我遇到了一个很大的困难，那就是面临着能不能继续打球的问题。虽然当时成绩不错，在河南拿到了所有能拿到的冠军。但因为我不够高，打球的自身条件不够好，所以很多教练并不看好我，我也因此被拒于省队的大门之外。大家可能了解中国的体制就是这样，如果你进不了省队，那就意味着你没有机会进入国家队，因为你只有这一条路，才能够成为世界冠军。

当时我到河南省队参加集训，结果教练把我退回来了。之后父亲问我，教练不看好我，要不要放弃打球呢？对于当时只有10岁的我来讲，并不清楚这意味着什么，有些纳闷为什么自己成绩很好却没人肯要我，觉得不太甘心。我很希望能有机会证明自己，也想得到认可，因此我选择了坚持下去。恰好当时郑州市乒乓球队成立了，我就进入市队继续训练。

既然选择了，就要去承受。我记得小时候训练，曾经负重约30斤。这是什么概念呢？我们穿着带着沙子的背心，腿上再绑上沙袋，这大概是30斤的负重。当时训练条件也很苦，住在澡堂改造的训练场馆，每天早晨起来以后要跑步。我们当时训练的地方离郑州市的二七纪念塔挺远，要在限定时间内绕二七纪念塔来回跑一圈，做不完就得挨罚。在整个运动队里，相比于其他年龄比我大、个子也比我高的队员，我完成得非常吃力，甚至需要教练骑自行车在前面领着我，才能勉强完成。类似的事情还有很多，在郑州市队的4年时间是非常非

常苦的,甚至苦过我在国家队的时期。但同时这4年帮助我打下了坚实的基础,不管是基本功还是打法,都与这4年的苦练密不可分,可以说苦练成就了一身本领。

13岁,同样是我运动生涯中的重要节点。当时是1986年,郑州市队同河南省队有一场比赛,因为我们都算是省队"淘汰"的队员,大家心里都憋着一口气,最后我们大获全胜。于是,河南省的教练邀请我代表省队参加国内最高级别的全国锦标赛和全国乒协杯比赛。结果一发不可收,基本上我一上场就把所有的国家队队员、把所有遇到的世界冠军全部拿下。当时,这在全国引起了极大轰动,但是绝大多数的人并不认可我,觉得只是巧合。在外人看来,我不过是个打法很怪,能拼又狠并且运气又特别好的小孩儿。但不管怎样,我成为中国乒乓球历史上最年轻的全国冠军,而且是成年组的。按照当时不成文的规定是可以进入国家队的,但是对于我来讲又是一个例外。因为争议非常大,不管是全国其他省市的教练还是国家队的教练,都认为我

图2 第二十三期青年读书论坛现场,全委干部职工400多人参加了论坛。

拿冠军不过是巧合，希望继续再看一看，确定是不是真蒙的。别人能进国家队我进不了国家队，最终我反而进入到了青年队。

对于我们运动员来讲，在青年队中最难打的是队内比赛，因为所有的高手都集结在这个队。在之后一年的比赛当中，我拿了4次冠军1次亚军，但这期间仍然还有人比我先进国家队。我感觉不服，真的不服，为什么国家队的门槛偏偏对于我邓亚萍来讲这么高？但竞技体育就是这么残酷的，你也不需要说什么，只要用实际行动，或者用比赛成绩证明自己。所以，还是需要继续努力，让自己实力更强。

国家青年队这个地方是待不住人的，要么进国家队，要么再回各省队。对于我来讲很尴尬，进国家队争议很大，但我成绩又一直很好，到底该怎么办？这给教练组出了一个很大的难题。结果，教练组就我的问题研究了3次，当时国家队主教练张燮林认为我还是不错的，他说你们都觉得邓亚萍个子矮，没有发展前途，我倒是这样看，因为她个子矮，所以她看球全是高的，这意味着对于她来讲没有防守只有进攻，任何一个球都是机会。所以说，任何事物都是辩证的，你可能在某个方面是弱的，但是这个弱点换种角度看也许在某一个方面就是强的。张燮林提出这个观点后，很多教练说既然你是主教练，这么欣赏她，就让她进国家队吧。

我们那时候的训练也很有意思，每个教练分别带一个组，我进国家队没有人要我，没有人带我，很自然就划到张燮林教练的组里。就这样，在国家队大概不到半年的时间，我参加了第40届乒乓球锦标赛，和乔红合作拿了女子双打冠军，当时我只有16岁。后来大家经常提到的邓亚萍时代，可以说是从1989年开始的，从那时起开始征战世界，然后开始称霸世界女子乒坛。

这个过程告诉我们应该有一种坚持，就是要不断地去证明自己。但是，证明自己是要有条件的，比如说我的打法，迄今为止仍然是独一无二的。我们一直在强调创新，只有创新，才能立于不败之地，跟着别人的路走是没有机会的。对于我来讲很现实，身高的不足是不可

能改变，但又是可以弥补的。小时候父亲指导我如何弥补自己的不足：首先，要比别人跑得快，人家一步你需要两步；第二点，球要比别人打得快，因为速度可以制约对方的旋转，也可以制约对方调动你的机会。但具体怎么做是要靠自己去摸索的。所以，目前为止还没有人能模仿得了我的打法。长胶一般来讲都是防守型打法，我把它打成了进攻型打法，是一种独创的打法。大家都知道当时我主要的对手包括乔红，还有很多外国人。我们可以去模仿他们国外运动员的打法，但是没人能模仿得了我，这就是优势。所以，独特的打法让我拥有了不可替代的位置，这也正是创新的重要性所在。

能够顺利挺过这么多坎坷的历程，我也要感谢自己的坚持。我一直认为，从"不服输"到"我能行"，其实是一种性格。在国家队8年时间，我获得了18个世界冠军，囊括了两届奥运会冠军，连续8年世界排名第一，这个纪录至今尚未有人超越。可以说，该拿的冠军全部拿了，直到24岁时选择退役，这就是我打乒乓球的过程。

二、人生转型

在退役之前我思考了很长时间，到底是去当教练，还是去做点别的什么？对任何一个运动员来讲，都会面临这样的选择，非常痛苦。对于我来讲，去做乒乓球教练好像有点不甘心，我觉得自己还可以做点别的事情。但我肯定无法跟今天在座的你们这样的高学历人才去竞争，因为你们读书的时候我在训练，这个时间是无法弥补的。该怎么办？是惧怕这样的一种转型，还是说要有一种随时归零的勇气？非常庆幸的是，我在中国乒乓球队这样的一支光荣的集体，这个集体有一句名言，就是一切从零开始。任何一个比赛结束之后，让我们迅速调整心态，从零开始，就当前面的事情没有发生过。

"随时归零"的思维习惯，支撑我一直走到现在，要想做出更大的成绩，就不得不学会放弃，这就是当时在选择退役时，我决定去读书的原因。当时正好也有这样的一个机会，我被中国奥委会、国家体育总局推荐到国际奥委会运动员委员会工作，最后萨马兰奇主席正式任命。国际奥委会的官方语言有英语和法语两种，语言不通让我备受刺激，所有的委员会成员只有我一个是带着翻译去的，非常尴尬，也很不方便，好像自己是一个局外人。所以这个真的是让我非常受刺激，但同时也让自己感受到了除了可以在运动场上为国争光之外，还可以在制定游戏规则的国际组织发挥更大的作用，为中国运动员、为发展中国家运动员争取权益，那是更大的一个舞台。游戏规则的制定可能比参与比赛更加重要，就像咱们今天做了很多国际事务，因为如果连制定国际事务的秩序过程都无法参与，更无法保证自身利益。当时萨马兰奇对我说，学英语就是拥有了一把能够开启世界大门的钥匙，对我影响颇深。所以，自己又燃起了新的目标，就是首先把语言关过了。

1997年11月，我去清华大学外语系学习，这个过程充满了艰辛。我非常有幸，清华安排的全部是最好的老师，而且是1对1的课程。在外语系的大学第一课，至今难忘。老师问我英文什么水平，我说初学者。问会不会说英语，我如实回答："说几句都够呛。"老师让写英文字母，我把能想到的大小写混一块儿，26个字母也没有凑全。老师只能安慰道："我知道你是什么水平了，从头来吧。"这就是当时的真实水平，我也知道，自己可能是清华最差的学生。

最困难的是学习方法，每个人的学习路径是不一样的，不能照搬。有人说学习英文要死背，要多记，要多写，但未必适合每个人。找到适合自己的学习方法也是需要摸索的，这是一个过程。一开始我去尝试别人教给我的方法，发现大把大把地掉头发，乒乓球也是斗智斗勇的项目，也需要动脑筋啊。但为什么读书就大把大把地掉头发呢？这个问题可能要留给科学家研究。那时候读书大概每天十几个小时，再困也要坚持，我试着用训练的方法来支撑。但后来才发现读书不是这样的，越坐越困是根本记不住东西的，甚至看了半天结果全忘了。后来逐渐地找到了一种适合自己的方法，就是更多地用耳朵，因

为我的听力非常好，用耳朵来提高记英语单词的能力、交流的能力。

在这个过程中，我接到了一个很重要的通知，就是要到里斯本开会，而且要在会上发言。当时我学英语才几个月的时间，今天看来一张A4纸的英文演讲不算什么，太简单了，但是对那时的我来讲太难了，首先讲什么内容不知道，我需要先把它挨个字翻译出来；第二怎么发音不清楚。就为了这一篇讲话，我在英国专门请了一个家教，让老师讲一遍之后录下来，回家就听，听完就不断地模仿、不断地学习，整整练了一个月。里斯本的会议是萨马兰奇主持的，老萨原以为我带了翻译，结果我开口就讲英文，他一听乐了，一直笑着听我讲完，特高兴，告诉大家："邓才学了3个月英文，就能这样说英文，我们应该向她表示祝贺。"这对我是一种很大的肯定，特别是在当时外界很多人认为中国人说不好英语的情况下，小小地证明了一下自己。最后也得出了一个结论：尊重不是别人给你的，是靠自己争取的。后来，我逐渐地在国际奥委会奠定了自己的位置，显然，光去学英文、光会说话是不够的，怎么样更好地发挥自己的作用尤为重要。发挥作用靠的是什么？靠的是你的思想，靠的是你独到的见解。在国际组织里工作，除了身后的国家实力外，个人的影响和人格的魅力尤为重要。

在剑桥大学学语言的过程中，正好碰上剑桥的毕业典礼，那一天我正好在城中心，在那儿推着自行车驻足看了一个多小时。全城的钟声响起，所有的毕业生穿着礼服到礼堂去接受学位，他们的脸上写满了自豪，我看完以后，真的是由衷地为他们高兴，感觉跟我们走向领奖台的过程很像。这时我很羡慕他们，就想我哪天能到剑桥读书啊，然后立马否定自己说没机会，觉得这辈子没机会了。24岁才开始学英文，还想在剑桥读书？没机会了，下辈子的事儿。后来经过不断的努力，拿到清华的学位，又继续到英国的诺丁汉读了硕士。那时候想，哎呀，我还有这样的一个梦想，是不是可以去试一试？所以，决定去剑桥尝试一下。出乎我的意料，读剑桥的决定，招致周边所有人反对,包括我的老师。理由很简单,你这么大的名气,读不下来多难堪啊?!我说,如果能够这辈子完成的,为什么要留到下辈子?还是试一下,于是我义无反顾地选择了剑桥。

所以,别说是否有机会,事在人为,有的时候不去尝试永远没有机会。尝试的过程当中,遇到问题解决问题,遇到困难解决困难,只要持之以恒,我相信一定会有个结果,哪怕这个过程非常的艰难。读剑桥的第一年,我又被调回北京奥组委从事北京奥运会的筹备工作。当时在奥组委的市场开发部,这是一个极其重要的部门,为奥运会筹资。然而,剑桥第一年要撰写开题报告,淘汰率很高,只有通过开题才能继续读这个学位。记得在时间最紧的时候,我请了20天年假,在家里赶报告。我关了手机,拔了电话线,订了100多个速冻饺子,玩儿命地赶报告。刚完成开题报告,又马不停蹄地飞到意大利参加国际奥委会会议。飞机回到北京的时候,我的颈椎和背就痉挛到完全不能动了。虽然运动生涯有过很多伤,但从来没住过医院,但那一次回来真的不行了。最后到了医院,常年给我看病的那位老大夫一碰我,我的眼泪哗一下就下来了。后来这个老先生说,哎哟,看起来你是真疼啊。这个过程是极其艰苦的,一边要工作,一边又要完成学位。不过,好在研究方向是奥林匹克品牌的商业价值,恰恰我的工作能够拿到第一手的资料,我做了4个案例分析,不同的行业,国内国外的,用了5年的时间,最终通过激烈的答辩拿到学位。大家知道北京堵车很严重,每天早晨我都提前2~3个小时到办公室,先踏踏实实地看东西、写东西,一点一点积累。

我想有的时候选择不能太多,可能就这一条路,想清楚了,豁出去了,还真能闯出来,把很多觉得不可能发生的事情变为现实。然而,当你有很多余地的时候,再去创造奇迹的可能性反而不多了。所以,什么事都要辩证地看待。

在国际奥委会、北京奥组委的工作,特别是在中国奥委会负责市场开发的经历,让我积累了大量的实战经验,这些都和我读博士时所

作的大量研究实现了有机结合。之后我对于商业变得非常熟悉，也一直在从事体育产业这方面的工作。

北京奥运会期间，我担任了奥运村的新闻发言人，如何及时准确传达信息，这是一个极大的挑战，在奥运村这么敏感的地方，任何的问题随时都可能被放大。国际奥委会对2008年北京奥运会用"无与伦比"来评价，每一位北京奥运会奉献者的汗水都凝聚其中。这里，我想用奥运村的一个小故事来阐述一下。

北京奥运村当时有来自204个国家和地区的16 000名外国运动员和教练员，光工作人员和志愿者就有24 000多人。奥运会之前，一些人置疑我们的"80后"，认为他们是垮掉的一代。但是在奥运会的时候，我们大量招募以"80后"大学生为主体的志愿者。举个例子，为了方便运动员，当时在奥运村开设了帮助运动员洗衣服的洗衣房。为了节省开支全部都是临时建筑，就是棚子搭的。当时的北京已是酷暑难当，何况有着200台洗衣机、400台烘干机的洗衣棚。洗衣机还并非家用的小洗衣机，而是每天三班倒的大个儿洗衣机，这些全靠我们的志愿者。像特殊材质的击剑服，又厚又难洗还不能甩干。很多送过来的衣服全是汗渍和霉渍，只能上手刷，这些工作都是我们志愿者承担的。二十几万袋衣服按照颜色分开，没有一个差错。这是什么精神？这是极度的责任感啊！所以在北京奥运会闭幕式上，国际奥运会第一次有了运动员给志愿者献花的环节，就是因为我们的志愿者太棒了，这些事情都是我们踏踏实实干出来的。

三、"掌舵" 人民搜索

两年前，我从北京团市委副书记，调任人民搜索总经理。

坦率地说，当时我既不懂互联网，也不懂搜索引擎。但我有很大的特点：肯低头。我坚信每一行都有前辈，都有优秀的人，都有比自己强的人。把自己定义为新入道者，我开始低头拜师。

但能不能找到老师，老师愿不愿意教你，肯不肯传授精华，还得靠你自己。我回到了母校清华大学。此前，偶然看到熊澄宇的一篇新媒体文章，觉得观点很好，便主动上门求教。熊澄宇是清华新闻学院教授，他花了两个小时，向我普及新媒体基本原理和传播规律，我有了概念。但搜索引擎是怎么回事呢？我又拜访了清华计算机系马少平教授，从互联网技术的角度，他帮我弄明白了搜索引擎的技术现状、发展前景。

对新闻传播和搜索引擎两大产业理论初步了解了，我的信心有了。

但想要成功，还得市场说了算。我走访各大互联网公司，向业界"大佬"取经。

先拜访了李开复，他说，"哎呀，办搜索引擎太难了，你怎么会做这个事情呢，不要做了"。他也真诚地给出了建议，一定要找最高水平的人。

后来，我又去见了张朝阳和曹国伟，请他们支招。与李开复一开始反应差不多，他们都晃脑袋，认为我选了互联网里面最难干的活儿。但在我的软磨硬泡下，也给出了真诚的建议。

互联网业务有它的规律和特点，这些成功者都是从普通人拼出来的，我抱着学习的心态，果然学到了很多。

于是，我就抱定一个决心，认定的路一定要走完。

李开复的建议没错，互联网是技术海洋，需要顶尖高手。

我有个很简单的比喻：想拿冠军，一定要找到能拿冠军的人。

经过再三说服，谷歌原全球工程技术总监刘骏加盟，成为人民搜索首席科学家。把刘骏挖来，等于树起了人民搜索的技术形象。顶尖级领军人物加盟，对年轻人才吸引力巨大，这和打球道理一样，如果队里有世界冠军，就会吸引带动一批人过来，人都喜欢和高手过招。

有人调侃，邓亚萍是人民搜索最大的猎头。

我的一项重要任务是，请专业的人做专业的事。快两年时间，我每天早上8点到办公室，基本没有在晚上12点前回过家。我始终认

为,做事只能靠实力,无实力就没有任何机会,我们是新人,就得有新人的态度,选择了这个行业,就一定要做好。

我琢磨,做搜索引擎和打乒乓球有很多相通之处,比如竞争都很激烈、都要跟高手过招、靠的都是技术实力、都在围绕一张网作斗争。

怎样提升搜索引擎的技术力量呢?我提炼为打乒乓球时讲究的"狠、快、准、灵、转",概括为"技术全面、特长突出、没有明显漏洞"。很多东西在道理上是相通的,只要大家肯去思考,肯去归纳,就能掌握规律。

两年成长,人民搜索大家庭已经有了400多名成员,平均年龄只有27岁。

人民搜索现在正迈入发展新时代,陆续推出即刻食品安全、曝光台、医药助手等关系到老百姓利益的产品,逐渐被网民认知、信任。我可以负责任地告诉大家,我们不搞竞价排名,一直努力清除垃圾与欺诈信息,搜索结果更客观、准确、真实。

我深知,需要做的,需要学的,都还很多。但我和同事们已经达成了这样的共识:人民搜索只有一路往前冲,才有可能在高度竞争的市场争得一席之地。我们没有什么退路,就是要抱着背水一战的决心。没有这种决心,就跟不上行业的发展,会被市场淘汰,被社会淘汰。

最后,给大家总结一下我的体会。我认为实力是赢得尊重的唯一法宝,实力证明你自己,同时赢得别人真正的尊重。在互动环节前,我想用"四颗心"开始与大家的交流:一是在做事之前想清楚,下定决心;二是做事过程中一定会遇到困难,要坚持下去,有恒心;三是做任何事情要相信自己有实力和能力去完成梦想,要有信心;四是当你实现了梦想,还要有一颗平常心。

很高兴有机会和朋友们分享我的感受。

谢谢大家!

提问1：

今天的讲座让我们从一个侧面了解了您，也非常感动。我想问的问题就是在您拿到剑桥博士学位，以及发挥在国际社会上的一些作用后，应该说有很多职业可以选择，但您为什么选择了现在的这个职业？

邓亚萍：

非常感谢您的问题。有的时候也是一种缘分吧，我是在很偶然的机会接触到现在的工作的。做了两年，我觉得进这个行当没有进错。因为互联网这个行业真的是集结着各类精英。通过这两年工作的感受，它确确实实是非常前沿，同时高度与资本市场衔接。因为在IT行业，在互联网行业，首先是要有人才，要有技术、有机遇，之后需要大量的资本运作，具备以上资源，才能够创造出非常多的奇迹，这就是互联网产生这么多的新贵、这么多年轻的成就者的原因。所以我认为这个行业没有进错。

今天，中国应该积极地在互联网上有所作为，而不是一味防守，应该把防守转为进攻。我们正好利用这样的机会，打破西方主流媒体的垄断，否则我们很难有所突破，我相信中国的互联网行业一定会有更大的奇迹出现。

在这种情况下，我呼吁发展改革委的同事用更多的精力去研究新形势，特别是互联网和IT产业，以及和科学技术有关的行业的发展趋势，如果早一点掌握，我们就会更早地掌握一些主动权。

提问2：

邓总您好，非常感谢您精彩的演讲，我今天上午碰到这样一个事情，被网络诈骗了4000块钱，我爱人在云南那边出差，出差的时候因为她生病了，就把网上的航班改成中午12点。她就上网搜索航空公司的网站，搜到一个电话号码，打电话给我，叫我转账，结果转过

去之后那个号码是假的,又没有存根。我的问题就是我今天听到您讲这个即刻搜索,在搜索网络信息的时候,怎么辨别虚假信息和这种诈骗网站?谢谢。

邓亚萍:

搜索引擎很重要的一部分是排序,它是靠后台大量综合算法,综合了非常多的因素才得出的排序。有的搜索引擎将广告和结果混淆,采取竞价排名的方式,这就出问题了。互联网确实有非常多这样的信息,混淆概念,利用这样的机会来赚钱。所以,非常遗憾,中国互联网市场有这种状况。我们现在还很嫩,没有办法完全和成熟市场化搜索引擎去竞争。但不管怎么样,对于一个新手来说,需要作大量研究去实现更好的管理。互联网在中国才发展十几年,到底该怎么管?这个度是很难掌握的,监管太严不成,太松了也不成。但是,我想多一点辨别,多谨慎地看一看,谨慎选择,最好能够进入到公司的官方网站会好些,尤其是对于网上支付的问题更要慎重,所以,可能只能给大家这样一点建议,现在实在是没有办法,这种事情是时有发生的。

提问3:

首先谢谢您非常鼓舞人心的演讲,您在国际事务上参与了很多,也在剑桥大学学习过,相信对西方文化有一些了解。请问,在和外国人打交道的过程中,您觉得我们能够从西方学到什么,反过来问,您觉得西方人又能向中国人学什么?谢谢。

邓亚萍:

我在做运动员时经常出国比赛,后来读书在英国前前后后住了七八年的时间,可以说对英国文化、欧洲文化、西方文化还是有一点感受的。经常有人问我中西方教育有什么不同,我认为,西方教育给了我一种方法,让我掌握了一种工作的方法或者是一种生活的方法。西方人注重最后的结果,导向是非常明确的。在谈到更大利益时,他们不会轻易放弃。

但不管任何事情，国际事务也好、外交也好，交朋友尤为重要。朋友取得了彼此的信任、理解，好多事情就都好办多了。我在参与申奥时在这个方面感受很多，我跟他们讲了一个故事。有一次我从国外回北京在超市买东西，碰到了一个女售货员，一进门她就认出我来，非常高兴，兴奋地跑到我这儿，拉着我的手说，哎呀，邓亚萍你是申奥的形象大使，你一定要努力工作，要为我们北京多拉选票，要办奥运会。一个女售货员这样要求我工作，我就挺好奇，问她为什么。然后她告诉我说，如果我们北京办奥运会了，我们家马上就能拆了。中国人也很务实，我真的没想到是这句话。这句话给我留下了深刻的印象，当时我就想，没问题，我们一定会努力的。申奥成功后，我一直在回想这句话，我见的是这个人，但这是一个人的事吗？不是，她是一个阶层、是普通大众的一员，这些人需要什么？机遇。

你完全可以想象她们家真的是住在一个大杂院里，如果奥运一来，就可以马上搬楼了，这都能想象得到的。她代表的是这个阶层切身的利益，可以说是一个比较草根的阶层，她们更需要机遇来提高生活品质，这是事实。所以，我在做奥委会委员工作的过程中，我就跟大家讲这个故事，这是对奥运最大的贡献。如果能够帮助中国人解决他们的生活，帮助他们提高生活品质，不是世界奥林匹克运动最大的贡献吗？并非停留在简单的你好我好上，而是深层次的，对国家对老百姓的影响。当时我们的竞争对手主要是巴黎、多伦多两个城市。我就跟当时很多委员讲，巴黎有多少人，法国有多少人，多伦多有多少人，加拿大有多少人，北京有多少人，中国有多少人。这一票不仅改变了很多北京人的状况，还对整个中国有很大的影响，这是其他两座城市不能比的。不管做什么，坦诚尤为重要，真诚的交流尤为重要，交到真的朋友尤为重要。不管西方还是中国，其实都一样，跟人交流是将心比心。在国家利益的层面上，我们必须分得很清楚，但是在更多的时候我们完全可以互相去交流，争取到越多的理解，就越能争取

到更多的朋友，有了更多朋友我们在做事情的时候就很容易了。所以我想这就是我这么多年在国外生活、在国际组织工作得出的经验，我觉得坦诚的交流、真诚的对待，那么最终肯定能够交到真心的朋友，最终能够得到支持，可能就是这么简单。

提问4：

尊敬的邓亚萍女士，我今天也是非常的感动。我说一下我对您的印象，再给您提一点建议可以吗？我觉得对您的印象有三点：第一，我觉得您非常美，比我在任何时候在电视上看到您的时候都美，这种美很年轻，源于您的心态。其次，我觉得您今天讲的非常真诚，就是您讲的是我们想听的，我觉得最大的收获是您直面困难的一种态度。第三，我很惊讶您的这个跨越，您如果跨越到一个体育产业是一件很轻而易举的事情，我很惊讶的是您选择给自己一个挑战。那么我对您的建议是我个人的感受，第一，我觉得中国的奥运会虽然很好，但是我们全民体育运动的发展、大家的运动事业还需要继续推进，因为您有这方面的优势，所以我觉得作为体育界知名人士您还可以继续从事公益事业，让我们全民更加健康。其次，我觉得中国不缺技术人才，不缺管理和产业方面的人才，但是缺少像您这样能够参与国际上的活动、懂得一些国际规则、能够代表中国人游走于各方面的知名人士。因为互联网的完善是需要多方来共同努力的，我现在觉得您不仅要做一个公司，更需要承担更多的互联网责任，因为它实在对我们民族的发展，尤其是对青年人，对我们现在的每个人都太重要了，所以又给您加了两个更重的担子。

谢谢。

邓亚萍：

感谢您对我的信任。我在这个过程当中还是一个学生，我知道发展改革委的同事在很多的行业中是非常非常专业的，因为我接触过咱们的同事，每个人在自己的领域里都是专家，在很多方面是有深入研究的。所以说，我很敬佩也很欣赏咱们发展改革委的同事。同时，也非常感谢您对我的建议。对于您的厚望，我不敢当。作为一个呼吁者，我肯定是不遗余力，但是我能力有限，我觉得自己远没有到能够给更多的人提供更好意见的程度，我还处在一个学习的过程，还是希望我们私下多一些交流，也可以给我更多意见。

就全民健身和这次伦敦奥运会引起的网民关于举国体制争论来说，我觉得两个方面都必不可少。其实，美国在竞技体育上也投入了大把的钱，但是它投入更多的是商业运作能力，从这点上，我也给大家简单介绍一下奥运会的商业运作模式。

国际奥委会虽然是一个 NGO（Non-Government Organization，非政府组织）组织，但它是所有 NGO 组织里面最富的一个，它的商业体系是萨马兰奇一手打造的，就是把所有 204 个国家和地区的奥委会的市场开发权先上收，集中以后再分钱。联合国天天说要交会费，如果美国人不交会费拿它也没辙。但是国际奥委会不是这样，国际奥委会不用交会费，我跟你分钱，它的这套商业模式太牛了。它把所有成员国的权利拿走，电视转播权我来卖，市场开发我先做，如果你成为国际奥委会的成员国，那么它所集中的钱和电视转播权的钱最后都会给每个成员国，推动你本国奥林匹克运动的发展。所以大家都愿意把这个权利交给国际奥委会，比如说非洲有些国家没这个能力，没有市场去开发，所以它更愿意给。

现在国际奥委会只有 12 家赞助商，其中美国公司占 6 家，占国际奥委会赞助费用的半壁江山，再加上电视转播权的专卖可以达到二十几亿美金的量级，光一个美国基本上支撑起了整个奥林匹克运动。于是美国人就制定了一个政策，凡是美国企业赞助国际奥委会的，就有权跟国际奥委会分钱，否则就不同意赞助。于是到现在为止，国际奥委会的赞助总金额要分给美国奥委会20%。在所有204个国家和地区的奥委会里，美国奥委会最富，然后美国拿了这笔钱去投入，培养国内的运动员，特别是精英运动员，各个代表队训练基地、训练的费

用都来自这笔钱。再看俄罗斯，以前很厉害，现在大量的人才流失，正是因为投入减少，大量的俄罗斯高水平人才到美国去了，没办法。

提问5：

尊敬的邓总您好，非常感谢您给我们上了非常幽默又非常深刻的一课。我的问题就是当今的互联网非常开放并且竞争非常激烈，信息的更新速度更是日新月异。那么您所在的人民搜索，作为一个国企，特别是作为一个有这么深厚政府背景的企业，从事的又是互联网这样的领域，您觉得您在这个市场里和谷歌、百度相比有什么优势、什么劣势？您有没有日常工作中的一些苦恼？谢谢。

邓亚萍：

非常感谢您提出的问题。事实上，一些国内知名搜索引擎公司具备很强的先发优势，占据了比较大的市场份额，用户习惯已经养成，但这是不是说明网民真实客观的信息需求已经得到满足了呢？我们认为，还有很大的提升空间。即刻搜索有鲜明特点，我们没有竞价排名，搜索结果客观真实，更关注民生信息，特别是越来越多的政府信息从我们的平台释放出来。

我们非常有信心能够做好，我们有强大的后盾，这个后盾是我们这么多好的信息来源。今天的互联网有很多有效的信息、有价值的信息、可信的信息没有被释放，如果我们能够掌握到或者争取到很好的资源并进行整合，即刻搜索是很有机会的。

何炳光：

刚才邓亚萍女士作的报告让我不由自主地想起一首我们用闽南话唱的歌，叫做《爱拼才会赢》，不管是她的运动生涯还是人生转折，都体现了这样一个真谛。我觉得邓亚萍女士的故事很精彩，体会很真切，内容很丰富，案例也很形象，思想很有深度。我听完以后，有一种感觉，当冠军真好，拿一个冠军真不容易，事事要拿冠军那真是难上加难，所以只有爱拼才会赢。邓亚萍用自己的亲身经历阐述了奥运精神，讲述了自身成功转型的过程与启迪，让我们充分体验到奥运精神的真谛与生命的意义，那就是要不断地追求更高更快更强，相信这些对于我们，特别是年轻人的发展也会很有启发。今天也有来自工业和信息化部、证监会、中央国家机关青联的代表与我们一起分享邓亚萍的报告，至此表示衷心感谢，让我们再一次以热烈的掌声感谢邓亚萍的精彩演讲。

国家发展改革委青年读书论坛（第二十四期）

体验书画艺术魅力

2012 年 11 月 3 日

主 讲 人：杨　珺（中央美术学院博士、知名画家）
主 持 人：田锦尘（国家发展改革委财金司司长）
推荐书目：《美学的散步》、《文艺心理学》、《美的历程》

杨 珺

  学院艺术的代表性人物，中央美术学院中国画学科学术带头人，新彩墨花卉画风开创者，国内为数不多的艺术学博士，中国美术家协会会员。任教于中央美术学院，并在深圳大学、广西艺术学院等多所高校教授中国画课程。

田锦尘：

大家上午好！欢迎参加国家发展改革委第二十四期青年读书论坛。此次论坛的主题是"体验书画艺术魅力"。国家发展改革委青年读书论坛已经走过了三个年头。三年中，在各方面的大力支持和配合下，在机关党委和青年读书研究会的组织下，论坛越办越好，越来越有吸引力。这个论坛之所以能被评为国家机关的十大学习品牌，是有其原因的。它有几个比较突出的特点：第一，名家荟萃。我们每次都会邀请到一些领域的知名专家来交流经验。此次邀请到的杨珺博士在书画领域颇有建树。第二，论坛内容丰富。它不光涉及经济类，也拓展到文化艺术领域，包括京剧、音乐、艺术等。第三，论坛气氛活跃，交流互动热烈。另外，特别重要的一点就是参与人员的素质高，来参加论坛的很多是委里爱读书、会读书的同志。我们这个读书论坛的品牌创办得非常好，也极富吸引力，越来越有知名度，所以每次论坛还都吸引了委外的嘉宾。今天来的嘉宾，包括国家粮食局、科技部的相关领导、同志和青联委员。

这个论坛举办以来，唯一一点小遗憾就是我们在书画鉴赏这方面的交流还有所欠缺。这次我们就专门请中央美术学院的杨珺博士，就书画欣赏与鉴赏方面的问题进行深入探讨讲述。

杨珺博士是湖南岳阳湘阴人，是中央美术学院中国画学科的学术带头人，也是学院派的代表人物；是新彩墨画风的开创者，也是国内为数不多的艺术学实践类博士之一；中国美术家协会会员；任教于中央美术学院，同时担任深圳大学等多所高校的中国画客座教授，讲授中国画课程；出版的个人专著有《中国艺术年鉴（杨珺卷）》、《2012中国艺术家年鉴（杨珺卷）》、《杨珺水墨画集》等；代表作品有"百年印象"组

图1 第二十四期青年读书论坛主持人田锦尘与主讲嘉宾杨珺。

画、"大吉祥花卉"系列组画、"忘忧"组画、"珺瓷"系列。下面就让我们以热烈的掌声欢迎杨博士为我们展现书画艺术的魅力。

杨 珺：

谢谢。很高兴能够在党的十八大召开前夕与大家分享中国经典美学及艺术。

我从2001年开始从事艺术院校中国画教学工作以来，有关中国经典艺术的讲座已经不下二十场。以前听我讲艺术的大多数是学院的学生，但今天到国家发展改革委来讲书画艺术鉴赏，我的心里还是有些忐忑。今天在座的诸位都是精英中的精英，你们的知识面和见识要比我宽广得多，所以，在我谈论的相关问题中，如有错误和纰漏，欢迎大家及时给予批评指正。

艺术这个话题，随着近期各大拍卖行的热闹场面和艺术市场的繁荣成为热门话题，得到的关注度进一步提升。其实，艺术离我们的生活并不遥远，在生活中，大到买房、买车，小至女孩子的配饰穿戴，都可以视为一件件艺术品。我们去逛宜家，就发现生活中的东西是因为有了设计、有了艺术因素，才会使我们产生美感，才调动人们的审美感受，激发我们的消费购买欲望，把使人产生美感的日常生活家居品带回家。美、艺术离我们真的很近。艺术家、设计师这样的艺术工作者就在为我们的衣食住行付出努力，我们的生活因此变得越来越美好。

如果去过"798"艺术区，你所得到的答案就会完全不一样。如果你专门为了艺术而去，想在"798"里找到艺术的答案，可能会让你很失望。这是为什么呢？在"798"中，多是受西方思潮影响的当代艺术，这也就涉及我们很关注的一个大问题——当代艺术看不懂，为什么会这样画？——这个问题我相信在座的各位都会有同样的感叹，这些奇怪的画全看不懂，艺术离我们很遥远。于是，以这种心态反观我们的传统艺术中国画，也会感觉看不懂。所以，今天我试图用两个小时来举例说明，为什么我们看不懂奇怪的当代艺术，为什么中国画我们也看不懂。当然，我更希望通过我与大家的交流，能够让在座各位感到艺术离我们并不遥远，欣赏艺术并不难，绘画作品我们也能看懂。

先谈当代艺术。前几天我参加了一个学术研讨会，出席研讨会的是全国哲学界美术界各领域专家学者，其中中国美术馆的馆长范迪安先生和中央美术学院的院长潘公凯先生，谈及了他们在韩国参与现代艺术大展做评委的感慨：亚洲各个国家所提供的艺术作品中，装置和影像艺术占绝大多数，作品所表达的内容都在反问，我们（亚洲）为什么是这种生存状态？为什么这么落后？落后的文明还有没有希望？——各个国家的策展人所提供的参展作品都是这样的主题，这种现象本身就值得我们思考。

东方在文明上、在文化上真的这么落后吗？真的无可救药了吗？真的一无是处了吗？东方的绘画已经消亡了吗？

这已成为我经常问自己的一个问题。我们可能是物质落后，或许

体验书画艺术魅力

在某种文明程度上跟西方有差距,但是至少我个人认为,在文化传统上和文化精神上我们是不落后的。但是在全球化语境下,上述策展人为什么会显得这么的一致呢?东方文明为什么会呈现的都是如此落后的现状呢?为什么大家都愿意坦然且勇敢地承当起否定历史批判历史的先锋者呢?

这是一个国际艺术活动,达成一个高度一致的东方文化自我批判共识。这是一个可怕的现象,也成为学术界探讨的一个很重要的问题。

在我看来,当代先锋艺术与其说是艺术,不如说它就是一个新的社会科学研究,是另一种社会视角的探索,具有一定意义上的社会批判价值。去过"798"的人就知道,当代艺术家会用很独特的视角去关注最弱势的群体,然后向社会发难发问:我们的人为什么生活的这么悲苦?我们的环境我们的家园为什么如此的脏、乱、差?我们的人性为什么带有如此不可救药的劣根性?当代先锋艺术家敢于批判一

图2 第二十四期青年读书论坛现场

切,嘲讽一切,否定一切,一切的一切完全从自我出发,只要能获取眼球关注,能获得既得利益,能赢得西方人的掌声,不在乎站在什么样的立场,不在乎意义与结果,不在乎对与错。于是,嘲讽历史的画出现了,因此我们看到了领袖形象成了被调侃的对象;批判现实的画出现了,因此我们看到了从垃圾场飞来的千百只苍蝇盘旋在一个婴儿的周围;否定本土文化的画出现了,因此我们看到了一个个历史文化名人被描写成一个个猥琐形象安置在滑稽的场景里,尽调侃之能事。

可悲的是,西方人非常认同这种自我批判方式,所谓的全球化语境,越是东方人把自己说得很惨,西方越是把其捧得很高。

中国的当代艺术屡创天价,有些艺术家年纪轻轻,作品能够拍到几千万,你能相信吗?但是大家都在津津乐道于这些艺术经济神话,而我莫名感到一丝悲凉。至少我很害怕自己出现这样的情况,这是不正常的状况。价值衡量体系被彻底瓦解,金钱成了唯一的裁判,话语权掌握在别有用心的人手中。

没有艺术沉淀的作品怎么能够和齐白石的作品和其他大师的经典作品去抗鼎呢?我们真的需要好好想想这个问题。我们关注的可能只是价格,只是泡沫式的财富神话,至于艺术的本身,我们似乎所知甚少。

实际上,当我们看许多当代作品的时候,这些被西方话语体系下力捧的作品,你肯定就会失望地发现,这类艺术作品不是你所需要的,也不会被你欣赏。当代先锋艺术作品已经转化成了社会学问题的研究,从此这个艺术已不再是关注你的心理审美,而是关注社会每一个可能出现问题的角落,然后采用的方式绝对是一种吸引眼球的、刺激神经的、不得不看的呈现方式。你去"798"可能会有很多好玩儿的东西吸引你,但如果你要去寻求艺术的答案,或去寻找艺术给予的精神安慰,则没有了。它体现出来的东西可能会让你非常的失望和震惊,艺术怎么会是这个样子!这是我要谈的第一个问题。

第二个问题就是现在的中国画欣赏。为什么是中国画,而不是现当代油画?就我个人而言,我不是一个狭隘的民族主义者,但我觉得中国

体验书画艺术魅力

人的智慧完全可以解决中国人的问题，或者说东方人的智慧要解决东方人的问题。如果在全球话语境下不用我们的文化思考，则是一个失效的办法，从而失去语境和话语权。或者是我们连讲话的能力都没有了，因为你用的媒介或者你用的思维全都是西方的思维，你的精英文化进一步被解构，最后就是你拿出来精英东西他也不承认。现在很多的策展人一开口就是某位艺术家在国际展览上获得了认可，某位艺术家在国际拍卖市场得到热捧，似乎没有国际展览会认可的艺术就不是好的艺术，没有老外收藏的艺术品就不是好的艺术品。其实这是令人遗憾的事情。比如说咱们的中国文化，比如说好到像齐白石，像宋代的这些画，在西方人眼中，第一是他看不懂，第二他不认可。这种尴尬的处境会让我们进一步丧失一种文化自信心。所以从这个角度来说，我个人的文化策略是中西融合、兼优并蓄，然后更好地去研究东方文化、东方智慧，这是我个人一贯的追求和认同。所以现在我借用这样一个机会，领着大家走进中国的精英艺术世界——近现代中国画的欣赏和收藏。

  这里我想给大家介绍几位真正的中国画大师：黄宾虹、齐白石、李可染、潘天寿；在20世纪中国画转型以后，我想讲这四位：周思聪、贾又福、田黎明和陈平。周思聪先生英年早逝，57岁去世，她的艺术成就完全可以放在大师行列。后面这三位都是在世的，而且都是学院里带博士的博士生导师。他们这几位大家的作品足以证明中国画的魅力，他们都秉承了精英文化的精神。希望通过我的讲解，大家能够感受到这些艺术家的品格与作品的精神。

  在讲解作品前，有一个不得不聊的问题，那就是关于美，以及"美"字概念的由来。在古代象形文字，金文、甲骨文里，"美"字的前身就是羊的象形图形。说文解字里面指出"羊大为美"，就是认为羊肥硕而健美，它跟感性感知有关，前人认为羊大了可以吃，和美食联系在一起。这样的一个联想，是我们老祖宗原发原创性的关于美的概念。还有另外一种看法就是羊人为美，就是一个人带着羊的头，翩翩起舞。羊人为美这个概念是从原始的艺术图腾上来的，古时候这个"美",和巫术的"巫"和舞蹈的"舞"也是通用的。由此,综合来看,美至少有三种:第一,表示感官愉快,比如我很饿了,要吃一顿美食,就觉得很美;天很热,女孩子吃个哈根达斯冰激凌,觉得很美;先生们喝一杯冰镇啤酒觉得很美,那么这个"美"建构在感官愉快的基础之上。第二,是道德伦理上的判断,比如我们对某个人、某个事物的一种赞赏,或者是把仰慕、敬重、学习、宽容、赞叹等用一个"美"字来衡量,这是我们用一种伦理判断来界定"美"。第三,是审美上的对象之"美",在日常生活中,"美"字用来让人产生更多愉快心情,它的产生来源可以是一种事物或是一个对象。

那么,美到底有没有标准?标准又是什么?尤其是在全球化语境下,艺术变得多元,很多人都站出来,包括以前学过艺术的也好,没学过艺术的也好,只要有一个概念,你把这个概念实施,足够引起别人的关注,你就有可能是一个艺术家,所以现在的精英艺术进一步被消减,人人都可以是艺术家。就像国外安迪·沃霍尔说的,人人都可以当明星,他30年前的话现在被证实了。芙蓉姐姐也是明星,对不对?只要你敢拿出与别人不同的东西来秀,只要你秀的足够吸引眼球,你就有可能受到关注,你就是明星。

艺术的标准进一步被消减。那到底美有没有标准,标准是什么?我记得有人问圣奥古斯汀:你告诉我时间到底是什么?他的回答就是:你不问我,我好像还清楚,你一问我,我反而迷茫了。这个问题在"美"的身上更是如此,本来大家觉得美有一种共识,但现在我们碰到的"艺术"很多没有美没有标准,谁都是艺术家,谁的行为都有成为艺术的可能性,使人作呕的也是艺术家,让你难受的也是艺术家,那么"美"进一步地失去了标准。

比如说这朵花(图3、图4)美不美?在我看来是很美的。那么,看这朵红花和黄花,花的红和黄是它固有的属性。但是,美不美每一个人的评判不一样,当然我展示的这朵花我相信大家说很美。但实际上在有的人心中,可能更喜欢竹子的清高,或是牡丹的雍容华贵。

图3　杨珺《虞美人》

图4　杨珺《大吉祥》

　　美的这种共识，实际上用再多的语言去描述都是徒劳的，美的东西就是美的东西。但是，作为一个创作者，他创作的作品，有时你就不觉得它美了，这是为什么？因为每个人的视角不一样，需求不一样。

　　美的反义词就是不美。而许多事情不能够引起我们的好恶，只是我们对它不够关心，它对于我们只是不美和不丑的这样一个存在，在美学中丑不完全是消极，也有一定的积极意义。在我看来，有生命的花朵都是美的。

　　我记得有一个英国的老太太去看金字塔，她的感慨是"我从来没见过这么丑的东西"，这个是真话。还有一个小例子，有一些朋友，在我的画室看到我练的一些书法，感慨道"你要是能够把书法练好就好了，其实你的画还是不错的，你的书法有点儿像小学生"。这个让我痛苦了一段时间。我练书法是从七八岁开始的，当时在家乡岳阳，我曾经属于书法神童，书法奖项不能说包揽，但是基本上都是我的，所以我的书法起步很早。但是到了中央美院以后，我就觉得我以前的书法出现问题了，所以我就把以前十多年来的童子功努力忘掉，然后真正进入到追求审美层次的书法学习中。遗憾的是，我的书法进步了，但很多人的反馈是：你的书法怎么写得像个小学生写的一样。

这里有一个很重要的概念：一般人的艺术趣味都是因袭的、传统的，好比婴儿吃的第一口奶，他会本能地记住母乳的味道。比如说我们小学时候看的课文，在儿童时代看的画作，包括父母给我们的这种美育的引导，都有可能让我们产生一种对美的传统的因袭依赖。如果你是沿着这种喜欢而养成一种抵抗力小的审美习惯的话，那么一个艺术品，与你的传统观念和艺术习惯相反的话，你就会觉得它是不美的，是丑的。我相信我那些朋友没有一个有恶意，是希望我把字练好，但实际上我觉得我已经练得很好了，但我们的审美之间有很大差距，我相信这种差距在座的朋友这里也会出现。

刚才我们看了花，毋庸置疑这些花都是很美的。我同样也对花产生了兴趣。然后以花的形状勾画一些速写（图示：花的速写稿），也可以说是积累素材，大家会觉得我的这些速写离后来成形的画作还很遥远。当然，这是我在2009年画的，到后面我相信大家会慢慢地改变这种看法。花进一步地在接近生活中的花，但又不尽相同。从生活中的花，到画作中的花，已经产生了几个重要的变化：第一，它凝聚了我对审美的理解。我肯定它的造型因素，所谓造型是创造形象，所以肯定不能够照搬对象，而且中国画造型必须是遵守"意象造型"的原则。第二，齐白石有一句话"妙在似与不似之间"，这句讲得非常好，中国画的欣赏本质正是在于此。第三，我们需要理解"意境"这个概念，境界是成败的关键。

现在谈谈美与美的界定，简单归纳成三点：审美的对象、审美的

性质、审美的本质。

美的对象是客观的自然属性、客观的东西。审美的性质是你认为它美，你去表达了它的美，本身它有美可挖掘，这个美才成立，也就是美是主观意识，是情感与客观对象的统一。美的本质是人在实践认识基础上的产物，是人有所认识，在自身积累的审美信息和知识储备的基础上，经过消化，最终被界定为美。

比如说竹子。看到这个竹子我们很容易想到一句诗："咬定青山不放松，立根原在破岩中。千磨万击还坚劲，任尔东西南北风。"这诗句把竹子坚贞不屈的精神品质描写得淋漓尽致。竹子是历代文人墨客笔下表达个人精神的重要媒介，艺术家通过创作，用视觉的方式将其所想传达给大众。原生态的自然中的竹子并不会带给你过多的感受，但当艺术家创作的时候，他会带有一种个人感受，诸如竹子的特性是坚忍不拔的，在荒山野岭中默默成长，在逆境中顽强向上，不畏严寒，咬定青山，专心致志，无怨无悔等，自然之物的品质又都是中国传统文人、中国传统文化所赋予它的，是内在美的体现。当我们看到如郑板桥《墨竹图》这样的作品时，它已经不是一个简单的图示，通过它的视觉语言，比如竹竿、竹叶、孤傲毅立的粗枝，表达出艺术家的个人情绪。如果我们再加上一点浪漫情怀和一点想象，大家会把竹子的精神联系起来。竹子的力量感，就体现在叶子和竹竿所产生的互动的关系上，它有一种力的存在，会感觉到一种强有力的生命感。

吴昌硕可以算作潘天寿、齐白石的精神导师，齐白石因为吴昌硕的影响，画风大变，受到了更广泛的欢迎。吴昌硕也是近现代中国画大家。你看他画的竹子（图示：两张吴昌硕墨竹图），竹子、竹竿和竹叶三个力的相互作用，形成的造型好像一个人在迎风打太极。我想他画竹子的时候，既有他内心深处的东西，也有他拟人式的表达，这根竹不仅是竹子的形象，也不仅是对竹子的品格性格的隐喻及文化内容，还有一点则是生命的存在。

梅、兰、竹、菊"四君子"是中国画的传统题材。这个题材在每代人的笔下精神理念都会不一样。这是当代国画家陈平的墨竹图（图示：陈平墨竹图）。陈平老师是中央美院的一位博士生导师，他笔下的竹子很明显和前人的不一样。他描写的一个小角，中间也有竹节，通过一个散散乱乱的场景，去表现竹的性格。然后，通过这种背景烘托，去描写竹林幽深，这样的形式感在以前的画中是不存在的。过去的作品是消减背景，前人的画作中没有背景，现在的画有背景，这就是从古代画卷、传统的绘画到现当代绘画的转变，就是所谓的新中国画的现代性转型。他提升了画面的另外一种境界，现在新中国画不只是强调一种书写的感觉。

下面来看梅花（图示：金农墨梅图）。金农墨梅图中的梅花看上去很圣洁。金农是清代的画家，也是齐白石的一个间接导师，齐白石因为崇拜他，跟他学了不少，但他们相隔了上百年。金农，扬州八怪之一，以画梅著称，他对梅花的各种姿态都进行了认真研究，有淡墨绚染的，也有双钩画骨的，金农墨梅图中展现出来是那些关于梅的联想和品质。

吴昌硕画红梅（图示：吴昌硕红梅图），即使是红梅也给人清香的感觉，我指的是清香，雅的气息从画面扑面而来。通过枝干描绘出梅的铮铮铁骨，老梅的枝干和梅新芽嫩产生一种强烈的对比。我相信吴昌硕是在画他自己，而不仅是对梅干和梅花的描摹。中国传统文化讲气韵和气息，所以不妨放下理论包袱，很纯粹地视觉感受一下，能不能找到你一种心里的诉求？心灵被安慰，才会舒服，才能有一种欣赏的愉悦感。

这是齐白石看到八大山人的这张画（图示：齐白石墨梅图）所作记录，勾梅花瓣，正面的、侧面的、四分之三面的，这是他作的研究，也正因有他的研究，才有其后大写意的画作，这是大师做的工作。传统的概念中，画家就应该是大气磅礴、大笔挥毫、痛快淋漓地绘出画作。但实际上，越是大家做的工作越是细致入微，看上去就像初学者做的工作，全都双钩。而这是早期的作品，后来变化成这样画了（图示：齐白石的意笔墨梅图）。但这样大写意画的前提是有双钩

梅花作铺垫的。齐白石画画的状态，现在还保留了录像资料，非常慢，不是因为年老，而是从容不迫地展现他所要画的对象，这是在经营画面，这正是中国画六法中讲求的"经营位置"。

陈平老师画的梅花（图5），他在背景中加入了雾气，他这个应该是"暗香浮动月黄昏"的诗意画境。以前的画面是近观，要看一笔一墨的精妙，现在的画可以挂在大的空间中，隔很远都能感受某种气息。现在的新中国画变了，因为居住环境、展示空间全都在变化的缘故。现在展览馆越来越大，展示空间多样了，所以画也需要大。所谓的"笔墨当随时代"，一个时代肯定有这个时代所赋予它的独特审美要求和变革。

图5　陈单《疏影之一》

然后，我讲以牡丹为题材的绘画。牡丹有国色天香、雍容华贵一说，被誉为"国花"，也是花中之王，是"高贵"、"典雅"的代名词，同样也是"富贵"的代名词。齐白石同样画过牡丹，同样题字"大富贵"。牡丹因为是国花还有国富民强、繁荣昌盛之意，宋代哲学家周敦颐《爱莲说》有曰："牡丹花之富贵者也，自李唐来世人甚爱牡丹。"从此牡丹和富贵就结下不解之缘。牡丹也是老枝，枝节有力。

画牡丹的画家很多，以此为题材的作品很多。可能我们现在粗一看觉得牡丹就是这样子的（图示：牡丹照片），市场上常见的牡丹画的就是这样子的（图示：艺术市场上的牡丹图）。

实际上这里面就会产生一个问题，大量的"有毒"作品出现在我们的社会当中，我们的审美进一步被大众化了、世俗化了，精英艺术被消解了。比如说，某画家的牡丹画作被我们收藏，但是当我们挂在家里的时候，你得不到更多想象空间和欣赏的愉悦。比如看一幅工笔的牡丹花（图示：一幅工笔牡丹图），你有没有感觉到虽然很像牡丹花，但是它是薄气的，和雍容华贵根本挂不上钩，跟这种大富贵的心理暗示挂不上钩，这里面就会形成一种很强烈的审美预期与视觉审美的差异。

再看吴昌硕的牡丹花（图示：吴昌硕牡丹图），所谓的雍容华贵、牡丹的精神都有所体现。

再看看齐白石画的牡丹花（图6），从枝干，从它的花形，从花的塑造，能找到所谓的牡丹的高贵富丽之感。齐白石遵循的是：在他的画中，观众看到的不只是牡丹花的形状，在花朵、枝干穿插间有节奏的变化，有丰富的韵律感。比如说，我们听到一个很嘈杂的声音，会觉得乱并伴随不安的情绪，而有韵律的声音就会给人美感。齐白石的画里面虽然是粗枝、粗叶、点花，但他含有节奏感。上面的枝头、花枝和叶子就像有节奏感的打击乐。音乐家描述一个声音的时候是有韵律、有节奏的，绘画上也能够看出节奏感来。《大富贵且寿》上面画的是一个寿带鸟，下面画的是牡丹花。齐白石完全融于民间的一种

图6 齐白石《牡丹图》

审美方式,其实在文人中间很少表现富贵这样的东西,但是齐白石就敢大胆地用这个,但是用了也不觉得俗。

下面具体介绍一下20世纪几位中国画大师。

首先介绍黄宾虹。黄宾虹是一个集传统艺术之大成的艺术家,传统艺术到他这里达到了一个无法逾越的高度,他对传统文化和传统笔墨的总结是一个高峰。李可染是他的学生，周思聪和卢沉是李可染的学生，我的老师田黎明是周思聪和卢沉的学生。这种传统文化传承，给后人开启了很多方便之门，就像鉴真和尚，历经千辛万苦，取经归来之后，我们在他们研修佛法的基础上修悟，受到启发、得到智慧。黄宾虹就是这样一位大师，他的画风形成，就像鉴真和尚取经历程一样，漫长的文化积淀，丰富的综合修养，滋养了他作品中的"华厚浑滋"之境。但是黄宾虹的画不容易被看懂。不仅是圈外人，业内在20世纪80年代前，对他的画争议都非常大。有的人完全看不懂，感觉是乱糟糟的一片。黄宾虹的成就在于，他总结了"五笔七墨"——五种笔法和七种墨法，所以在他的画作中，用笔用墨是非常丰富的，有点、有线、有墨，比如画山头，他用了千百种方法放在里面，形成了这样一个整体的山头，但是里面突出来的是什么？是通透，没有死墨，同样是一种节奏感。粗一看他的山头笔触是乱的，但你看他用的黑点、灰墨和灰线之间，同样有种韵律。他的画像什么？像交响乐。齐白石的画像二胡独奏，靠一支笔、一点墨、一片叶就把问题解决，黄宾虹是靠千点万点，所以说他的画是交响乐，而欣赏交响乐，在我们的生活中是必须具备一定艺术修养的人才能够理解的，也是离我们很远的，是很难的。黄宾虹的画呈现了一个山水画的整体气势，而我们现在的很多学习黄宾虹的画家，可能就在他身上学了一招半式，也已经是功成名就了。

　　黄宾虹生活在安徽，他所见不是北方的"大山大水"，他晚年生活在杭州，是中国美院的教授，他描述的都是丘陵地带的风景，不是我们北方的崇山峻岭，而是非常轻柔的，繁茂而不乱，他追求的是"浑厚华滋"，这是中国传统文化很讲究的——温柔敦厚、浑厚华滋。黄宾虹长寿，活了九十多岁，晚年他得了白内障几乎看不见了，完全是凭借感觉在那里挥毫点墨。

　　从黄宾虹的册页，我还想给大家一点提示。我建议大家，册页是一个很好的收藏方式，册页一本有10幅、20幅左右的作品，他每一

图7　黄宾虹《写应子和先生》

张画都是一个小的单元，麻雀虽小五脏俱全。每一个好的画家，都既能驾驭小尺幅又能兼顾到大气象。每一个好的画家都会要求自己的每一张画面尽可能有所变化，不会同一个构图而画面不变。他每一个画面都在变化，其中的独立审美价值就会提高，会比一张大作品更加有收藏和投资价值。看黄宾虹的册页4开就是如此，他画多幅都会呈现不同的面貌，也会比画一张大画更加用心思，并将他所学的很多层面的东西融入其中，所以这是一个比较好的收藏方略。

　　下面我们讲齐白石。齐白石是要着重介绍的一个人，是最有故事的一个人。他活到97岁，留下了很多故事，人们一直广为传颂。你看这是齐白石在创作（图8），齐白石老家湘潭跟毛主席家韶山不远，民间应该有很多故事传颂的。这个画家是20世纪最有代表性的、最特别的。首先他是农民，是木匠，他又把文人画推到了别人难以企及的高度。我们知道齐白石画虾，但是实际上齐白石画的其他题材有的甚至比虾画得好多了。我们之所以知道齐白石画虾跟一个事实有关，我记得小时候，看到有的脸盆、瓷缸里面都印的是齐白石的虾，等于全国人民给他做了一个免费的广告。所以，大家理解中，齐白石虾画得最好。可以说在齐白石眼中，只要他看到的、想到的，没有不是艺术品的，这是他非常神奇的一个地方，待会儿我们看。

图8　齐白石画作［左为《钟馗搔背图》，右为《钟馗》（图稿）］

齐白石是摩羯座，和毛主席的生日差不了几天，摩羯座的人就非常执着、非常较劲。他被很多后人说是湖南佬、驴脾气，倔老头儿齐白石确实是典型的这样的脾气。我现在讲解齐白石，我先不说他的画有多好，恰恰相反，我需要解密他，看看他在大气磅礴的绘画作品后面做了哪些精细、不为人知的工作。

老头儿很可爱，摩羯座的人也很认真，他画了很多有意思的画，并说了很多有意思的话，比如，这个画不能卖钱，这个画要卖钱，这个有两只飞蛾的要卖多少钱。齐白石生活中小气是出了名的，但是，这一点不妨碍他成为一个优秀的艺术家。为什么？这是对自己和对自己作品的一个自信和认可，他需要他的作品以一种体面的方式得到尊重。当初齐

白石卖画只是为了生活，现在我们觉得齐白石的画是天价，当时就是2块大洋、1块大洋，在天桥那里卖，有的时候他亲自练摊儿。

谈到这里，我讲一个题外话。如果我们要接触收藏圈的话，也同样会碰到这样的案例，而且是发生在我身边的一件我亲身经历的事。一个房地产老板，是我们家乡的人，有一次跟我们的市委副书记吃饭，开了个玩笑："唉，我家里大别墅装修，得要有一张像样的大画，客厅正中间大画就请杨博士画吧。"意思是很看得起我。我能说什么？我说："好、好、好。"一个月后第二次吃饭，他问："我要的那张画你画了没有？"我说："最近忙。"确实也忙，要知道我画一张大画要画一个多月，很明显这位老板对我的劳动成果不是太尊重。首先，他并不问我画一张那样的大画需要多长时间。其次，他并没有问我有没有时间画这样一张大画。第三次吃饭时，他责怪我说："你欠我一张画，你怎么还没画。"我心里非常不舒服，当时又喝了一点酒，就回敬了一句话："某某总，您是大老板房产业大亨，不缺房子，对不对？您说缺的是画。我呢不缺画，缺房子，你用你的前半生在经营房子，我用我的前半生在画画，我们能不能作个交换，以示尊重？"这样肯定是不欢而散的。我的观念就是这样，我必须要受到相应的尊重，这也是我自信的一种表现。现在很多书画家确实是，请吃顿饭，挽袖挥毫，写上几幅，画上几幅。齐白石为什么小气？对自己有信心的人对自己的作品都小气，因为每一位艺术家的作品，都是艺术家的孩子。一位艺术家付出那么多的心血创作出的作品，是不会轻易地作为一种赠礼的。

言归正传，我们看齐白石画的这幅虾（图示：齐白石各个时期的画虾作品），这个时候，我们看到了虾的姿态。我们能够看到这个虾的某一种形态，但是我们还看不到虾的精神，那种灵动的、活泼的、透明的东西没有。接下来这幅是晚年画的虾，一下子虾被齐白石画活了，对吧，虾的感觉有弹性了，灵动了，然后透明了，发生了质的变化。那么他的这个摸索用了相当长时间，这是艺术锤炼的过程。

现在有很多媒体都在介绍,某某画家是"虎王",某某画家是"猫王"、"猪王",都封王了。我觉得这就有问题。好的画家应该是博采众长,然后是有所专攻,而不是给自己封王,齐白石至少没有给自己封个"虾王",也难听对不对?他也不会。但凡乐于被人封王或者是自封王的,肯定不是真正的艺术家。

你看看这个后面的虾,对虾结的描写都产生了质的飞跃,灵动了,不像开始就只有形的感觉,它已经完全活了,像虾的须,有这种流动感,有虾的精神在了。所以,有的人还问我,你这个画到底代表什么意义?实际上这是"文革"给我们留下的一个传统的概念,什么都要拿来问有没有意义,有没有思想。实际上绘画的本质就是,把对象的精神表现出来,把对象的唯一性表现出来,把对象的生命感表现出来。画三只虾是不会有什么意义的,对不对?但是有虾的唯一性,画的意义就出来了。

我们看完齐白石这组虾的画作,会有这样的感觉:齐白石的画给人的感觉都是这种非常大气,大笔头,几笔就完成了。最大的特点就是齐白石什么都能入画,画什么形象都跟他有关系。比如说他画的小鸡,我相信他在画小鸡的时候,他是把自己想象成小鸡的,所以画中形象才会有神态,他会去追求神韵和生命的意义。

猪在我们的印象中是笨笨的,是好吃懒做的,是应该被屠杀的,应该是丑陋的,只是可以吃的肉。但是在齐白石那里,猪是可爱的,是有感情的,是一个生命。他完全站在一个拟人的角度,站在一个对生命敬畏的角度。咱们看齐白石笔下的猪相当可爱,两个小猪之间像小朋友一样有交流。齐白石强调了猪的嘴、猪的脸、猪的耳朵、猪的尾巴,这个尾巴都是有描述有表情的,他是完全站在一个尊重生命的角度去描述这一切。

我这里用了齐白石的大量草稿来说明我们理解的大师的创作历程,发现挖掘美的历程。一丝不苟的创作态度,对生命的挖掘,用情感和生命的发现去表达他心灵的一种诉求。

我们看看齐白石画鸳鸯所作的细致草图分析（图示：鸳鸯草图草稿）。齐白石的花往往给人的感觉就是轻描淡写几笔，但是实际上他做了很多不为人知的细致工作。有一句话，所谓"台上一分钟，台下十年功"，那几笔墨放在什么位置，这个头应该是个什么样的状态，荷花分为哪几瓣，在我们看来就是大写意画，大刀阔斧的几笔画，其实是需要细心经营而得的。看了齐白石大写意前的草稿，我们再去欣赏作品、鉴赏作品的时候，或许我们能够找到一种规律：好的大写意作品强调的是神采，强调的是一种生命感，是一种美的秩序与规律性，并且需要大量的画外工作予以辅助。

我刚才说齐白石什么都画，刚才那张画的是猪，笨笨的猪被他画可爱了（图示：齐白石作品猪）。现在是恶心的老鼠也被他画可爱了，他描述了老鼠的偷吃、贪嘴，描写了老鼠偷油的心态，在他的诗里面都有。当然这个画我没有收集齐，但是我们可以看到他把老鼠当人在画，去捕捉老鼠的那种很古灵精怪的、又胆小怕事的，然后还很贪婪的这样一种感觉。

我们看到齐白石画了很多喜鹊（图示：齐白石作品喜鹊图草稿，大公鸡图草稿），齐白石画的大写意大公鸡，都是从生活出发，并概括、总结、提炼公鸡的形体，强化生命的神采。你看这旁边（指图），做了这么多工作，所以他才会画出鸡的这个神采。中国画有一个最大的特点，就是它描写的是生命体，很少描写死的东西。我们看国外的静物画，一果子，或者是一个被剖开的鸡，西画描写的是摆放的静物，描写物象是相对静止的，是一个客观再现的。中国画强调的是什么东西呢？是生命感。刚才我们看的所有的齐白石的画，哪一个是描写没有生命感的物象？齐白石表达鲜活的生命。这也是中国文化所强调的，中国文化强调这种生命感，这种活力。

你看画的小蜜蜂精彩极了，小蜜蜂的翅膀，这个动的感觉，就是它后面的脚、头，肢干部分和它的翅膀运用丹墨的方法描写得惟妙惟肖，这只有中国绘画能达到。

前年我看了一个保利的拍卖,拍得很高,是一个当代很有名的油画家的作品,画的是一个大苍蝇,一个人骑在大苍蝇上,如果关注艺术的人可能看过。还有一幅油画作品,一个婴儿躺在一个瓶子里面,很多苍蝇围着他。当时我的感觉是非常难受,它没有美的愉悦,有的是什么?我刚才说了,当代先锋艺术是在向社会发问,它以这种极端的方式吸引你的眼球,关注它的艺术,关注它的问题,它不是要给你提供一种审美感受。但是,中国画经典艺术是从赏心悦目的角度出发,提供一种审美享受的艺术,通过造型的技巧给观者提供一种身临其境的,或者是高于生活的一种审美感受。

下面谈李可染。李可染是齐白石的学生,他也跟黄宾虹学过画,是一位中国现代国画大家。他的地位非常之高,被誉为现代山水画之父。这张《万山红遍》(图示:李可染作品《万山红遍》),总共画了七幅,三张大尺幅点的,在十平方尺左右,一张在中国美术馆,一张在荣宝斋,还有一张是刚上拍的,拍出了2.7亿元。2007年在香港佳士得拍卖行拍回来的时候,加上佣金5000万元,买这张画的人是一位湖南朋友,我有幸近距离地欣赏过几次原作。实际上,当初2007年是拍卖市场的一个高点,事隔4年,2011年拍出去是2.7亿元,投资回报可见一斑。

李可染的艺术特色就是:既有黄宾虹式的墨色丰富,又创造了中国画中没有的逆光感。比如这幅画作中的"爱晚亭"是逆光下的,树林里面透出来的光、用墨表现出的和谐感等。《万山红遍》真正把毛主席诗词诗意领会到家了,层林尽染万山红遍。笔墨层层浸染,丰富多变,跟以前的中国画拉开了距离(图9)。这幅画面右下角表现夕阳西下。李可染喜画夕阳或朝气,给人宁静、素雅的感觉。李可染也画桂林山水。描绘桂林山水的人很多,20世纪90年代中央台拍了一个纪录片,讲述了在画桂林山水方面最好的三位艺术家,第一位是李可染,第二位是原在中央工艺美院,现在清华美院的老教授白雪石,第三位就是漓江画派创始人黄格胜。

图9 李可染《黄昏待明月》

  李可染的题字也是非常有特色的。他将自己对线的理解,叫做"屋漏痕",是他独创,就像雨从墙角顺着滴下来,哆哆嗦嗦,一点一滴,所以是很有节奏、有顿挫感的。你看李可染描写广西的梯田,这种光感妙极了。这种画是不输于油画的风景描写,他展现的是一个中国人心性的东西,是能让人平静的,可以澄怀悟道,把自己的心灵洗干净。这幅画的是朝气,和暮气不同,把漓江画得如仙境一般。李可染喜欢画瀑布,喜欢这种气势,他把漓江的早晨誉为"水晶宫",雨中泛舟,漓江山水空蒙,仿佛置身水晶宫中。画家创作这个作品的时候,他一定是身入桂林山水意境的,艺术创作一定是有感而发,不是画完以后题个"水晶宫"三个字那样简单。

20世纪还有一位大师，潘天寿。他是以前的浙江美院，现在叫中国美院的院长，是现在中央美院院长潘公凯先生的父亲。他的画里面强调的是一种大气，一种险绝（图10）。他开拓了传统的笔墨，他的画会有另一种奇险之境。这张水牛图（图示：潘天寿作品《水牛图》）2011年拍了2亿多元。潘天寿画出来的东西都有苦涩、悲愤，不像齐白石的滋润可爱。欣赏潘天寿先生的作品，再联系画家生平背景，就会得到另外的启示。艺术家作画，与命运的抗争、对命运的理解是相通的。潘天寿造险造奇，画大画。过去中国画都是书斋静观，现在展厅改变了，以至于现在中央美院院长潘公凯也把画画成巨大尺幅。这是潘天寿的一个贡献，对中国画的一个现代性的推进。同时，他的大胆尝试使中国画增加了可能性。潘天寿画的荷花，是一种孤傲的表情，一种高处不胜寒的表现，他表达的是荷花的另外一种精神。

进入现代美术以后，艺术创作在画面上发生了根本性的变化，构成作为一种专门的学科在中国现代艺术当中起到了非常重要的作用。构成是在1919年包豪斯教学体系当中提出来的，宜家的富有设计感的东西都是以构成为基础的，所以它们显得更简洁、大方、明朗，更符合人的视觉感。在构成的基础上，中央美院卢沉教授创立了"水墨构成"课程，80年代中期在中央美院中国画系实施了此课程，影响了一批画家，改变了中国当代国画的结构，中国画面貌焕然一新。我正好负责文化部"构成对20世纪水墨画语言的现代化推进"的课题。

周思聪被誉为继李清照之后中国最伟大的女艺术家，她是一个非常朴素、追求平凡但不平凡的人。她的人生格言就是："我喜爱平凡的人，我表现平凡的人"。她的艺术领悟能力和创造能力，对我们这一代人，包括我的师辈的影响都是巨大的。所有的专家都一致认为，周思聪是天才。这是《清洁工的怀念》（图示：周思聪作品），这张画是她的成名作《人民与总理》（图11），这张画影响了几代人，是把中国画传统的笔墨形式语言和现实题材融合得最完美的一张作品。

图10 潘天寿《雄视图》

图11　周思聪《人民与总理》

"水墨构成"的介入使中国画发生改变,这样的新中国画面貌不同于以往的中国画形式。大众平时很少接触,大家又没有机会去接触专业美术领域,现在的中国画已经不是大家所了解的传统中国画样式。

贾又福是中央美院的教授。山水画独创一派。他画太行山,他本人深入太行,每一次都待一到三个月,在贾又福的山水画里,把太行精神找到了(图12)。他展现的不完全是太行的一丘一壑,而是通过画太行的石头形成富有冲击力的画面形式语言。他是李可染的学生,所以对光的运用很到位。李可染在看到他展览的时候说:你是我学生中间跟我精神最接近但面貌拉得最开的一个。这个评价是非常高的。

我的硕士生、博士生导师都是田黎明先生,因此我对田先生也格外熟悉一些,田先生的画实在是太好了。而他并非专业美院出身。有时候我觉得,并不见得艺术一定要科班出身,田老师以前是当兵的,20世纪80年代初期到美院进修,卢沉先生很快发现了他的才能,并留校任职。到今天,他已经成为当代中国水墨人物画中无可争议的最

图12 贾又福《大岳回声图》

优秀的画家,他也像李可染先生一样,改变了中国传统人物画的固有模式,创作了一种全新的样式,是地道的中国画和中国精神。他追求的是中国画宁静阳光的特质,讲求空气和湿润感。

欣赏田黎明的画（图13）使人心里宁静，你忘记了所有那些关于欲望的东西、难受的东西。他画西藏藏民、乡村姑娘、都市少女都是如此，画面是田园牧歌式的，除了都市人之外，都在享受沐浴阳光的生活，置身于水、自然、阳光之中。所以他崇尚的是"天人合一"的人文境界。田黎明认为中国文化是儒家文化，中国画是一门自省的艺术，特别是"修身、齐家、治国、平天下"，强调的就是自我完善。田黎明不断地修炼自己，不断地在事物中关照自己，体悟发现事物的变化，提升自己的品格。田黎明是一位都市大隐的修行居士，把对外界的参悟与修炼相结合，凝练在自己的水墨画作品中。很多人看不懂田黎明的画，认为画面很美，画中的高士与画中的村姑形象虽美，但过于简单化。在这里，我简约地介绍一下中国画造型原则。中国画的造型本着意象造型法则。何为意象？意象指的是艺术家构思的意趣和物象的高度契合。所谓"意象欲出，造化已奇"。这是司空图《二十四诗品·缜密》中的一句话，从中可以悟会出意象是一种审美理念。意象造型借助于物象，传达作者的审美感受。具备文化品质的造型无疑是高级的"寻象观意"，"象与意"互为共存。"意"是一幅画的内涵，是造型的核心。对物象的表达理解与思考都以"立意"为先。清代刘熙载在《艺概·书概》中提出"画者当以意写之，不在形似耳"。我们看田黎明画中的人物造型，他的立意与立象在于追求高雅与开阔的文化空间，而不是描述现实空间。

陈平的山水画在当今也是非常具有影响力的。他的作品中也有构成意识，画面很大气。过去的画用线条、笔墨勾皴点染入画，现在作品强调块面意识；以前的色彩是淡雅的，现在是强烈的，但又能与墨色和谐，这是现代中国画的重要特点。所以，这种山水是我们这个时代的符号，一种新的审美趣味。云、水、树以团块意识出现，在画面成为一个重要组成部分。强烈的颜色和墨的结合，他善于画白云和蓝天，而白云和蓝天的画法在此前的中国画里是没有的。首先，每一个

图13 田黎明《蓝天》

能够留给人深刻印象的画家的创作都吻合时代背景下的总体审美，包括20世纪国画大师，和现代的这一辈人。其次，要有与先前完全不一样的东西，所谓"笔墨当随时代"。传统的国画体系以墨为主，以线造型为主；现当代以色为主，以团块的造型为主。中国画的最大特色是鲜活的生命意识，以及人与自然的融合。天人合一的人文思想，强调的情感是朴素的、真挚的，讲究意趣、意境的，这是中国画整体的特色。

由于时间关系，下面简单聊一聊收藏与投资的问题。这里谈三个问题：第一，你到底要买什么样的东西？第二，艺术家是不是有名就买？第三，影响艺术家价格的因素是什么？

作品进入市场肯定会有其价格。价格定位，除去有艺术家的因素，还有外在因素。艺术家的因素是内因，比如艺术家的学术地位和声誉，要经得住学术层面、艺术史的考察。看是否被某一研究领域专家推荐，看他们是怎么评价的。艺术家有没有参加过重要的学术展览，是否有资料可查、有记载。艺术家的出版著录、画册或个人思想、艺术观点的陈述，这些和他画的整体面貌都有关系。艺术家在个人藏家和机构收藏的记录，是否被广泛的认可。艺术家是否在画坛有着公认的地位，他的师承脉络如何。

再谈作品的因素。收藏作品，首先看学术价值，即在美术史和学术界的地位。"学术"是很重要的名词，学术追求的是真理，是严谨，是独创性。在艺术圈中，学术的评价系统是由学术杂志、美术馆、独立策展人、批评家所构成的，学术不是自诩的。艺术品的存量控制市场价格，市场上流通的作品实际上是有限的，在这些有限的作品中，精品更为有限，而且不会频繁地出现在市场上，这样的作品在同类藏品中价格就有所提升。

出版著录是收藏要考察的重点。某幅作品有没有刊载于画册中，藏于哪个机构，在哪个展览里展出过，都是可以考察的因素。谁都不会把自己最烂的东西拿出来展示。出版记录完整，收藏脉络清晰，流传有序，就可以帮助你判断作品价值。

外在因素就是供求关系。喜欢的人多了，藏家群体在同一个学术水准上，市场价值就被提高了。同时，艺术市场与政治经济大环境有关系，国富民强的时候，整个市场肯定会好。市场运作也是其中一个方面，艺术品市场有它自身的运作规律，是否有艺术经纪人或机构去推动它，也是艺术品价值考察的一个因素。

优秀的艺术家，需要天赋、需要后天努力，当然也需要有机遇。好的作品是有鲜明的艺术风格，思想表达独立自主，在创作技法上有创意，独一无二。然后是稀缺性，有条件就去收藏重要艺术家的典型代表作，每个人都有一个时期的比较有代表性的东西。

收藏家与艺术家同步成长的过程是艺术品价值最大化的过程，跟着艺术家一起成长。比如，收藏一张同龄人的好作品，不要藏起来，

尽可能多地去展示，尽可能让它有得以发表的机会，对这个东西喜爱并有着共同的文化记忆，无形中也为画作作了宣传，水涨船高，知道的人多了，认同的人多了，自然而然关注的人就多了，这个价值感也就增强了。甚至可以收藏一些"80后"年轻艺术家的作品，那要看你怎样界定，这其中也含有一些不确定因素，所以收藏市场未确定的艺术家作品，很有可能也是收藏和投资的乐趣所在。

谢谢大家。

提问1：

杨老师你好，20世纪八九十年代有一个新文人画学派。从新文人画学派的角度来说，传统文人画的传承和对现代艺术构成的影响还请您介绍一下，谢谢。

杨　珺：

我刚才讲的就是几位大师，实际上，20世纪到现代艺术中间远远不止这些人，比如说还有黄胄、张大千、傅抱石等很多人，只是我讲的这几位大家是被定格在时代的精神上的代表，是这个时代最优秀的。80年代的时候，新文人画是由陈授祥先生提出来的，此后，他聚拢了一批有文人画审美品位的画家，但到90年代末这个话题就不提了，"新文人画"没有鲜明的口号和旗帜，也没有艺术创新的新面貌，所以，慢慢的这个词就被消解了。实际上所谓的"新文人画"在现在看来，并不够，是温情的革命。"新"也只是停留在概念上，做了几个活动和展览，并没有从画上解决根本性的问题。新文人画当中包括了两位很重要的艺术家：田黎明、陈平。当初，他们都是新文人画中间的一员，但后来在他们身上都没有贴上"新文人画"的标签，就是因为新文人画没有一个确切的所谓"我"的概念，或立得住脚的理论作为"主角"。

提问2：

杨老师你好，今天讲的我觉得主要是对美的一种追求，我就想问一下，作为我们普通的这种对艺术离得比较远的人，除了从博物馆、展览会这些接触的渠道以外，培养自己对美的认知，有没有其他的渠道？请您简单地介绍一下。

杨珺：

其实只要你有兴趣就会有接近美的渠道。为什么会这样说呢？第一，网络信息发达；第二，图书信息发达；第三，可以选择跟懂得美的人交朋友。但是，最好的途径是什么呢？你拿起笔来，玩笔墨还是很雅的，会画点儿画，在你的本职工作之外，这既愉悦了自己，也能陶冶性情。所以，最好的方式就是你拿起画笔，后面的问题自然都解决了，美就在各自的心中。

田锦尘：

今天杨珺博士通过名家大师作品，结合对自己和学生作品的介绍，在如何欣赏书画、如何提高收藏水平等方面给我们上了一堂很好的课。通过杨珺老师的介绍，我有几点特别深的体会。

第一，我觉得审美具有强烈的主观意识，我们常说的"横看成岭侧成峰，远近高低各不同"就是指站在不同的角度，抱持不同的价值观，对美的判断也是不同的。同时，听了杨珺老师的讲座，我感觉美也是具有一定的客观性的，也有一定的观测角度和方法，这就要求我们要更多地加强自身的修养，提高对美的鉴赏水平。

第二，我觉得在国际化的大环境下，艺术家容易迷失自己、迷失方向，这就提醒我们在今后的发展中，无论是个人还是国家，可能都需要深入思考这个问题，怎么保持我们自己的个性、民族的个性，包括艺术家的个性。

第三，杨珺老师告诉我们在欣赏书画的时候，不仅要看它的表象，看它直观的好不好，还要通过现象看本质，要看画的意境。实际上我觉得这就是宏观和微观把握的结合问题。记得北宋有一个书画家

叫郭熙,他在谈山水画创作的时候,专门讲到画画要宏观取大势,微观取实质,这对我们的工作很有启发,就是我们国家发展改革委是研究规划、宏观政策的,这个大势我们一定要把握住,但是有了好的规划、政策,如果我们不去实施,不做好细节的话,我们这个规划和政策出来也是没有用的。所以,我们要做好宏观把握和微观实施很好的结合,要统筹兼顾。

杨珺老师的介绍在生活上对我们也有所启发,比如怎么在细节上更好地关心自己的家人,等等。总之,杨珺老师给我们送上了一顿丰富的艺术大餐,并给我们提出了一些如何进行收藏的建议,我觉得在座的朋友可能有些是热衷收藏而且有一定基础的,那么今后在收藏中如果有什么新的收获,也希望跟在座的朋友、跟杨老师共同分享。

最后我提议,让我们以热烈的掌声对杨珺老师今天的精彩讲座表示衷心感谢,同时也祝愿杨老师在今后的艺术道路上取得更大的成就。

国家发展改革委青年读书论坛（第二十五期）

感悟中国智慧

2012 年 12 月 9 日

主讲人：于　丹（北京师范大学教授）
主持人：李　扬（国家发展改革委副秘书长
　　　　　　　兼经济运行调节局局长）
推荐书目：《于丹趣品人生》

于 丹

　　著名文化学者，北京师范大学教授、博士生导师，北京师范大学文化创新与传播研究院院长，国务院参事室特约研究员。中国古典文化的普及传播者。以生命感悟激活了经典中的属于中华民族的精神基因，在海内外文化界、教育界产生了广泛影响。

李　扬：

　　同志们、朋友们，大家上午好。欢迎各位参加第二十五期国家发展改革委青年读书论坛，我非常高兴、非常荣幸地能以主持人的身份和大家一道参加本期的青年读书论坛。

　　不久前，胜利闭幕的党的十八大提出了建设中国特色社会主义"五为一体"的总体布局，即经济建设、政治建设、文化建设、社会建设、生态文明建设，特别提出了要扎实推进社会主义文化强国建设。其中，强调文化是民族的血脉，是人民的精神家园，以及文化实力和竞争力是国家富强、民族振兴的重要标志。促进包括文化在内的各项社会事业发展是国家发展改革委的重要职责，作为学习宣传贯彻党的十八大精神的一项活动，机关党委、机关团委精心设计了今天的青年读书论坛，专门讲述与文化建设有关的内容。

　　本期论坛邀请到了党的十八大代表、著名文化学者于丹教授来为我们讲感悟中国智慧。于丹同志是北京师范大学教授、博士生导师，北京师范大学文化创新与传播研究院院长，国务院参事室特约研究员。她是古典文化的普及传播者，在中央电视台《百家讲坛》、《文化视点》等栏目做的系列讲座早已家喻户晓。于丹教授作为一线教师的代表，参加了党的十八大。大会刚刚结束，于丹教授日程安排的活动比较多，很繁忙。但能在百忙之中专门到我委做讲座，更让我们感到机会十分难得，让我们以热烈的掌声欢迎和感谢于丹教授。

　　参加本次论坛的还有北京师范大学附属实验中学和铁二中的校领导，有部分中央国家机关青年委员，让我们一并表示欢迎。

图1 第二十五期青年读书论坛开始前,国家发展改革委党组成员、副主任胡祖才与主讲嘉宾于丹亲切会谈。

在座的各位早就期盼着这次讲坛,期盼着和于丹教授见面,报名人数不断增多,使我们论坛组织者打破了惯例,不得不将今天的会场从多次举办论坛的三楼会议室调到我委最大的四楼多功能厅。我想大家一定已经迫不及待地要享受这份文化智慧的盛宴了,下面把更多的时间留给于教授,大家掌声欢迎。

于 丹:

谢谢秘书长,谢谢各位朋友。

今天是个周末,而且今年的冬天很反常,已经是很冷的天气了,这么早让大家济济一堂到这里来,其实大家也是为了中国文化聚在一起,希望我在这段时间内不要辜负大家的信任。

刚才,秘书长说到十八大结束之后,大家对整个文化的理解,包括我们现在的确定自己的一些工作方向上，都有一些更深的思考。其实，我也在想，中国文化到底在解决什么问题？中国文化不是灵丹妙药，它不能瞬间就解决目前出现的所有现实的问题。但是，它能从根本上给我们提供一种思维的方式。在我们普通老百姓的心里，觉得在中国整个转型改革的过程中，大项目的立项、审批、投资、扶持都是国家发展改革委的事情。所以，老百姓想起国家发展改革委，就觉得在现在的经济建设中，整个中国发展的走向，都在这个委的把握之中。那么，中国文化到底在什么方式上能够帮我们去把握这种规律呢？我有时候觉得当一个世界变得越来越复杂的时候，返璞归真去找到最简单的原则，一个人、一个机构好多思维，就站在了重新确立的一个坐标上。

什么是中国人最根本的思维呢？我记得2011年联合国秘书长潘基文，在他的连任宣言中用到了中国老子的最后一句话。《道德经》这5000言，我们现在提起来都非常熟悉，"道可道，非常道。名可名，非常名"，那么它的结尾是什么呢？它一共81章，最后的两句话叫做"天之道，利而不害；圣人之道，为而不争"。就是这两句话被潘基文用在了他的连任就职宣言中，面对这个后工业文明时代的联合国，面对世界秩序的乱项，他用东方思维、用中国哲学返璞归真，提出了一种秩序的重建。

这两句话什么意思呢？第一句话的标准，天之道，苍天最根本的道理，4个字叫做"利而不害"，就是有利于万物生长，不要制造祸害，这是苍天根本的道理，也就是说那个时候不应该有这么多的地震海啸泥石流，因为人还没有足够的能力去狂妄地破坏自然、颠覆自然，人的那种敬畏与顺应让苍天风调雨顺，按照它本来的循环，这就是天的大道，这叫"天之道，利而不害"，它应该是有利于万物不制造祸害的。

第二个坐标是社会坐标，人间应该怎么样？第二句话叫做"圣人之道，为而不争"，圣人说人间的道理也是4个字，叫"为而不争"，

图2 第二十五期青年读书论坛开始前,国家发展改革委党组成员、副主任胡祖才(左二)与主讲嘉宾于丹(左三)、主持人李扬(右二)及国家发展改革委部分同志合影。

每个人发愤图强,有所作为,别钩心斗角,老去与别人纷争。一个人有为是做自己的事,不争是放下跟别人的纠葛,为而不争,就是自古而今社会稳定的一种状态。人不能说不争了就放下手里的作为,那就太消极了,但也不能因为发奋有为把心思给用歪了,看的都是与别人的计较,要争气和自己争,不要和别人争。

所以你想想潘基文为什么要提出这两句话?我们看到的今天这个世界,大家的秩序感越来越处于一种迷失之中,我们看非洲不断地出现政权的更迭、混战,这是一种政治秩序的重建。我们看欧洲,从2009年到现在,秩序不稳定,金融下滑低迷,这是经济秩序的重建。我们看亚洲更有意思,我们这几年探讨的都是道德的底线,人心理伦理的重建。也就是说天之道和圣人之道要是用今天的词来说,其根本的概念就是秩序,要有秩序,天道的秩序就是风调雨顺利而不害,人间的秩序就是有所作为别老斗争。这两个秩序一旦建立了，我们就找到了平衡。其实大家想想看，我们看一切事不就是这两个坐标嘛，宇宙自然的坐标和社会人文的坐标。包括我们老说的文化，"文化"这个词，最早来自于《周易》，《周易》也是按这俩坐标给你界定的。

《周易》说什么叫文化？第一句话它说"观乎天文以察时变"，观察的"观"，先观而后察醒，观就是看，"察"就是看明白，终于看懂了。我们今天这个时代，好多事是观而不察，我们每天上网、看微博、看各式各样的消息，电视、报纸、道听途说呀，这都是观。你是观这世界了，自己察到什么了？悟出来的自己的结论是一份察醒，一边观一边还得察，所以第一个坐标是宇宙自然的叫"观乎天文以察时变"，时节的变化，我们为什么要观天文呢？看春夏秋冬四时往来蕴含的道理，这两天天气反常，北京的冬天刚进12月份一般没这么冷，现在已经冷了，那就得多穿呀，所以人得察醒到时节的变化，你跟着它调理，你不能跟它较劲呀，说天冷了，我偏不穿，那就是自己要冻病呀，所以人要跟上这个变化，这叫"观乎天文以察时变"。因为中国是个农耕民族，我们为什么立法阴历也叫农历呢？就是跟着农时去察醒时节的变化，"人法地，地法天，天法道，道法自然"，这件事情不敢随便更改。所以，要一直观天时，察时变，这是第一个坐标。

第二个坐标叫做"观乎人文以化成天下"，这就是文化最早的提出。观乎人文和观乎天文一样，观察人间百态，什么叫人文，就是人的生活方式、人的思维想法、人的所作所为、人的好恶判断，这都是人文。那么观乎人文为的是什么？"以化成天下"，凝聚起来价值观，用以流化人心，化育天下，最终这个"化成天下"的状态叫做文人化之，这就是文化。所以，文化不是我们今天理解的文明的遗产，说四大发明就是文化吗？那是文明。我们这个古老的民族从来不缺少文明，但我们真是缺少化入生活这个动词的过程。"观乎人文以化成天下"，就是用我们的文明提炼出来价值观流化人心，化成天下。所以，

大家想想，又是这俩坐标，第一个坐标你得观察宇宙自然，知天文察时变；第二个坐标你得观察世间百态，知人文化育人心。中国人的思维从来没离开过这两个坐标，即宇宙自然的坐标和社会人文的坐标。

刚才我一直在跟胡主任和各个领导在那儿聊天。胡主任说，我们国家发展改革委管的就是宏观调控的问题。我想什么是宏观呢？宏观首先是一种思维方式的建立，这种思维方式就是找到中国人参照系的坐标，然后再与国际接轨。也就是说，我们先得找到自己的思维方式，按国际规则办事没问题，但思维方式那是骨子里、血液里的，那我们会说现在参照比如说西方的发展中国家或者是发达国家，它们到这个阶段怎么调整、怎么控制，它们在投放什么项目、在限制什么项目。但是，这一切都得嫁接在中国土壤上，西方是君主立宪制的传统，中国是宗法制的传统，西方人从小都上教堂，是一个一个的公民个体对着上帝的救赎，而中国人是一家一户大家族归于伦理，靠家法、靠伦理的约束，靠道德自律去整齐人心，这一切都是不相同的。其实我们管理的不是项目，我们首先管理的是在这种思维方式上中国发展的合理性。只有了解中国人的思维方式，了解我们原来的坐标，才知道我们真正的合理性在哪里。中国文化有很多精华，也有很多糟粕。所以，只有了解这一切。我们现在不是说中国文化万能，就来救赎我们。我们就算说它不好，都要真明白它哪里不好，然后我们才有可能去伪存真，才有可能从我们的思维方式出发，去把这些规律摸清楚。

西方习惯于一种结构式的分析，每一个组合严格地按照逻辑排列，东方是结构式的模糊判断。所以，你看西方油画的透视关系，那都像达·芬奇画鸡蛋那么练出来的。达·芬奇是一个医学家，他在画一个人的肌理骨骼的时候，是真正按照解剖图去画的呀，他当然了解这样一个严谨的时空透视关系。而中国，你看中国国画，动不动就说"山从人面起，云傍马头生"，这都什么逻辑关系呀，那山呢、云呢都和人交融到一块儿。中国人讲的是什么？中国艺术的灵魂就是"写意"两个字,他写的不是形,他是泼墨大写意,他写的是神。那么这种写神从表面上是不讲结构的,所以你看孩子从小学音乐,看学琴的孩子,学什么乐器最多?一定是钢琴。为什么呢?因为钢琴的音阶是绝对切分,黑键白键你只要让他找到都在哪儿,三四岁的孩子他也能弹得很清楚。没见着说小孩儿一开始从二胡学起的,因为咱们那二胡是相对切分,其中有一个技法叫滑弦。为什么叫滑弦?有一位二胡艺术家告诉我说,那就是因为不容易找把位在那儿找呢,所以才出了这个技法。实际上就像是师徒相传一样,他那种感觉是千百次在滑弦中找着的位置,而不像钢琴一看黑白分明那个键就在那儿,这是思维方式的差别。其实我们所有的器物都来自于生活的方式。所以你从这一点上来讲,我们再怎么宏观调控,其实是要先了解中国人的思维。

那么中国文化给了我们什么样的思维方式?我们是在什么样的思维基础上去了解中国的发展?现在我们拿硬指标,中国是世界的第二大经济体,我们的GDP实打实地摆在那儿,但是为什么在整个2012年中国人都在探讨幸福?有关幸福的采访现在已经被大家多次调侃了,因为大家问得太多了,缺什么大家才问什么。到了这个岁末,我觉得我今天能有幸来发展改革委,非常有意思,因为再过十来天就到了传说中的末日了。这个所谓末日阴影为什么会这么困惑着大家?大家为什么会真的惶惶然,这一切到底是为什么?我们心中真正能够确立的东西是什么?有时候我在想,中国人原来很好的一点,就是当我们的伦理基础跟随着大地的运行,有这样一种天地四时踏实依据的时候,我们的价值观是稳定的,我们不慌乱。中国人是土地文明,在土地中人心有根。中国农民的快乐是什么?几亩地、几头牛,老婆孩子热炕头。这很实在,他有土地,他有自己的不动产,老婆生一大堆孩子,守着自己家热炕头,这也是一种富足安康。

我们看看都市文明,今年城镇化进程第一次超过50%了,到了52%。在拥有城市高楼大厦水泥丛林的同时,中国的农民失去了很多私有的土地,也失去了播撒在土地上的希望。子孙在城里买一平方米

土地，还不是永久的，就是买这房子里头的这块地，现在要四五万。为什么中国的伦理上出现惶惑了？现在一家就这一个孩子，这一个孩子承载着多少的期待呀！我们怎么样去反省中国人的文明？中国人的原始的那种安宁感在今天还能回到都市文明中吗？这是我们的一种课题，就是把土地文明中人心的安顿带到一个经济充分发达的都市文明进程之中。城市化是中国必然的趋势，十八大报告又一次提出了我们仍然以经济建设为中心，来夺取中国特色社会主义的最终胜利。离2020年越来越近了，我们达到小康，现在已经不是建设，而是提出"建成"了。

那么就在这个过程中，文化给我们什么样的反省？这一次报告里面提出的3个"自信"，从道路自信到理论自信，最终落实到制度自信，这个落点特别好，就是我们不要老依据一种模糊的人心的斗志昂扬激情澎湃，要靠好的制度完成一种有规范的保障。这个社会我们今天看这不好那不好，止于个案的愤慨是不起太大作用的，最终是要问

图3　第二十五期青年读书论坛现场，全委干部职工400多人参加了论坛。

责制度。我们的道路摸索过来,文化是什么?文化就是提供理论自信的,让我们找到根,然后把它落实在规范的制度上,那这个根又是什么呢?中国人的这种农耕文明,不管咱们城市化到什么程度,谁如果忽略了农民的思维,就是彻底的忘本,因为所有的中国人祖祖辈辈就是不折不扣的农民子孙,不管我们在农村生活没生活过,谁背离了农耕文明,谁的狂妄就会给自己设置障碍。我们的科学足够发达了,但是还没有发达到让我们足够狂妄。

中国人的农耕文明是什么呢?为什么"人法地、地法天",像这么冷的天,再往后近三九了,中国人就猫冬了。北方的猫冬,回去以后就准备要过大年了,红红火火地过年,从腊月二十三的小年,一直到正月十五的大年,过上半个月。它为什么不在夏天?因为夏天农忙呢,农时不让你回家,你就回不了家。春天天上下雨,"地法天",地下就得种苗。那冬天,天上下雪,地都休耕了,人难道还不回去吗?我们现在人老是加班,在工业文明中我们是可以"三班倒"的,高炉炼钢,是不可以停歇的,但是在农耕文明中人要是不歇,那就是找死,地都得休,人能不休吗。所以中国农民讲"日出而作,日入而息",天亮了,你跟着太阳就上班了;天黑了,太阳都回家了,你不回家还干吗呀?所以你看从《诗经》就说:"鸡栖于埘,日之夕矣,羊牛下来。君子于役,如之何勿思!"你今天念,这哪儿叫诗呀,大白话,"日之夕矣",日头又偏西了,"羊牛下来",那羊啊、牛啊全都回家了,"鸡栖于埘",鸡都上了架子了,"君子于役,如之何勿思",我们家那在外头干活儿的人怎么还不回来呢。这就是《诗经》,其实中国的诗歌从一开始的时候没有讲多么唯美,它就是一种生活规律的总结,这是我们中国人的思维方式。

而在土地文明中最好的东西,就是有归属,有敬畏。《礼记》,两千多年前的书了,提出来中国人的这种天地情感应该是什么样子的?《礼记》上说,"地载万物,天垂象",大地承载着万事万物,这叫"地载万物";"天垂象",苍天垂帘下来一个一个的星相跟它对应着。

这里的"天垂象"指什么呢？就是说自然界是有规律的，别光看着大地有收成，你忽略了天上的星相和它的对应，就失去了对规律的敬畏，这是第一句话。第二句话说的更简单，"取材于地，取法于天"，这八个字说的多恬淡，"取材于地"就是我们的衣食住行、财物财宝都从大地上取得，这没问题，大地供养它的子孙。但是怎么取材叫持续发展呢？就是第二句话叫"取法于天"，从大地上取得财物，从苍天上取得法则，取材于地的同时，取法于天。只有这么做，人才有持续发展。所以，第三句话叫"是以尊天而亲地也"。中国人基本的情感是什么呢？4个字，"尊天亲地"，尊敬天道，亲近大地，尊天就有敬畏，亲地就有保护。你说《礼记》上这段话说的简单吗？两千多年了，这是宗旨信条，今天的中国人还有多少人想得起来呢？"天载万物，天垂象，取材于地，取法于天，是以尊天而亲地也。"要尊天要亲地，对苍天有敬重，对大地有保护。咱们现在老觉得西方叫"低碳"、叫"环保"、叫"绿色"、叫"可持续发展"，人家提的名词多好啊，他们提的名词《礼记》里都说过，那是中国人的思维和表达，而且你去看中国农民、渔民，他们就是这么干的。

我不知道大家是不是看过《舌尖上的中国》，有印象吧，你们还记得《舌尖上的中国》第一集吗？讲中国食材的由来，说这个大地上有无数的食材，很少有国家像中国有这么多元的食材，其中有一个段落讲的是东北冬天的冰捕，就是在冰上捕鱼。有一个渔把式，七十多岁的老爷子，喝点酒出去，指挥大家凿冰，凿开以后，哗哗地大网撒下去，完了以后再拽上来，活蹦乱跳的鱼。那里有一个细节大家记得吗？就是说拉上来的鱼全是大鱼，都是两斤以上的鱼，为什么呢？渔把式说：织网眼的时候，是六寸大网眼，半尺多的大网眼，他要求自然筛选，把小鱼全漏下去，不捞小鱼，因为你要捞了小鱼，就意味着给自己掘墓。我们现在都市里"捞小鱼"的事情多少呀，贪婪得恨不得把鱼苗一网打尽，反正我这一辈吃上下一辈就不管了。农民、渔民，还有山林里游牧的民族，中国地质也很多元，从山林到海洋，一直到大陆,你去看吧,所有靠天吃饭的,不识字没懂那么多道理的农民,他反而有那么多的敬畏,他绝不敢破坏,因为这是祖上的规矩,所以那些渔把头在下网之前都得祭拜,都得跟这些个鱼呀、虾呀道歉,说我动你生灵了,但是我们只捞大的,因为我们人也得活下去,我保护你们的小苗,你也好好的长,咱们一块儿在这个土地上,在这水里,咱们在这儿好好的活,都得有点儿这样的祷告。

有时候我在想,真的是都市文明就一定更发达吗?我们今天的小孩子刚开始就学奥数了,很小就会弹钢琴了,现在城里的小孩儿多骄傲啊,一看农村的孩子懂什么呀,农民工的孩子怎么和我们比呀?但是说句不好听的话,他们懂天理。天理这个东西是世代传承的,你看农村的老奶奶她可以一个字不识,但是她知道"忠厚传家久,诗书继世长",她会教孙子好好念书;你看一个村子里头有偷盗、有不规范的行为,那要找这个村的族长,按中国的宗法去处理。所有这些是什么?人心不违天理。我们现在的都市教育学的是什么呢?学的是知识,但知识中不一定包含着道理。所以我说像国家发展改革委这么高端的机构部门,大家之所以在周日的早晨顶着寒冷,济济一堂,我想我们今天就说点简单话题,我们回到中国人朴素的天理,再来看我们今天丢了什么。

我们今天为什么不幸福不快乐呢?我们回头看,有时候往前看太迷茫的时候,温故而知新,我们可以回头看,看到中国人的成长和思维。中国人是讲究伦理教育的,在伦理中找到我们的安顿。中国原来的教育途径是什么呢?按照孔子的说法,说一个人的成长分三段教育,第一段叫"入则孝,出则悌",简单吧,进了门就得孝敬爹妈,出了门就得友善兄弟。就这一段你就先学吧,这就是家庭教育,教你的是伦理的规范。第二段叫"谨而信,泛爱众,而亲仁",谨慎的"谨",守信用的"信","谨而信"就是言语谨慎,说出来的话就得守信用;"泛爱众",广泛博爱大众;"而亲仁",而且要亲近仁义道德这些道理,这是第二段教育。其实大家看一下《弟子规》就是按照

这个划分的,"谨而信,泛爱众,而亲仁",这是第二段。这是什么教育呢？这是社会教育,就是人在社会上打交道,先别说你多高的学历、多好的文凭,先看这人说话算数不算数,说话可不敢口出狂言。用老百姓话说,你看这人说话,也不怕风大闪了舌头,口出狂言不守信用,这个人就不能在社会上混了,所以"谨而信"这件事情是第一位的,"泛爱众,而亲仁",好好地博爱大众,先学处好人际关系。人际关系是什么？为什么叫仁,仁爱的"仁",你说他说的是什么？这是中国儒家最核心的道理了。但这个道理讲的很简单,单立人一个二,这是什么道理呀？老百姓解读这个叫二人成仁。说啥叫仁爱,仁爱说白了就是两两关系,人在社会上打交道最多的就是两两关系。你看多大的领导,他也是从小在家夫子、母女,长大了恋人、夫妻、同学、同事、上级、下级,这辈子打交道最多都是两两关系,要是两两关系处不好的人,突然率领千军万马他也领导不好,所以亲近仁义就是从人际关系将心比心这点小事学,这叫"谨而信,泛爱众,而亲仁",你要是不爱大众,大众能爱你吗？这是第二段道理,社会教育,确立一个公民在人际之中的这种位置和角色。

第三段说得最有意思,《论语》上说什么呢？"行有余力,则以学文",前两段都学好了,还有余力是吗？那行了,可以到学校念点书,学点书本知识了,"则以学文",行有余力才去学文呢,所以这第三段是学校教育、书本教育、知识教育。你看中国人的教育第一段"入则孝,出则悌",这是伦理教育；第二段,"谨而信,泛爱众,而亲仁",这是社会教育；第三段,"行有余力,则以学文",这才是书本教育。咱们今天完全是反着走的,三四岁的孩子就上学前班了,六七岁就上小学了,现在的孩子敢从3岁一直念到30岁,30岁博士后毕业了,在大学里没得念了。但是,我们的伦理教育在哪儿,我们的社会教育在哪儿,现在一个名牌大学的硕士、博士出来,目中无人、口出狂言,动不动就指责抱怨,牛气冲天,觉得全社会对不起自己,这种事少吗？

所以我也很理解，为什么发展改革委从青年的层次上办这种读书的论坛，其实是在替我们的教育体制补课，按说进了一个工作单位应该是一个成熟的被使用的人才，这个用人单位是没有教育义务的。但没办法，得补课呀，咱们学多少专业知识不说就少了中国原来的伦理教育跟我们这种社会教育吗？所以我说，无论是个人还是一个机构，从我们最根本的原始思维上去补课，这件事情会让我们的心踏实，因为它能让中国人意识到我们伦理的根在哪儿。我总在说伦理，伦理真正重要吗？我出国的时候老是被西方的人问：我们的信仰就是我们信教，我们上教堂，你们中国人信仰缺失，你们就没信仰。我说我们信任伦理，他说伦理能替代信仰吗？有那么强大吗？我说你看，咱俩要是走在路上摔个跟头，你本能地就说"Oh, my God!"我说什么？我肯定说"哎呀，我的妈呀"。你说你为什么叫神呢？就因为你从小上教堂啊，你不会摔个跟头说"Oh, my Mum"。我也不会摔个跟头说"哎呀，我的神呀"。因为我们从小呼爹喊妈，中国人"打虎亲兄弟，上阵父子兵"，对伦理的信任，这就是我们的根基呀。

可是大家想想看，过去一个村，比如说叫曹屯，那大家都姓曹，要叫李庄，那都姓李，所以那个宗法关系，一个族长管各家的孩子，你敢不听吗？现在我们没有这个农耕的基础了，但我们背叛中国伦理的归属，为什么会在都市文明中感到内心不踏实，这个问题我们必须直面。其实我们只有直面了这个问题才能找得回来。城镇化进程是中国建设的必然，但是我们必须要用文化去作补充，没有这个文化的补充，这种外在的数据给我们带不来幸福。那么当宗法涣散的时候，我们内心有什么样的代偿，我们的价值建立又是什么呢？我们还能够从中国朴素的人际关系、政治信仰中学到什么？中国人最根本的核心价值是不是还在传承着？

在这样一个转化的过程中，我想起孔子的学生子贡曾经向老师请教怎么样做好社会政治，说老师你教教我为政之道，政治是什么？这么复杂的问题，孔子给的答案可简单了，就谈三条，他说"足兵，足

食,民信之矣",有这三点就是好政治。第一点叫"足兵",有充足的兵力,也就是说要有国家机器来保障社会安全;第二点叫"足食",有充足的粮食,要有物质基础,来保障大家的安定;第三点叫"民信之矣",这一"信"字对公民个人来讲,是有一份信誉,人跟人之间有一种信任,对社会政权有一份信念,都叫信,所以叫"民信之矣"。他说"足兵,足食,民信之矣",有这三条,放在哪儿都是好政治。简单吧?这么简单的答案,子贡还不满足,为难老师,与其三者,必去其一,去何?老师我觉得三条有点多,你要给我去一条呢?去什么呀?老师说"去兵",那国家机器我不要了。子贡说与其二者必去其一,咱再去一个。我估计国家发展改革委在审批项目投放资金的时候,老得遇到取舍,取什么舍什么,这是大事。人舍得舍得,不舍不得,小舍小得,大舍大得,关键是你舍的跟得的东西,你死保的和最后一定要得到的真是最重要的吗?所以吃的粮食和信誉信念你说舍哪个?孔子说"去食",那就是物质基础我不要了。接着孔子说了一句话:自古皆有死,民无信不立。这句话振聋发聩,没了兵力保护,没了粮食物质,人大不了就是一死,自古而今谁躲得过一个死呀,但是你要是敢失了这个"信"字,社会国民的价值将无从建立,这就叫"自古皆有死,民无信不立",建立树立的"立"。

    大家想想看,今年孔子诞辰 2563 年了,这么多年前说的话,我们不觉得振聋发聩吗?这就是我一开始跟大家说我们返璞归真,往简单上走,咱们往回看,找着中国人的坐标,看看几千年前中国人想的是什么。你说说今天这个世界,咱足兵吗?看看各国之间核武器互相的威胁吧。咱足食吗?这品牌时代,一双鞋一个包,几十万的都有。但是你敢说民有信吗?当兵和食都不成问题的时候,我们的"民信之矣"在哪儿呢?为什么中国人诚信危机呀,这要让孔子知道,孔子当年说过一句话,"人而无信,不知其可也",这人要连个信誉都没有,那可真不知道他还能干点什么事儿,"不知其可",那就没有安身立命的根本了。所以,我们今天追的是本。

其实我们这个读书论坛绝大多数的成员都是些比较年轻的朋友，满眼繁华，面对的是一个匆匆忙忙、繁花似锦的世界，所以怎么能回到本上。中国这个"本"字是个象形字，就是一个枝繁叶茂的大树，在根这个地方啪给你打一小点，提醒你别忘了这个点啊，这个字叫"本"，根本根本，本字底下那一小横，就是象形字大树上的根，告诉你凡事去看根，别看它的枝条花朵，什么事看准了根，就不忘本。我觉得中国的发展改革也是枝繁叶茂呀。对发展改革委来讲，我们的本在哪儿？抓住这一点本不忘，这是中国人最不能丢掉的核心价值。所以，中国的古训到底都告诉我们点儿什么？我认为它给了我们中国人的思维方式。我从来都不主张复古，我们不必要回到古典，我们是要把古圣先贤的思想请到现代，让他们帮我们在这么复杂的事项中复杂问题简单化一点，知道要守住的根本是什么，化繁为简，为生活做减法，去掉很多庞杂，找到我们最后能够守住的那点依据，那就是我们的思维方式。所以我说中国人还得看重这种人伦的结构，看重我们之间的这种人际的关系。

我在西方讲学的时候，有时候也跟他们说：你看，我在北欧、西欧讲话，满眼都是哥特式的建筑，建筑是什么？建筑就是一种规范的秩序，建筑是一种无声的秩序感，那么多单体的高耸入云的哥特建筑，那就是一种个人的优美而崇高的向神致敬膜拜的姿态。你看中国有单体建筑吗？中国人反正没有居住的，因为原来塔是单体建筑。但是你看看农村，包括一开始我们进入城市的时候，住的都是四合院。四合院可一直放大到紫禁城，你看看紫禁城，9999间半，也是均衡对称的群体建筑。无论一个农村的老爷子，还是皇上，都住北房，你没见过他住西厢房的。然后以他为轴心，无论王公大臣还是长子次子，都是次第排列，这就是秩序。在群体建筑中建立秩序，这跟贫富无关，最穷的农民的房子，也得把北房正房让给老人住。所以你看看故宫，要就是一个太和殿就不叫故宫了，它一定不是单体建筑，中国人是在一个群体勾连中稳定地找到自己要遵循的秩序。咱们现在去故宫

走走试试，故宫走的是北京城王者的轴线，北京城正中轴，然后次第排列。这很有意思，这种平衡不是一种简单的审美需求，而是秩序的需求，中国的平衡是秩序的需求。这就是中国人为什么老讲中庸，中庸这个东西不是和稀泥的平庸，冯友兰先生说的好：集高明而道中庸，集尽所有的高明平衡在一起的状态，叫中庸。有一个老中医，九十几岁，德高望重，跟我说：你知道中医是什么吗？说中医中医，不是中国之医，而是中庸之医。他说中医的道理是什么？是把人体当作一个宇宙，在整体的经络运行中看哪儿不通了，哪儿有毛病了，从整体上调理他，平和中庸，而不是说这儿出问题了，把这儿挖了，那儿出问题了，把那儿又给抠了，说人又不是萝卜，能那么抠吗？其实中医是一种思维，是一种哲学，它是把人体当作宇宙，这跟"人法地，地法天"是一样的。所以从这一切出发，我们去看中国人的思维，我们是有一种综合的宏观的思考的。

紧张的节奏会让人急功近利，会让人只看眼前，不看远方。比如说宏观调控、经济增长、投放规律。是不是我们只向西方学习就够了呢？中国人有时候有中国人的判断，我给大家讲一个中国的禅宗的故事。

禅宗很有意思，是佛教从二祖二世传进中国之后，到了六祖的时候，就出现了这么一种不立文字、了然于心、直指人心的中国式的彻悟，所以中国文化厉害呀。佛教是人家印度的东西，但是小乘佛教进来，从二祖传到六祖就开始出现了分支，就出现了这种纯中国式的禅宗，这是中国文化在一种包容中的自我创新。中国文化真正的力量就在于不断地在完成这种思维方式的改革。这个故事在说什么呢？

有一位大师，他洞悉世间的道理，是一个修养非常深、弟子都很钦佩的人。有一次他带着弟子们出去游访讲学，路过一处闹市，听见有人吵架，他大徒弟就跑去看热闹，一看是一家布店。有一个外地人路过，一看说这布不错呀，我买三丈布。老板说好啊，8 块钱一丈，三八二十四，那你交钱吧。买布的人就开始犹豫，三八二十四呀，我一直记着三八二十三。这老板说我天天卖布,三八二十四能错吗!这两个人就开始争,大徒弟一看,说这点事还吵呀,就过去拉架,说赶紧把钱给人家,三八肯定二十四。这个外乡人在犹豫间被人这么一说,面子上过不去了。他说你什么人呀,要你来管闲事,我从小就记着三八二十三,我今天还就说三八二十三了。这大弟子一想说不讲理呀,就说这样吧,你看我师傅就在旁边,我师傅无所不知、无所不晓,你敢跟我打赌吗?咱俩去问师傅,他说二十三就二十三,他说二十四就二十四。这外地人正在火头上,想都没想,脱口而出,说三八要是二十四,我今天输你个脑袋。这大弟子摸摸脑袋想说这赌打得有点重,正好头上戴了顶新帽子,他说你看,三八要是二十三,我把这帽子给你行吗?外乡人说没问题,咱俩去问。两个人见了师傅,一五一十,怒气冲冲,各执一端,说完了。师傅笑眯眯地听得云淡风轻,听完了,对自己徒弟说,哎呀,这个三八呀它就是二十三,赶紧把帽子给人家吧。大徒弟特别窝火,不能不听师傅的呀,毕恭毕敬地把帽子给人家啦。这外地人太高兴啦,举着帽子招摇过市,跟所有人说,看,大师说三八就二十三吧,赢了。这一集市的人指指点点,说,哎哟,哪儿来的和尚啊,这么点事儿都不懂,还敢上这儿来讲经。师傅带着徒弟们灰溜溜地离开了。大徒弟心里不服气呀,凭什么呀?窝着火观察师傅,看师傅什么事都很明白,也没老糊涂呀,终于忍不住了,去问师傅:师傅呀,你说三八难道不是二十四吗?你让我输个赌不要紧,你德高望重,却在大庭广众之下颜面尽失,你为什么要这么说呢?师傅慢条斯理地就问了他一句话:帽子重要还是脑袋重要?师傅跟他说,三八是二十四不假,但是人家赌的那是个脑袋;三八虽然不是二十三,但咱输的是个帽子。什么是佛呀,佛是不纠缠于局部真理的,他一定要在全局上去判断利弊得失,去作最终的把握。师傅说咱说个三八二十三,那咱离开这儿不在这儿讲经就完了。他一个外乡人临时起意买点儿布,你难道还让他把脑袋搁这儿呀。或者你就让他在这个集市上受尽羞辱,这不是真正的佛的心作的判断。最后,师傅

对大徒弟说：你记住，当帽子和脑袋发生冲突的时候，三八是可以二十三的。

其实，我一直在想，发展改革委得遇上多少这样的选择呀。中国的建设，你说什么叫合理性？报上来的都是数字规模，谁需要多少资金，谁有什么迫切性，我刚才还跟胡主任开玩笑，我说我去讲过课的各地的书记市长，一来北京看我，有一半人都说去发展改革委跑项目，谁家不着急呀，谁能上不能上，这里的判断难道仅仅是按照发展中国家或发达国家的规律吗？难道仅仅是按数字规模吗？当帽子和脑袋发生冲突的时候，三八是可以二十三的，这是中国人的大道理。中国在历史上不是个法治国家，咱就是个人治国家。皇上是什么？皇上是天子，谁敢违背天子的意愿呀！中国人被人治治久了，咱们的制度还没有完善呢，为什么我说十八大报告是真好，最后的落点提出落在制度自信上，说明我们的制度还在建设完善的过程之中，而在这个过程中人心最大，我们真正要让中国人的人心凝聚起来，要有一些更高级的判断，大于经济守则，这是一种真正的对于民族利益的判断，对于中国人在都市化进程中心灵得失的判断。我们只看见了得，我们失去了多少呀，谁来为我们的失去埋单。其实就是决策机构，我们扶持什么呢？我们真正的倡导与扶持其实是替中国人在急剧的改革发展过程中，心灵的那些丢失在埋单，我们要有人去管，其实这是好的政治。什么是好的政治？又说到政治这个话题了。

孔子的学生老跟他请教什么是好政治。孔子说"尊五美"，有五种美好，如果都做到，那就是好的政治。这"五美"当然很理想主义，离我们也很远，两千多年，但是我把它说说，大家看看在今天有没有点儿参考意义。第一美叫做"惠而不费"，恩惠的"惠"，浪费的"费"，"惠而不费"是政治的第一美，就是我们今天老说惠民政策，给老百姓充足的实惠，给到什么程度呢？不至于是浪费，这就叫惠而不费。其实这和我们批项目一样，惠而不费，真正把实惠给到位。空谈误国，现在大家都在说习总书记这句话，咱们别唱高调，也别有太多的空的不实的东西，让它落实到实惠上，但实惠也不能给过了，那对孩子的爱多了咱们还叫溺爱呢，难道钱给过了就是好事吗？多了不就费嘛，所以"惠而不费"这就是个底线。今天有时候人贪婪到了欲壑难填，我们什么都想着多，多了东西都浪费，你看看人得的这些病，其实好多都是因为你占的多了，浪费了。现在倒是没有说像解放前或者是刚解放谁家孩子营养不良，现在为什么都发愁小胖墩呀，小胖墩就是填鸭式的吃多了。中年人的毛病，都跟高有关，都不是低，不是血脂高了就是血压高了，再不就血糖高了。高了是什么？高了就是你用不完瘀在那儿费了呗。所以从一个人到一个社会，足够就好，真费了的话，你还得花更多钱受更多罪，把那些费了的东西再给倒腾出去，"惠而不费"，给到实惠不纵容浪费，这是美好政治的第一点，就是恰到好处。

庄子里面有一句话说"鹪鹩巢于深林，不过一枝"，鹪鹩就是麻雀，麻雀在深林里筑巢，给它多大个林子，你看它把巢搁在哪儿呢？搁在一根树枝上，因为它搁不了两根树枝，搁俩树枝那窝就掉下去了。庄子还有句话："鼹鼠饮河，不过满腹"，小鼹鼠你给它一条黄河，你让它上河边喝水去吧，它也就喝饱它那小肚子，装不下更多了。今天世界繁华，一座大林子，一条大河，你能占多少啊。咱们看有多少贪官最后都说，这个钱来了就攒，来了就攒，一直都没花，钱一直都没用，最后终于有用了，就是他被抓立案的时候，这个数字有用了，用来给他定性判刑。人有无穷无尽的追逐，要在整个社会政治上给个底线，你别纵容他这样不就完了嘛。所以惠而不费就是第一美。

第二美我认为说得更好，叫"劳而不怨"。中国人都熟悉一个词叫"任劳任怨"，其实任劳容易，加班加点，熬夜干活儿，但是你干到最后，领导得表扬你两句，或者说工作成绩显赫，或者说最后你的奖金比别人多，你都挺高兴。人任劳容易，任怨不容易，有几个人老担得起委屈埋怨呢？辛辛苦苦，好心好意，加班加点干完，领导脸一

冷,这活儿怎么干的,那你下回就没积极性了吧?或者你比别人作贡献多得多,后来在分配酬劳上就你没显现出来,你心里不平衡吧?所以一个好的政治是什么呢?让老百姓任劳但是没怨气,这就是好政治,这叫劳而不怨。劳而不怨特别适合今天这个时代,因为今天这个时代的怨气比什么时候都多,埋怨这件事如果成了惯性,它甚至不需要理由。我们会见到身边有些人没有理由,习惯性地抱怨。习惯性抱怨真是一件不幸的事,就是他得到什么都不快乐。为什么我们今天有这么多怨气?追究到底,社会矛盾在转型时期,还是日趋激化了,社会不公平现象日益凸显,这没什么可回避的,十八大报告也不回避。怎么解决这种不公平?怎么解决社会抱怨?你以为老百姓都是不愿意干活儿吗?我认为中国纯朴的老百姓还没有到全民都希望不劳而获的时候,"劳"这件事大家是认的,大家不认这个"怨"。所以,给大家充分的机会、充足的公平,让大家能够劳得其所、劳得其愿,有他的意愿高兴,别埋怨,这就是好的政治。你说孔子,我有时候琢磨他真是了不起的,那么多年前就能琢磨出"劳而不怨"这4个字,这不是挺好嘛。

第三句话,"欲而不贪",这说得更好,欲望的"欲",贪婪的"贪",欲而不贪。就是做政治的为政者、领导人,要承认正常人的欲望,承认老百姓的欲望,别要求老百姓都高尚到没欲望,没欲望社会也不发展了,要承认人的欲望。但是,要让它发展得不至于进入贪婪,这叫欲而不贪,承认正当欲望,并且满足大家的正当欲望,但是不至于让人纵欲贪婪,不至于欲壑难填,这就叫欲而不贪。有时候我就在想,难呢,咱们看看现在电视的广告,那些奢侈品不都在纵容贪婪嘛;咱看看选秀,一夜成名,有的时候觉得现在小孩儿都知道,回来说跳个《江南 Style》就能火成这样。一个社会的引导,怎么样才能让人身心健康,有正当欲望而不陷入贪婪呢?你说靠老百姓自律那做不到,看引导,看社会是什么风气,这就是政治。政治是什么呀?政治其实是一种社会风气,就是在一个什么样的风气里面建立价值观。欲而不贪,我认为中国的儒家哲学是很实事求是的,它从来也没有要求老百姓就没欲望了。孔子之后孟子发展完善他的理论,说得更清楚。孟子说制民恒产,主张就是制民恒产,老百姓得有产业。接着他就说了一句话,"无恒产而有恒心者,唯士为能",至于老百姓无恒产则无恒心,他说一个人房无一间地无一垄还有远大的抱负,什么人行啊?那是少数精英知识分子、担当天下的人,你看看其实最早陈独秀、李大钊、蔡和森、毛泽东那一批人他们行,他们有这样的志向,但你不能要求这些志向体现在每个老百姓身上,让老百姓无恒产还能有恒心。他说无恒产则无恒心,所以制民恒产,就是满足正当欲望。所以从孔子到孟子,一路之下都是制民恒产。

你别觉得道家和儒家好像差得挺多,老子说得更好,老子说什么呀?说管理老百姓这件事叫"虚其心,实其腹",这说的好吧?"虚其心",让他心里头有更多的谦虚;"实其腹",让他吃饱了肚子。肚子要实,心要虚,然后就好管理了。你说这个古人说的话,真是挺精炼的,你让他肚子空着,那他心里头火气就挺旺。所以,你得先"实其腹",让他肚子里头充实了,然后虚起心,人撤点火,怨气少点,这就是好社会呀。"虚其心,实其腹"就这几个字,你想想多大的道理呀!这就是道家的天道,跟儒家说的制民恒产、欲而不贪不都一回事嘛。所以这是孔子说的第三条道理。

第四条,第四、第五特有意思,因为是说官员的,也在政治里头,说的是官员应对老百姓表现出来什么样的姿态。第四条叫"泰而不骄",一个当官的人面对老百姓,要有一份泰然自若,但是没有骄横跋扈,这就叫泰而不骄,"泰"这个字在中国字里太好了,通体舒泰、泰然自若、安泰,都是好词。五岳之尊的山那就得叫泰山。所以,泰然多好,泰然就是一份坦荡与从容。一个官员有一份坦荡从容,而没那么多的骄横跋扈,那多好啊。看看咱们现在的官员,你发现没有,网上从"表叔"到"房叔"搜出来的这一堆官员,好多官员形象都是腆着个大肚子。有时候这个腆着肚子的官员特别不让人信

任，试想一个人他都管理不好自己的身体，你说他怎么管理得好这个部门呢？他自己那么不节制都吃成那样了，你对他还有信任吗？所以泰而不骄是一份君子的仪态，一个人对自己的仪表一定是要负责任的，用不着那么骄横跋扈，有泰然就够了。当然有人会说，一个当官的人，要只有这一份泰然，老百姓怎么能听他的话呢？他不需要一些声色俱厉，怎么去建立他的威信呢？

孔子说的第五条叫"威而不猛"，其实这和泰而不骄是平衡的。一个官员要有他的威严，但是他的言词绝不猛烈，这种威严是什么呢？是不怒而威，一个人真正的威严来自于他内心的庄重。但是，他不需要声色俱厉的那种过分的猛烈，这就叫威而不猛。"泰而不骄，威而不猛"，这两句话说的是什么呢？是做官的仪表仪态。这就是孔子说的"尊五美"呀，我们把"五美"放在今天这个时代，今天的这种政治、这种参照的环境里头，你想想有没有道理呢？其实任何一个时代，其文化的坐标都会有一种参照系。

这"五美"是孔子那个时候提出来的政治理想，这种理想有过分理想化的地方。但是，在21世纪的文明中去对照中国人原来的想法，你会觉得好多东西、好多想法还是很有意思的。一个真正很好的政治，它一定包含着伦理的根性，包含着中国人自然成长的规则。在规则之中往前走，就是一种持续的、从容不迫的发展。其实中国的这种社会治理，中国人认为我们怎么样能够找到一种平衡之路，他是在外在的政治和君子的修为之间找到一个平衡点。

什么是君子的修为？孔子学生多次问过他什么叫做君子。孔子说"不忧不惧"，就4个字，一个人没那么多的忧伤，没那么多的恐惧，这就是真君子。学生司马牛就很不屑，说不忧不惧是为君子乎？一个人光是不忧伤、不恐惧难道就能当真君子了？他不需要担当使命，不需要去多做事，就叫真君子了？孔子说了一句话，"内省不疚，夫何忧何惧"，即一个人叩问内心，反省自我，不忧不惧，上不愧天，下不愧地，他哪儿有那么多的忧伤和迁就啊。如果一个人自个儿一切行为都做好了，他才能保持外在的坦然。为什么现在人陷入那么多的失落忧伤，很多时候其实是我们自己没有做好，所以，真君子的不忧不惧，来自于他自律反省做得好。那自律反省又做什么？你看看曾子说，从老师这个道理学出来的，君子"日三省乎己"，这大家都知道。可是反省哪几件事？这里也说了三件事，第一叫做"为人谋而不忠乎？"为别人谋事谋生你有没有不忠诚的行为呢？第二句话，"与朋友交而不信乎？"跟朋友交往，答应人家的事，有没有不守信用的地方？第三句话叫做"传不习乎？"传播的"传"，学习的"习"，传播来这么多外在的东西，学习转化成自己的经验了吗？简单来讲就是这三句话。

　　这三句话我们要放在今天的生活坐标里，你看一看它指的是什么呢？我们跨过 2000 年，看看 21 世纪的人最多的惶惑是什么。我们无非是一天 24 小时排得太满，一个人在多元角色中来回转换转不过来。咱们每个人有什么角色啊？至少都有三个角色：第一，每个人都有个职业角色吧，咱安身立命在职业角色中得尽忠吧，我们得奉献吧，这挺累的。第二，我们每个人都有个伦理角色吧，在家里有老有小，外头还有亲戚朋友，你得维护什么人，得为他们作贡献，这事也挺累的。那靠什么充电呢？第三，每个人都有个自我角色吧，咱有人喜欢游山玩水，往远处走；有人就喜欢喝茶听音乐，就喜欢猫在家里。无论是那种远游的人还是宅在家里的人，都有一个自我呀。那好，这三种角色就打架，职业角色做太好了，伦理角色，家里人就抱怨了；伦理角色和职业角色你都尽心尽意了，你的自我就丢失了；你要是太顾自我的话，不是工作放下了，就是家人又不满意了。所以，怎么样把职业角色、伦理角色和自我角色平衡起来，别丢掉什么呢？那你回头想，论语的这三句话就教了你一个底线，啥叫底线？就咱都守住一个字就行了。"为人谋而不忠乎"，在外头谋差事咱不敢不尽忠，职业角色就一个底线——忠诚；"与朋友交而不信乎"，无论对家里的亲戚朋友还是对外头的人，你只要答应的事就得做到，实在做不到你事先别

答应,"轻诺者必寡信",轻易答应承诺的人,最后信誉一定差,别一拍胸脯轻易答应人家,想好了。伦理角色做到守信。第三个自我角色。今天这个时代人不学习不进则退,外头的信息太庞杂了,鱼龙混杂,自个儿学完,走脑子走心,消化成自己的东西,外人给你的是学,自己琢磨的是习,光学不习那不行,所以叫"传不习乎",外边传来的东西你自己习了吗?自我角色也保持一点就是学习。学习还不见得都像咱这么听课,你说今天你带孩子出去参加一夏令营,你可能就和孩子学到了点什么。你带老人出去吃顿饭,发现新出了什么样的私家菜或者是农家饭了,这也是学习。你今天逛逛商场,看看又出什么最新款式的衣服了,那也是学习。你只要在学习,人就不会落后,就在保持着自我更新。所以说白了,人呢,三重角色各保一个底线,职业角色做到尽忠,伦理角色做到守信,自我角色做到学习,每天问自己这三件事,工作上有没有不忠心,你没尽忠落把柄,别人就会处理你;伦理角色有没有不守信,你老是不答应别人,或者答应好了以后不做到的话,你信誉自然就差;再问问自个儿,我今儿学点什么没有,我想点什么事没有。只要把这三条保住了,这就叫君子"日三省乎己"。这话是所有人都知道的,大家都知道。但是,它对我们有用吗?你这么一想,你就会觉得它不是一个外在学问,它就是我们中国人安身立命一个坐标系。

咱们今天说啥叫忠诚?我忠于谁去呀?忠于部门领导,忠于法规法则,这叫忠吗?孔子的学生,还是曾子,因为这个请教老师最根本道理是什么。孔子跟他说,"吾道一以贯之",你琢磨去吧,我的道理一以贯之。哎呀,曾子出来琢磨清楚了,跟大家说,夫子之道综述而已,我老师最基本的道理告诉你们,秘密就俩字,一个忠诚的"忠",一个宽恕的"恕",就"忠"和"恕",这两个字要记住了,理解了,这就是核心。他也没解释,谁解释了呢?大家知道,中国儒学的线索有四大家,叫孔、孟、朱、王,孔子、孟子之道,中间的是朱熹,王是谁呀?是王阳明。其实中国人对王阳明理解太少了,有时候我们对王阳明的尊崇还不如日本人。孔、孟、朱、王完善的四项,到朱熹的时候他注了这个,朱子是个了不起的人,就是他把复杂的学理注释得通透,他怎么解释忠和恕呢?

忠恕之道,40岁以上的人都记得,"批林批孔"的时候是狠批过的,但究竟什么是"忠"什么是"恕"呢?朱子解读中国字,他说中心为忠,你看忠诚的"忠",上面一个中国的"中",下面一颗心,这字就念忠。中心为忠,什么意思呢?真正的忠诚,底线在你自己的心中。一个人忠于外在的一切都不是真忠,而是老百姓说的摸着良心办事儿,自个儿能看见心里的底线叫忠诚,就是一个人这事儿我不这么办,我今天没加班加点儿干这件事,我回了家不踏实,吃饭不香,回家睡不着,我非得把这事干完,这叫忠。中国人的忠诚观是不靠外在,靠内心自律的。那么你再看什么叫宽恕,别人冒犯你了,冲撞你了,你真想得开吗?朱子又拆中国字了,他说如心为恕,学着跟人家换位思考,当他人心如我心,站在他的角度再看这件事,你就想开了,这叫如心为恕,一个人就在那儿咬着牙,我就是不计较,那不算。你得跟人家换位思考,因为每个人看事都是从自己角度出发的,你说4个盲人摸大象,摸着耳朵的他一定说大象就像个扇子,摸着尾巴的他一定说大象就像个绳子,摸着腿的就觉得大象像柱子,摸着身子的就觉得大象像堵墙,4个人争得死去活来的,你说谁错了?其实如果他们4个人的印象拼凑在一起,还就是真实的大象,问题就是各执一端,因为大家都看的是局部,要是能换位思考呢,我们不就更接近真相嘛,有什么不好的,如心为恕啊,真学着心平气和换位思考不容易。中心为忠,如心为宽恕。

接着又说了两句话,"尽己为忠,推己为恕",一个人好好尽到自己的心就叫忠诚,一个人把自己的心推到别人身上就叫宽恕,你说他说的简单吗?朱子的话说的简单,但是知易行难。"知行合一"谁提出来的?是王阳明,所以从朱子再往下就提出了知行合一,知道什么事那不算,你还得做得到。所以王阳明真是个了不起的人,他提出的

致良知。大家都知道从大学的时候,中国知识分子提出格物致知、修身齐家治国平天下。那格物致知,致的是什么知,要学多少知识才算是致知了,这个世界到今天互联网时代咱学得过来吗?王阳明给我们的根本就是致良知,他说良知是存在心里的,什么叫良知?王阳明说良知无非是个是非之心,人到最后的致良知就是学会是非判断。今天这个时代多复杂呀,咱最后学什么重要?不是文凭重要,是你总得知道什么叫是非。今天真是有时候学着学着是非就不明白了。所以王阳明说圣人的心就是明镜,不怕物不来照,只怕心中不明。人心要是明白,来什么事一照它都是明的,所以说圣人心中只是一个明,圣人的心就是心里明白,来什么事照的明白,有是非之心,这就叫致良知。我们没有时间系统地从孔、孟、朱、王讲下来,但是我认为他们还是提供了中国人的思维方式。

孔、孟是在先秦,朱子是在宋代,王阳明是在明代,这条脉络线索也走了一千好几百年呀,那这么多年里面大家悟出来的道理,对今天能没有借鉴吗?有时候我就在想,我们确实与自己祖宗留下来的文化离得太远了,好多东西是应该从小学的,我们现在真的是在补课。但是,我们不求在学理系统上去读多少,不是圣人心里只是一个明嘛,我们能把心里头学透亮了就行,我们能有禅宗一样的办法。就说发展改革委,我老说老百姓看它太神圣了,你说批哪个项目不批哪个项目,扶植什么不扶植什么,政府的扶植就是社会的导向。你扶植了一个,相应地你看有多少个城市这类项目都来找你,都跟着攀比,你为什么扶植它;你一个不批,多少都觉得,收收吧,发展改革委最近不批这个项目,这是导向啊。中国社会还没有到资源奢华以至于什么都可以上马的时候。在这个发展过程中,取舍是什么?还是那句话,舍得舍得,是先舍后得。所以,孟子有一句话,就是有不为才有所为,一个人想要有所作为,必先有不为。

20世纪30年代一位大文豪林语堂,在台湾阳明山。这是因为蒋介石太喜欢王阳明了,跑到台湾把那么一座荒山命名叫阳明山。林语堂的故居就叫阳明山。我去阳名山进林语堂的故居,那份中国人的亲切呀,一进去,书斋名字自题"有不为斋",一个人有所不为那是一份操守啊,哪能什么事都伸手干呢,什么事都干的人必定是什么都干不成的人,所以意之不为,崇尚所为,这是价值观。而一个机构的取舍原则要想明确,这来自于一个人,一个人的人格要明确。中国的文人过去是有恒定的价值系统的,在做官之前,他作为一个知识分子的时候,他的价值观就稳定,这就是孔子,当然这也是曾子说的,你说孔子真有点儿好学生,转述老师的思想,自己的表达,都能流传千古。曾子说:"士不可以不弘毅,任重而道远。仁以为己任,不易重乎?死而后已,不易远乎?"这就概括出了中国知识分子的道德使命。士这个阶层,"不可以不弘毅",不能不弘扬刚毅远大的志向理想,"任重而道远",责任有多重呢?"仁以为己任",仁爱天下作为自己的责任,"不易重乎",这还不重吗?道路有多远呢?"死而后已,不易远乎",一息尚存你就得这么做,到死才算完,你觉得还不远吗?其实这句话概述出了中国知识分子这样一条道路,就是担当天下,用孔子的话来讲,8个字说得好啊,叫"苟利国家,生死以之",只要对国家有利,生死置之度外我都可以。这是当时士阶层的理想,大家的价值观是稳定的。中国科举这条独木桥,可以说两端的两批人,一批是文人,一批是政治家吧,考试好又有机会的成政治家了;没考好,或者是考好没机会的,就成了文人了,其实他们是一批人。想想看,中国所有的政治家都是得了志的文人,中国所有的文人都是落了魄的政治家,中国没哪个文人不关心政治。这个情况到宋代是最明显的,你说欧阳修、苏东坡、晏殊、王安石,一个一个你去数这些名字,你今天能说他们是诗词家吗?他们都是在朝为官的人,但是你能说他们是官员吗?他们都是大文豪。所以中国的文人,不管是做文人的时候,还是得志做官的时候,他的价值观一定很稳定。落魄的时候,他能做到有操守,独善其身。真有职位的时候,发达了,他就能兼济天下,一个人居庙堂之高的时候,就心忧其民,而一个人处江湖

之远的时候，就心系其君，他们真做到了。苏东坡，若问平生功业，黄州、惠州、儋州，那贬官流离失所，贬到天涯海角呀，可是这又何妨呢？他就在天涯海角不还是专注于新党旧党之间的改革嘛，他只要回朝就冒死还要进谏，"乌台诗案"差点儿让他丢了命啊，所以他在江湖之远的时候，就一个人写诗画画，"莫听穿林打叶声，何妨吟啸且徐行。竹杖芒鞋轻胜马，谁怕？一蓑烟雨任平生"。这个世界的风吹雨打声音大，你怕了吗？自己不怕，"一蓑烟雨任平生"。一个人不是说表面潇洒就能做出来，内心没有强大的定力你潇洒得起来吗？！

还有我们刚才说的王阳明，王阳明是什么人？从祖上就诗书传家，一直做官，他的祖父、父亲都是高官，这个孩子资质聪颖，十来岁就问老师什么是天下一等一大事，老师说念书，考官员。他说我认为不是。老师说那你说是什么。他说一等一的大事是做圣贤。长大了他发现做圣贤这事太空，要学点实的，所以就去习武。本来身体很弱，动不动就得病，但是他习武。所以到23岁中进士往上做官，一路上他做的居然是武官，到35岁，他在朝中已是很高的官了。大家知道到明代是宦官专政的时候，王阳朋向皇上进言，直接对立的是谁呢？就是大太监刘瑾，这是找死的事儿，所以得罪了大太监把他当廷杖责40，剥夺所有的官职，流放贵州农场。那是什么地方？贵州那地方，大家都知道夜郎自大这故事，夜郎都没见过什么人的地方，你想想，流放到那么远的地方，满地瘴气毒蛇，面对的苗族傣族，语言都不通，让他去那儿做翼城，所有他领导的人，加他自个儿11个人。在那儿他还得喂马，种粮食，经常断炊。一流放好几年，35岁正是一个男人盛年的时候，又是做过高官的人，而一路锦衣卫还在追杀他，他还一口一口吐血。王阳明的心血是在这样的情况下悟出来的，一个人精神不博大，悟得出来吗？他是在农场，那个山洞里，自己就在那儿悟道。最后他悟出心外无物，心外无力。你看这个世界一切是你的心中，所以他这个格物致知，最后明白了，致的就是个良知，心里要明。很多人都不知道《传习录》这本书，其实蒋介石是在日本看见人人捧着本《传习录》大惊,回来研读王阳明,所以他才那么看重王阳明。我真是提建议大家都读读《传习录》,《传习录》相当于王阳明的"论语",就是他跟弟子说的话,比如说他一个弟子叫学爱,整理一份叫《学爱录》;一个弟子叫陆成,整理一份叫《陆成录》。就是他的每个弟子把他的言谈,以及和弟子的交流记下来,叫《传习录》。这《传习录》里说的话都好极了。明代东西好懂,跟白话一样,比如陆成,哎呀,儿子病危,急得跟热锅蚂蚁一样,学不下去了,然后问老师,昏头涨脑地问了个问题,说好多道理平时听来都觉得好,才遇事便不同,老师你说的道理,老师你说的都好,但是我一遇事就慌神不行了。老师跟他说,需在事上磨,方立得住。人听道理,就得遇事,在事上磨炼你才立得住。不然的话,人不经事,道理你怎么能真懂呢?父子之情大家都能体恤,但是此时才正是你修炼的工夫。陆成就把这些记下来。所以很有意思,那里也都有些故事。王阳明在农场那么艰难的情形下悟出了他的心血,成为孔、孟、朱、王最终的集大成者。而这个时候,朝廷面对诸豪臣之乱,那么大的乱军,需要平叛的时候,想起起用他,王阳明再回朝廷做高官平叛,42岁的时候统领那么多的兵马,然后一路做到兵部尚书。王阳明是个奇才,他是个武官啊,但是他成为这么大学术的一个终结者。王阳明五十出头就去世了,他活得太短。但是这个人文治武功,在历史上是一个真正值得敬仰的人。有的时候,我跟别人说王阳明好多人都会说,王阳明不是唯心主义者嘛,而且是蒋介石那么喜欢的人,我们就不宣传王阳明了。实际上我真是觉得,中国人我们自己祖先有好多好东西我们太陌生,现在我们崇拜多少西方人,我们真了解这些人吗?这些人我最崇尚他们的是他们价值观稳定,他们的一心不乱,其实"一心不乱"这4个字是佛家的话,一个人的心不能乱,价值观稳定,这份稳定的价值观,孟子曾经界定,什么叫天地大丈夫,"富贵不能淫,贫贱不能移,威武不能屈",此之谓大丈夫。

我们看看今天的反腐倡廉。新班子,新的政治局上来以后,作风

焕然一新，反腐倡廉提到多紧迫的日程上，这么多高官最近纷纷落马。但是你去看看这些人，他们为什么会贪婪呢？他们为什么会出这些事呢？你说都赖外在的诱惑吗？还是内心的定力不强吧，还是价值观的取舍问题，没有那点内心的定性。"富贵不能淫"，真正大富大贵，周围都给你的时候，你能做到不贪婪吗？"威武不能屈"，真正在强权面前，你的操守不低头吗？"贫贱不能移"，不因为自己现在过得苦了，就奴颜婢膝。就这三条你要做到了，此之谓大丈夫。所以，中国现在不缺高官，不缺富商，但中国仍然缺大丈夫。这就是价值观。所以我说追本溯源，如果我们真正能够在价值观上立稳了，那你再去做官会是什么样的人啊？！

　　林则徐，这个开启中国近代史的人，我认为他是中国最后的典型的知识分子官员，林则徐、曾国藩都是这样的人。现在老说干部交流，交流到这个省，交流到那个省，很辛苦。大家知道林则徐交流过多少个地方吗？他交流过40多个地方任职，那时候没有火车也没有高铁，林则徐上个任都得走3个月，一生交流40多个地方，我们有干部像他干的那么苦吗？他为什么这样？我们现在只知道他禁鸦片这一件事，林则徐是一个有丰功伟绩的人，他内心有操守，书法漂亮极了，自己撰写的一副对联，上联就是孔子的那句话"苟利国家生死以，岂因祸福避趋之"，"苟利国家"，只要对国家有利，生死担当。"岂因祸福避趋之"，怎么能因为有祸就躲，因为有福就追呢。其实这两句我倒觉得，我们中央机关的所有领导干部都应该把它挂在心里。我跟纪委书记曾经聊过，我说咱们现在反腐真的是应该把这种价值观种在心里，这件事情你不会觉得是外人管你，要你怎么样，不情不愿，还老得怕监督。其实一个人在做的时候，他是有尊严的。林则徐的这副对联让我热泪盈眶，我觉得这是知识分子的操守。这就是为什么你说苏东坡、王阳明、林则徐，这些人他就算处江湖之远的时候，还有重新为国家建功立业的机会，而他在任上还可以那样辛辛苦苦地砥砺自己。为什么呢？就是他价值观的稳定。

所以中国的学问说到底是人的学问，中国人最根本上是要从内心找到自己人格的建立，而这种建立，其实会让我们在各个岗位上去呈现一种状态。我们刚才说那样一种美好的政治是怎么呈现出来的？它是人呈现出来的。所以，就我浮浅的理解，发展改革委这个机构是中国在改革开放变化中一个特殊的机构，在计划经济的时候，在中国共产党没有成为执政党的时候是不可能有这种机构的，那么我们的与时俱进是什么？这一次十八大报告最重要的一点，就是提出科学发展观，并确立它的位置。什么是科学发展？就是我们真正看见这个时代的变化，叫做实事求是，求真务实，我们的求真务实就得看得清。求真务实和王阳明说的心里只是个明一定是有关系的，你心不明知道什么是真、什么是实呀？这是一个真假莫辨的时代，我们向谁去借一双慧眼呢？只有自己的心吧。你得辨明真伪，你去求真，你要求的是假呢？你要悟的就是虚呢？所以真正的科学发展是在这样的一个路径上，从自己的心灵，把自己的传统价值核心，真正与当下进行结合。那么，我们在这样的一个体系上走，才能够达到自觉自信自强，首先一点就是自觉。

文化的觉悟是什么？"觉悟"是个佛家用语，大家看觉字头下面是看见的"见"，悟是竖心一个吾，觉悟者就是见我心。我们的眼睛都是向外看辽阔的世界，这个世界越看越庞杂，越看越迷茫，西方的世界越看越多，但是我们现在没时间也没那想法向内看自己的心，其实我们向外看多大的世界，向内就可以看多深的心灵，见我心是为觉悟。什么是自觉？就是自我觉醒，不靠外力，保持着一种清明的自我意识，反省内心。我认为文化真要大繁荣大发展，起点是文化自觉，每一个人的文化自觉，从内心生发的反省，把自己文化中的精华和糟粕认知清楚，找到和当下的结合，从中国的人和历史、哲学上找到自己安身立命的依据，这是文化自觉。这些你都看明白了，自然就有了文化自信。而自信在内，自己去做，外在才有文化自强。

中国现在是个文化大国，这不假，资源多，历史长。但我们仍然

不敢说中国是个文化强国。从大国的资源到强国的效应，要走过从自觉到自信到自强这个过程。怎么样才能真正自强起来呢？这就跟我们对文化的认知有关。其实，这也是我们为什么在一开始摸着石头过河探索了一条中国特色社会主义道路，这个道路越来越自信以后，我们就需要用理论去论证它，去补充它，我们就走到了文化的反省，而这样的一种文化才能够让我们条分缕析，扎扎实实落实到制度建设上。这就是从道路的自信到理论的自信，直到制度的自信。

其实我觉得这不是一句空话——从中国的孔、孟、朱、王、老子、庄子，直到十八大的精神，这中间不断层，无非就一个宗旨，中国人怎么能越走越好，而从几千年前走到今天，就叫科学发展观。为什么朱子比孔、孟有所发展，为什么王阳明比朱子又往前走了一步，这就是科学发展观，谁按照时代不断地修整思想，谁就在向前走。我们不能都回到孔子的时代吧，我们总得在这样一条科学发展的路上，用自己的心往里看，看见这份觉悟的建立，一旦建立了，我们就有行动。我们的这种行动，其实是一种把我们的人性与党性结合、把君子之德的个人修为与我们的职业操守结合、把我们个人生活的信念和岗位行业结合的一个过程，这个过程一旦融合了，那你想想，站在中国改革发展的潮头，我们把握着这么多大项目的审批、经费的投放，我们真正在中国建立实实在在的业绩，它不仅仅是一种功效，同时也是一种导向，能够在中国的社会稳定、风气引领上，完成一种好的推进。这就是我想的中国文化和国家发展改革委之间的关联。中国越高的权力结构，其实越是要有中国人的思维，因为它掌握着中国的未来，从历史怎么走向未来，就通过一个当下，而我们每一个人活就活这份当下而已。我们其实就是在此刻，在当下，看到这一切，然后我们把文化化育身心，回到最初《周易》上那句话，"观乎人文，以化成天下"，化育自己的生命，多一份中国人的自信与从容。当我们自己都能够看清想通世事人情，然后我们再去做一些项目的取与舍，我们再在舍与得上去坚守、提倡、捍卫一些核心价值，我们再去完成这种导向，我想中国文化首先成全的是我们在座每位个人的生命，而后它能够通过我们的感悟、我们的行为在发展改革委这个机构中完成中国特色社会主义建设这个过程中的经济的一些把握，而这些把握能够成全的是扎扎实实看得见的一个中国的未来。

最后我要代表一个普通老百姓，向你们表示深深的致敬，也以中国文化的名义祝福大家，祝大家幸福快乐，也祝发展改革委更好。

谢谢大家。

李　扬：

非常感谢于教授精彩的讲述。这堂课的感觉太好了，收获非常大，于教授在娓娓道来之中给大家很多深刻的启发，我觉得值得大家久久回味和深思。

人们都说于教授的口才好，但是我们可能共同感觉到于教授口才好的背后，更是深刻的思想和厚重的文化底蕴。于教授的讲座脉络清晰，重点突出，通过仅仅不到两个小时的讲述，就为我们勾画出了理解中华民族文化、感悟中国智慧的整体脉络，让我们感受到了中华文化的博大精深和中国智慧的精彩。希望我们发展改革委的青年干部在享受这次难得的文化盛宴之后，以更加饱满的精神状态投入到工作中去，投入到包括文化建设在内的中国特色社会主义各项事业的建设之中，求真务实，高效工作，以优异的工作业绩更好地学习、宣传、贯彻党的十八大精神。

为了感谢于教授，机关党委负责同志特别请著名的书画家、中国书法家协会会员、国家一级美术师刘建民教授为于教授创作了一份书法作品，现在请刘教授将作品赠送给于丹教授。

于　丹：

谢谢刘老师。

也要特别谢谢大家。今天是周末，大家还能够聚在这儿。今天由

图4 第二十五期青年读书论坛结束后,著名书画家刘建民教授(左一)向于丹赠送书法作品。

于时间关系没有太多的交流,先讲一个大概脉络,如果说觉得我今天的试讲还能够理解发展改革委,以后还有什么我能够和青年朋友再交流的话,我以后还会再来,谢谢大家。

李 扬:

欢迎您再来。让我们感谢刘教授,让我们再一次以热烈的掌声感谢于丹教授的精彩讲座。

于 丹:

谢谢大家,周末快乐。

后 记

三年来，我们秉持精品理念，注重细节打磨，孜孜以求，精心培育着国家发展改革委青年读书论坛的品牌。我们认为，论坛是否成功，生命力是否持久，并不在于名字是否响亮，而在于它的辐射力，在于它对青年干部人生之路的影响。我们制定目标，我们愿意努力，我们相信"一分耕耘，一分收获"！

三年来，以下同志为论坛的发展不计辛劳、甘于奉献，倾注了大量的心血：直属机关党委赵辰昕、丁晓龙、王小宁、刘逆、马辰光，国家信息中心史新峰、陈婷、刘效彤，国际合作中心刘建兴、张佳宁、孙雅靖，小城镇中心叶伟春等。在本书出版过程中，中国市场出版社副社长郭爱东作出了重要贡献。

由于水平有限，时间仓促，本书不妥之处在所难免，敬请读者批评指正。

本书编委会
2013 年 1 月